日本地方公务员制度变迁研究

——三维视角下的博弈与演化

东　晓◎著

The Research on the Change of Japanese Local Civil Servant System: Game and Evolution Based on Three-dimension Perspective

中国社会科学出版社

图书在版编目(CIP)数据

日本地方公务员制度变迁研究：三维视角下的博弈与演化 /
东晓著．—北京：中国社会科学出版社，2017.7
ISBN 978 - 7 - 5161 - 7219 - 3

Ⅰ.①日… Ⅱ.①东… Ⅲ.①公务员制度 - 变迁 - 研究 - 日本
Ⅳ.①D731.333

中国版本图书馆 CIP 数据核字(2015)第 291883 号

出 版 人 赵剑英
责任编辑 任 明
特约编辑 芮 信
责任校对 郝阳洋
责任印制 李寡寡

出　　版 中国社会科学出版社
社　　址 北京鼓楼西大街甲 158 号
邮　　编 100720
网　　址 http：//www.csspw.cn
发 行 部 010 - 84083685
门 市 部 010 - 84029450
经　　销 新华书店及其他书店

印刷装订 北京市兴怀印刷厂
版　　次 2017 年 7 月第 1 版
印　　次 2017 年 7 月第 1 次印刷

开　　本 710 × 1000 1/16
印　　张 15.75
插　　页 2
字　　数 259 千字
定　　价 58.00 元

凡购买中国社会科学出版社图书，如有质量问题请与本社营销中心联系调换
电话：010 - 84083683
版权所有 侵权必究

目　录

绪　论

一　选题意义与背景

一百多年前，当公务员制度在西方国家创立之时，公务员制度作为现代化人事管理模式而被人们认可。公务员制度的优劣，直接决定着政府的行政能力是否能得以充分发挥，决定着政府职能是否能得到有效实现。因此，一国的公务员制度都是本国政府架构的核心。自英国诞生第一个公务员制度以来，世界上大多数国家鉴于自身的国情、历史等因素或建立或接受或移植了这一制度，并在实际运作中沿着不尽相同的路径而变迁，使各国的公务员制度呈现出多彩多姿的态势。分析并描述某一特定的公务员制度，必须与该国的经济、政治、文化紧密结合，与该国的行政生态息息相关。本研究所涉及的日本地方公务员制度正是以此为立足点。

日本地方公务员制度体系是在日本国家公务员制度确立后，依据国家公务员制度的标准制定的，日本的地方公务员制度与国家公务员制度相比较，在制度的整体框架上是既具有统一性，又具有相对独立性的体系。例如，在公务员的录用和公务员管理、权利、义务等方面基本相同。但出于日本政治体制的特殊要求，二者亦存在诸多不同，其不同之处在于：首先，法律上对两者的规范不同。国家公务员遵循统一的法规，而地方公务员法从尊重地方公共团体的自律性和自主性的立场出发，除了特别法律规定外，一般由地方公共团体在不违背法律精神下以条例决定地方公务员的相关事项。例如，与国家公务员工资的法定主义相比较，地方公务员工资的条例主义是在财政民主主义的要求下，根据该区域公共团体的公民的意向来决定工资条件（其表达渠道是地方议会），表现对地方公团民意的尊重。这是从法律上规范了二者的区别。其次，立法的角度不同。对于国家公务员而言，《劳动基准法》[①] 不适用，而对地方公务员除了特定的条项外，其余的规定必须参照《劳动基准法》。再次，身份的范围不同。有关政治行为的限制，地方公务员在其所属的地方公共团体的区域外，公务员法所明令禁止的政治行为对现职的地方公务员没有限制，即使有违反行为也不处以刑事处罚。而对国家现职公务员，国家公务员法和人事院规则规定的禁止性行为，如有违反将予以刑事处罚。最后，管辖机构的职权不同。人事院（国家公务员管辖机构）、人事委员会及公平委员会（地方公务员管辖机构）作为人事行政机关，权限存在重要的差异。人事院是根据国家公务员法及其他法律，具有对于广泛的事项制定规则的权限，如前所述的政治行为的禁止等有关规则等，而人事委员会、公平委员会只有根据法律、条例委任的事项制定规则的权限，对于列举事项则只限定公平委员会。另外，人事院能够直接行使惩戒权，而人事委员会、公平委员会没有这些权限。

日本国家公务员和地方公务员的制度特点，对我国公务员制度尤其是地方公务员制度的完善具有一定的启迪作用：

第一，日本地方公务员制度是日本在第二次世界大战后所建立的地方自治制度的有机组成部分，在日本的地方政府运行和管理中起着重要作用。日本地方公务员制度最初建立的目的之一，就是将其作为推行地方自治的一个重要环节，因此它的产生发展是在地方自治的制度体系下，密切配合地方自治的步伐而诞生，包括在法律体系、基本理念、管理内容等方面无一不与地方自治分权相关，特别是在新公共管理、新公共服务等公共行政变革的大趋势下，日本地方公务员制度的内涵及改革更是顺应了这一世界潮流。这一切对我国调整行政理念，由集中统一的“单一管理”向民主参与的“多元治理”转变有着借鉴意义。

第二，日本地方公务员制度是日本在第二次世界大战战败后，就如何在单一制国家的中央集权体制下吸取有关美国联邦制度的长处的一个成功的人事制度范例。这个制度的嫁接为不同政体国体下行政制度开辟了一个新的范式，并为东西方不同文化环境下制度的变迁和移植的路径探索提供了依据。由于中国与日本同属于单一制的中央集权国家；它可以为中国中央政府与地方政府之间如何处理调整人事制度关系提供可资借鉴的参考。

① 《劳动基准法》系日本国家的劳动基本法。

同时，鉴于国家公务员制度与地方公务员制度是政府两个不同层级下的人事制度，有着不同的管理体制与运行机制，中国虽根据本国的国情，没有将公务员分为国家公务员与地方公务员，但这并不意味着按统一模式管理就不必考虑政府不同层级人事制度在运行机制上的个性特征，所以，日本地方公务员的管理方式与运行机制对中国地方公务员队伍的建设有着一定的借鉴意义。

第三，在20世纪80年代西方政府改革的浪潮中以及90年代日本经济滑坡的背景下，日本公务员制度特别是地方公务员制度在诸多方面进行了结构性改革，取得了一系列较为成功的经验，值得进行深入的研究并推广。日本国家公务员制度与地方公务员制度在几十年的发展变化中，为回应客观行政环境所提出的不同改革要求，从开始设立时的不同功能和目标的设计，经过各自不同的路径，在日本社会和经济中发挥各自不同的作用。例如，日本地方公务员制度以如何提供最贴近公民的行政服务作为新时期的理念及要求，在管理型政府向服务型政府的转变中，发挥了核心的作用。当代日本公务员制度的改革经验对于我国政府在市场经济下的社会治理变革，尤其是省市级以下政府向“服务型政府”的转变以及公务员特别是执法类公务员如何在“执法中实现服务”有着借鉴意义。

目前，我国对日本地方公务员在制度层面上的研究基本上属于空白，还没有一部系统分析日本地方公务员制度的著作，本研究试图填补这一空白。

二 国内外研究文献综述

（一）国外文献综述

日本学者对日本地方公务员制度的研究是与其历史发展进程紧密结合在一起的，大致可概括为三个研究阶段。第一阶段是第二次世界大战后，单一制的中央集权国家日本引入了地方自治制度。作为地方自治的重要部分和基本环节的地方公务员制度，其研究内容主要集中在美国占领当局政权下设计的地方自治框架内，并在国家公务员制度与相应法律的基础上界定与制定地方公务员制度及其法律。第二阶段是以“欧美民主制”国家模式为基础的地方自治的建设和发展时期，主要集中在对地方公务员制度如何打破传统制度功能，构筑现代科学的人事制度功能的探讨。第三阶段则是随着日本行政改革以及地方分权的推进，开始深入探讨承担广泛行政事务的地方公务员新的存在方式。从总体上看，日本学者认为，随着日本地方公务员制度所形成的相对成熟的管理体制及运行机制，其研究亦构建了相应的学理上的话语语境。从研究内容的分类来看，主要集中在以下3个方面：

1. 诠释地方公务员制度的各项内容。其代表者有坂弘二等人。坂弘二在其《地方公务员制度》① 一书中，以阐释地方公务员制度的具体内容与流程为主旨，为公务员的培训也为社会各层次了解公务员制度提供了翔实的介绍，该书每年根据社会形势和需要进行修订。除此之外，还有佐藤英善的《图表解说地方公务员法》② 以及田中泰史③等的著作都是围绕着上述内容展开的。

2. 公务员制度改革的方针建议及改革会议内容。这方面的研究既有地方公务员管理的官方机构如地方公务员制度调查委员会、总务省自治行政局公务员部等，对21世纪公务员及地方公务员的总体要求及公务员制度改革趋势的整体构架的描述，又有著名行政管理学者西谷敏④等对国际化、高龄化、信息化以及日本女性进入社会的形势下，日本公务员制度及地方公务员制度运行中，如何适应行政环境，如何满足公民的多种行政的需要，如何调动公务员的积极性的论著；以及西村美香⑤的《日本公务员工资政策》等对于公务员的工资政策所提出的对策，佐藤英善⑥等的《公务员制度与工资水平》对公务员的具体工资制度的论述，石井隆一⑦的《福利、保健、共济》对关于地方公务员的福利待遇、共济组织等的论述；石桥孝雄⑧的《定员管理、公务效率、培训、成绩评定》对公务员定员管理绩效评定等方面，根据公务员法的相关规定进行了分门别类的阐述。

3. 行政改革中的地方公务员制度。日本地方自治学会等机构，将日

① 坂弘二：《地方公務員制度》，学陽書房平成16年1月25日第7次改訂。

② 佐藤英善：《概説論点図表地方公務員法》，敬文堂1990年4月15日初版。

③ 田中泰史：《地方公務員制度のしくみ》，学陽書房2001年6月25日初版発行。

④ 西谷敏、晴山一穂：《公務員制度改革》，大月書店2002年7月1日第一刷発行。

⑤ 西村美香：《日本の公務員給与政策》，東京大学出版会1999年1月25日初版。

⑥ 佐藤英善、早川征一郎、内山昴編：《公務員の制度と賃金》，大月書店1984年4月19日第一刷発行。

⑦ 石井隆一：《福利、厚生、共済》，ぎょうせい，平成3年8月30日初版発行。

⑧ 石橋孝雄：《定員管理、公務能率、研修、勤務評定》，ぎょうせい，平成3年3月1日初版発行。

本地方公务员制度置于整个行政系统中，分析探讨了公务员制度的现状及问题焦点，并针对妨碍行政发展的公务员制度中的相关问题，在有关劳动政策、地方分权、经济形势变化等方面，具体提出了建议和方针。中西启之[①]则在其《日本的地方自治——理论、历史、政策》中，详细阐述了日本明治维新以来围绕地方自治为主题的行政内容和方式的改革下对地方公务员工作要求的发展变化，东田亲司[②]也在《现代行政和行政改革——改革的要点和运用实践》中，对于地方公共团体的行政改革中的重点——地方公务员的定员管理、工资政策等以及市町村合并过程中如何满足市民需求进行了探讨，等等。此外，在有关行政改革和地方分权的相关著作文章中，无一不涉及关于对地方公务员变革策略的论述，充分反映了日本地方公务员制度与日本的行政改革过程息息相关，特别是在当今日本施行地方自治的行政改革中，提供公共服务的地方公务员更是首当其冲。

（二）国内文献综述

国内学术界甚少关注日本地方公务员制度的研究，有关研究也仅处于表层的比较，缺乏深入、本质的研究。

1. 从国别比较的角度研究日本公务员制度（其中也论及日本地方公务员制度），主要从分析各国公务员的体系、机构和组织的异同上（杨百揆[③]，1985；李和中[④]，2001），揭示各国国情、历史发展对公务员制度形成的影响。

2. 阐述公务员制度的本质与要求，探讨21世纪公务员制度的创新特点及理论依据，提出了在新世纪重塑公务员体制机构、运作方式、管理方法以及精神特质方面的新的路径和方法（李和中[⑤]，2006）。

3. 论述日本公务员制度对社会发展的作用。文海英[⑥]（1995）、金滢基[⑦]（1997）强调了日本公务员制度的最大贡献，在于保持了一支高效精

① 中西啓之：《日本の地方自治－理論、歴史、政策》，自治体研究社1997年4月15日初版第1刷発行。

② 東田親司：《現代行政と行政改革－改革の要点と運用の実際》，芦書房2004年5月1日初版第1刷。

③ 杨百揆：《 西方文官系统》，四川人民出版社1985年版。

④ 李和中：《比较公务员制度》，中共中央党校出版社2003年版。

⑤ 李和中：《21世纪国家公务员制度》，武汉大学出版社2006年版。

⑥ 文海英：《日本公务员制度与经济发展》，中国人事出版社1995年版。

⑦ 金滢基编，贾辉丰译：《日本公务员制度与经济发展》，中国对外翻译出版社1997年版。

干的公务员队伍，并通过这些精英为国民提供民主高效的行政管理；行政管理中的公务员制度和经济管理中的财政金融制度是日本经济结构中的两大支柱，有力地支撑着日本经济繁荣的大厦。文章不仅从公务员制度体系本身来剖析这一制度的本质，更多的是在日本经济发展的过程中，在财政金融政策产生作用的过程中，在政企发生关系的过程中，动态地描述了公务员制度的结构、方式及特点。认为日本公务员制度的效力发挥的成功与其归纳为其日本式因素，不如说是重视其本土化因素的结果，这是学习这一制度与环境关系的价值所在，虽然日本公务员从模式、编制、录用、工资等方面进行了一系列改革，但不变的是对环境的适应。

4. 日本国家公务员制度变迁的研究。阎树森[①]（2001）从日本公务员制度的历史经纬，阐述其结构、变迁与环境的关系，分析制度借鉴的重要条件和背景，文章从日本公务员制度的发展经历明治维新、第二次世界大战后变革到目前的成型，提示了东方文化国家接纳吸收外来的制度，会经历较长的过程；同时，公务员制度又是在长期的政府管理实践中日益科学化的产物，是对政府管理方式不断选择的产物，是政府管理现代化的象征。他探讨了日本公务员制度的结构、模式以及与日本社会各界的关系，对公务员制度从组织行为的角度进行了分析。但作者仅限于对日本国家公务员制度及其体系的研究，没有涉及对地方公务员制度的研究，也就无法深入论述地方与中央政府在人员管理上和运作上的差异。

5. 针对日本地方公务员制度的研究。李天奇[②]（1999）是较早将日本地方公务员制度作为专门课题进行研究分析的作者，主要着力于对此制度的体系内容等作较为详细的介绍，集中介绍了日本地方公务员制度的微观管理及运作，其意义在于对日本公务员制度进行了较为精细的描述，但没有作制度发展的影响因素分析。

6. 对公务员制度的动态研究。郑励志、臧志军[③]（2001）着重描述了政治过程中日本公务员制度的状态，分别介绍了日本国家公务员与地方公务员的基本体系以及与社会各界的关系，分析了日本公务员制度的特点，以及在社会发展中所遇到的困境，也涉及了国家公务员与地方公务员

---

① 阎树森：《日本公务员制度研究》，国家行政学院出版社 2001 年版。

② 李天奇：《日本地方公务员制度》，福建人民出版社 1999 年版。

③ 郑励志、臧志军：《日本公务员制度与政治过程》，上海财经大学出版社 2001 年版。

的一些关系上的问题。但其研究视角仍是从国家公务员的角度出发，既没有区分两者在日本社会经济发展中各自不同的作用，也没有凸显在行政实践及政治过程中地方公务员制度的作用与时态。

7. 行政改革过程中公务员制度的研究。吴寄南[①]（2003）介绍了日本行政改革，特别是中央与地方的分权改革。作者将公务员制度放在了整个行政体系的框架中分析，这无疑可以较为全面地把握和了解其作用地位，但文章只是从行政制度体系整体性上论述公务员制度，并且文中主要涉及的是国家公务员制度，没有深入地分析地方公务员制度，所以也难以论述在日本行政改革第一线的实际状态以及公务员特别是地方公务员的具体表现。

（三）评价

国外文献主要是从地方公务员制度如何操作的层面来进行阐释，文献中涉及的方方面面都是来自实践中的具体问题。对问题的分析和解决，主要依赖于法律的修订和制度的变迁，试图使人们从制度变迁的路径轨迹上，归纳出某些逻辑性、规律性的东西。文献中较少理论的引用和说教，更多的是对问题本质的寻找，根据地方公务员制度的运行实际状况，强调以公务员的工作内容转变为中心的行政改革必须适应社会发展变化。通过综述不难发现，战后日本公务员制度在外力移植下的建立、完善过程中所面临的问题，无一不是通过制度的改革与变迁而得以解决的。

国内文献对日本国家公务员制度（包括地方公务员制度）的介绍，多是对行政过程、政治过程等外在形式的阐述；或是对公务员制度在国别比较框架内的研究；或是介绍公务员制度体系的表征，较少对公务员制度产生发展机理及内在特质予以研究。通过文献梳理，笔者认为对日本地方公务员制度的研究应转换研究角度，加深研究深度，缩小研究宽度，切实从对日本地方公务员行政实践活动的概括中，揭示地方公务员制度的内在机理以及影响和形成制度的各种政治社会文化历史因素，做出较深层次的制度分析，本书正是试图在前述的基础上作这一探索。

三　研究方法及方法论

为了深入细致地描述日本地方公务员制度及其形成过程，本书在方法

---

① 吴寄南：《新世纪日本的行政改革》，时事出版社2003年版。

论上综合了新古典制度学派的个体主义的方法论与演化制度学派的群体主义的方法论，以制度变迁理论为基础，用博弈论方法进行微观分析，揭示日本地方公务员制度的内在管理规则、管理方式是在新、旧博弈中不断选择的过程；用演化论方法分析宏观，表明日本地方公务员制度是对总体政治制度不断适应和作用的结果，特别是与日本的地方自治发展、国家公务员制度的变革以及日本整体行政改革的演进交互作用的结果。

目前，制度变迁的分析是基于两种方法论为依据的。一种是新古典制度学派的个体主义的方法论。在新古典的制度变迁理论中，个体具有完全能动性，能够理性地算计，依靠个体追求制度创新的潜在利润的动力，将制度从一个均衡移向另一个均衡，由于制度变迁是由个体理性算计形成，一些引起制度变迁的重要因素被视为外生变量，通常还存在多重均衡。然而，这种方法论很难描述具体的变迁路径。另一种是演化制度学派。演化制度学派则是基于集体主义或群体主义的方法论。它认为个体在制度演化过程中是没有能动性和无意识的，制度变迁是由某种凌驾于个体意识之上的系统（整体或群体）动力驱动的。显然，对于存在认知主体的人类制度演化而言，这两种理论都比较极端。前者过分强调人类的理性和目的性，而后者则过分强调人类的无知和结构功能。因此在传统的制度研究中，普遍存在着个体主义和集体主义方法论上的紧张和冲突。但是，哈耶克（Hayek，Friedrich August）却是个例外，他的研究在某种程度上调和了这种冲突。如果个体主义是如新古典的唯理主义、集体主义是如结构学派或功能学派的整体主义，那么，哈耶克的方法论则既不是个体主义也不是集体主义。哈耶克（1945）早在对个体主义真伪的辨析中就已经明确指出，其方法论并不是个体具有完全自由或能动的个体主义，也不是个体在结构面前毫无能动的结构主义或集体主义，而是基于认知进化的进化理性主义，即个体和社会结构具有双向的反馈关系，个体既受制于社会结构，也能够通过改变规则推动结构演化（哈耶克，1967）。

进化理性主义为制度分析提供了一个较好的方法论视角：个体的理性总是在不断试错、调整和适应的过程中得到进化。制度变迁既受到个体目的性行为的作用，也受到个体意识之外的系统动力的作用，是在“知”和“无知”的协同演化中展开的。本书在方法论上正是试图以此为研究的逻辑伏线，认为作为具象（个体）的日本地方公务员制度演变发展的过程是追求与适应其自身目标的过程；也是适应日本整体政治（社会结构）发展要求的过程，日本地方公务员制度的发展既受制于日本政治制度的演变，同时，其也在自己的范围内改变着规则，强化了日本总体政治制度的变迁。

当前，在制度分析中广为运用的是演化博弈方法。演化博弈实际上是传统博弈论的拓展，与演化经济学的发展无关，正如何梦笔（Carstem Herrmann - Pillath）2004 年谈到的，制度演化过程是存在着有意识、有目的和有意图的个体能动行为，这为建立无意识演化和有意识博弈之间的联系留有位置。演化和博弈的关系实际上揭示了一个更为本质并具有认识论意义的问题，即在复杂、变化的社会经济系统中，人类理性认识所化为的制度现象从“无意识”到“有意识”的演化，是相互博弈的结果。所以，现实的制度演化和博弈是共生关系，制度变迁理论必须能够描述这种“无知”和“知”的共生现象。

要认识演化博弈方法，必须以“博弈论”作为起点。

博弈论是研究个体如何在错综复杂且相互影响中得出最合理的策略选择。事实上，博弈论衍生于古老的游戏，如象棋、围棋、扑克等。早期研究者为数学家，将这些具体问题抽象化，通过建立完备的逻辑框架和体系来研究其变化及其规律，使其思想成果超越了原来的运用领域。

博弈论主要研究人们的策略的相互依赖行为。博弈论认为，人是理性的，即人人都会在一定的约束条件下最大化自身的利益，同时人们在交往合作中利益有冲突，行为互相影响，博弈论研究的是人与人之间利益相互制约下策略选择时的理性行为及相应结局，人们的利益存在冲突时，每个人所获得的利益不仅取决于自己所采取的行动，还有赖于其他人采取的行动，因此，每个人都需要针对对方的行为选择做出对自己最有利的反应。它提供了一种研究人类理性行为的通用方法，运用这些方法可以更为清晰完整地分析各种社会经济力量冲突与合作的形势。因此，博弈论在经济学、社会学、心理学、政治学等各类社会科学中得到了广泛运用。

19 世纪到 20 世纪 30 年代是博弈论的萌芽期，主要来自学者们对社会经济理论和现实的思考，当时的思路和方法与现代博弈论有相当大的差异。20 世纪初，主要是专注于严格竞争博弈，在这种博弈中，一方的所得必然意味着另一方有等量损失，与之相联系产生了许多日后具有更广泛适用性的概念和成果。20 世纪 40—50 年代为博弈论体系建立时期，1944 年，约翰·冯·诺依曼（John von Neumann）和奥斯卡·摩根斯坦（Os-

kar Morgenstern）的巨著《博弈论和经济行为》（*Game Theory and Economic Behaviour*）标志着博弈论作为一门学科的建立。20 世纪 60—80 年代是博弈论体系的发展壮大时期，在这一期间，博弈论从一个由少数研究者（主要是数学家）苦心钻研的艰深学科发展成为受众人瞩目的、研究队伍日益扩大的理论体系，在各方面产生越来越大的影响，20 世纪 50 年代初期，博弈论主要应用在军事战略战术问题，与冷战时代背景有关；50 年代后期，博弈论的主要应用领域开始转向经济学；60 年代，博弈论与数理经济学及经济领域的各个方面均建立了牢固而持久的联系。20 世纪 80 年代至今是博弈论的完善和应用期间，此期间，博弈论本身发展成为一个相对完善、内容丰富的理论体系，特别是其中的非合作博弈理论在理论研究和实践应用中占据了主导地位，并在经济学以外的广泛领域内也产生了重要影响。

博弈理论中的合作博弈理论与非合作博弈理论的不同之处在于，前者假设了人与人之间如果达成合作意向，他们的协议将是可强制执行的，也就是说合作是必然成立的。在这个时候，策略选择问题就不再重要，合作者总会选择使收益之和最大的策略组合。合作博弈考察的是，人们达成合作、获得收益之后如何分配利益的问题。而非合作博弈理论的核心问题是策略选择，研究人们如何在利益相互影响的情况下做出最有利于自己的选择。合作博弈理论的核心问题是利益分配，研究人们已经达成合作之后如何分配利益。这种侧重点的不同造成两种理论的模型、研究方式与研究成果有着相当大的不同。当前，非合作博弈理论是博弈论研究的主流领域，这是因为刻画策略选择才能给出人类理性行为的详细描述。合作博弈理论在博弈论中的地位虽然在下降，但仍然占据着一席之地，具有一定影响。对于非合作博弈理论，比较流行的一种分类方式是将它分为四类：完全信息静态博弈、完全信息动态博弈、不完全信息静态博弈和不完全信息动态博弈。其中，完全信息是指博弈中的决策者对于博弈整体结构有着充分了解，唯一需要考虑的就是策略选择问题；不完全信息则是指博弈中的决策者对博弈结构中某些部分的了解不充分；静态博弈是指博弈中每个决策者的策略选择仅进行一次，在选择时不知道其他人的策略选择；动态博弈则引入了决策的先后次序，局中人在进行选择时可以得到关于行动历史的一些信息。这两种划分是非合作博弈理论中对理性结局影响最大的两种因素，两两组合就形成了上述四类博弈。

“演化博弈方法”诞生于20世纪80年代。生物学家梅纳德·史密斯（Maynard smith）于1982年出版的著作——*Evolution and the Theory of Games*（《演化与博弈理论》）中运用博弈论解释了演化过程中的竞争行为和选择问题，并分析了群体行为演化的动力学机制，提出了“演化博弈论”，并创立了ESS理论。ESS，即生物演化稳定策略（evolutionary stable strategy），表示生物种群中大多数成员采用的某种策略，且这种策略又优于其他策略。用博弈论语言表述演化稳定策略，即只有当以下两个条件成立时，策略δ^*才是一个演化稳定策略：（1）对所有策略J来说，EU（δ^*，δ^*）≥EU（δ，δ^*）成立；（2）对所有策略δ来说，或者EU（δ^*，δ^*）>EU（δ，δ^*），或者是EU（δ，δ^*）>EU（δ^*，δ^*）。正是基于演化博弈论的基本思想及其在解释演化过程中的有效性，以安德鲁·斯科特（Andrew Schotter）以及青木昌彦（Masahiko Aoki）等为代表的一些博弈论经济学家将这一分析工具应用于制度演化过程的分析，并取得了突破性的进展。特别是安德鲁·斯科特在1981年出版的《社会制度的经济理论》（*The Economic Theory of Social Institutions*）一书中正式将演化博弈论的方法引入制度分析，并用博弈论的严格框架系统描述了制度变迁中“从习惯到习俗，从习俗到惯例，再从惯例到制度”的演化博弈过程。其演绎的逻辑路线是：从长期看，制度处于演化中，因此，如果博弈被视为主观的，并且共同知识也是主观和变化的，长期宏观的制度便可看成是由无数个短期的、微观个体的主观博弈演进形成的。

必须指出，制度及其变迁客观上存在着演化与博弈的互动关系。但是，它们是两个层面上的互动，而不是一种演化博弈的运动。作为分析范式，演化博弈可以分别用博弈方法和演化方法分析，但是不能用所谓的演化博弈方法把两个层面的运动当成一种现象分析。用博弈论分析微观，用演化论分析宏观。长期宏观的制度便可看成是由无数个短期的、微观个体的主观博弈演进形成的。

四　研究思路与基本结构

本书在研究框架上从制度变迁的三个维度出发，依据四种变迁模式，以心、物、人（社会）为维度坐标，针对次生形态的中央集权下的最能体现新公共服务理念的日本地方公务员制度的起源、背景、过程、内容以及改革，探讨了其产生发展的模式，试图以此为标本研究制度变迁的特殊形式——外力下的制度移植，揭示这一长期的制度演化是如何由无数个短期的、微观个体的主观博弈演进形成的，并与传统的日本制度文化融合，在博弈与演化的互动中完成。

本书试图通过对日本地方公务员制度的研究，对我国公务员制度的发展提供借鉴与启示。从某种程度上认识，我国现实的公务员制度框架也是“移植”而来的，如何将这一框架注入具有中国特色的社会主义理念与文化内涵，而不是邯郸学步，是推进与完善中国公务员制度建设的当务之急。

本书的创新之处在于，一是试图在三个维度的坐标上来研究日本公务员制度；二是试图运用制度与制度变迁理论来分析在演化与博弈两个层面上的互动关系，分析演化与构建两种状态之间的对立统一关系；三是试图在方法论上，从地方公务员制度体系与整体公务员制度体系、公务员制度体系与整个政治体系两层关系上分析个体与总体的关系。

本书分为六个部分，其逻辑结构如下：

绪论阐述了本书的选题意义与背景，对国内外文献进行了综述，提出了论文的方法论及研究方法，介绍了论文的研究思路与基本结构。

第一章介绍日本公务员及公务员制度的内涵，概述了日本国家公务员的制度体系、分类系统和特征，并在地方自治框架下概括了日本地方公务员的分类体系、管理体制以及相关法律体系，总结了日本地方公务员与国家公务员的关系。最后提出了制度分析的理论框架与分析模式。

第二章从探讨日本地方公务员的起源出发，揭示了日本地方公务员制度演变发展的过程不单只有引进与移植的过程，也是追求与适应其自身目标的过程，还是适应日本整体政治与社会结构的发展要求的过程。日本地方公务员制度的发展既受制于日本政治制度的演变，同时，也在自身的可调节范围内改变着规则，强化着日本总体政治制度的变迁。本部分揭示了日本地方公务员制度的演化是选择与适应的结果，其制度因子是在相应的维度框架内孕育诞生的。

第三章以三个维度为坐标，分别从体系的维度，分析了日本地方公务员制度的内容体系；从价值观的维度，对其制度的价值及其实现进行了判断分析；从文化社会的维度，对制度的刚性与柔性的两重性，以及从两重性的妥协上，说明制度不仅仅是一种客观、外在的约束，而且还是充分认知内涵的主观、内在约束。

第四章将日本地方公务员制度改革纳入制度变迁模式的框架内，从历史分析的角度把日本地方公务员制度改革划分为两个阶段：第一阶段的改革定性为强制性制度变迁，而第二阶段的改革则归纳为诱致性制度变迁，动态地阐释了日本地方公务员如何因应外界的变化的变革历程。在横向上则从人力资源规划、获取、开发及纪律与惩戒等制度改革的逻辑顺序上概括了日本地方公务员制度改革的内容。并以此为基础，从日本地方公务员制度的发展方向上，对日本地方公务员的“分权—融合型”制度的变迁模式进行分析，由此总结了日本地方公务员制度的改革特点。

第五章从日本地方公务员制度的结构优势出发，在公务员的法制化、科学化、兼容性及教育与培训四个方面揭示了日本地方公务员制度对我国公务员制度的启示。结合这些启示，认为，日本地方公务员制度在以下方面值得我国公务员制度借鉴：第一，日本地方公务员制度是日本在第二次世界大战后所建立的地方自治制度的有机组成部分，在日本的地方政府运行和管理中起着重要作用。这对我国调整行政理念、由集中统一的“单一管理”向民主参与的“多元治理”转变有着借鉴意义；第二，日本地方公务员的管理方式与运行机制对中国地方公务员队伍的建设有着一定的借鉴意义；第三，当代日本地方公务员制度的改革经验对于我国政府在市场经济下的治道变革，尤其是省市级以下政府向“服务型政府”的转变以及公务员特别是执法类公务员如何在“执法中实现服务”有着借鉴意义。

第一章

日本地方公务员制度及制度变迁理论辨析

日本现行的行政管理体制构建于第二次世界大战结束后的美军占领时期。根据当年的《波茨坦公告》及相关国际协议的精神，日本的法西斯政权——除保留天皇以外，必须从根本上铲除。作为当时统治日本的美国占领当局，对日本社会进行了民主化改革，引入了美国式的行政管理体制。1946年日本颁布了《新宪法》，根据《新宪法》的精神随之先后通过了《内阁法》《地方自治法》《国家公务员法》，由此确立了战后的新政治体制，并在此基础上建立了现代公务员制度。

第一节　日本公务员及公务员制度概述

日本公务员制度是伴随着日本资本主义制度的确立而形成和完善的。随着日本资本主义制度的变化和发展，日本的公务员制度也不断地变化和完善。在其历史发展过程中，日本公务员制度的发展规律得到了充分体现。战后，日本迅速崛起，在短期内成功地实现了现代化，公务员制度的建立及改革对日本的崛起起着极其重要的作用。

一　日本公务员制度的内涵

日本《国家公务员法》没有对公务员这一概念进行明确界定，而是将划分确认公务员标准的权限交给日本人事院，人事院往往依据以下原则进行公务员身份的认证：从事国家事务；由国家任命；原则上由国家发放工资的人员可视为公务员。因此，公务员既指在国家和地方政府机关任职的人员，也指在公共团体等公选机构任职从事公务的人员。由于日本的国家结构是中央集权与地方自治相结合的形式，其公务员也划分为国家公务员与地方公务员。其中，凡通过国家考试录取，在中央政府各部门、司法部门、国会、军队、国立学校以及医院、国营企事业单位等机构中任职、从国库中领取工资者都是国家公务员；凡通过地方各级考试，在地方各级自治体各部门、议会、公立企事业等地方机构中任职，从地方财政领取工资的都是地方公务员。目前，日本公务员的总数约为448万人，国家公务员为118.3万人，占公务员总数的26.6%，地方公务员约329.7万人，占73.4%。

在日本，无论是国家公务员还是地方公务员，都分为一般职公务员和特别职公务员。"一般职"公务员是指为执行国会通过的法案而进行业务和行政工作的职务，中央各部及各省事务次官以下的在职公务人员，均属一般职公务员，也统称为职员。同时，一般职公务员又分为非现业职员和现业职员，现业职员系指在国营五大事业，即邮政、林业、印刷、造币、酒精专卖业中工作的公务员，此外都属非现业职员，而我们平常所讲的日本公务员主要指非现业职员。"特别职"公务员是指经公众选举或议会表决任职的重要官员，以及执行带有政治色彩的重要职务、待遇特殊的官员。特别职公务员的任用需具备一定的资格或资历，往往不经过考试即可获得职位。①

"所谓公务员制度，就是对公务员的分类、考试、录用、考核、奖惩、培训、晋升、解职、退休、保障、待遇等制定系统的法律和规章，并依此对公务员进行管理的制度和体制。"② 公务员制度是政府行政的核心，是政府得以运行的关键。

公务员制度作为一种科学的人事行政制度，是西方资本主义制度发展的产物，是随着政府职能演变和管理需求变化，人类对政府管理方式不断进行选择的结果。日本公务员制度是在以英、法、德为代表的品位取向为主要特征的组织封闭型制度和以美国为主要代表的专业取向为特点的组织开放型制度的原生形态基础上发展的一种次生形态。③ 日本公务员制度从明治时期最初引入到第二次世界大战后的移植建立，从对天皇效忠到为全体国民服务，实质上是对政府管理方式不断选择的过程，同时也是东方文

① 李和中：《比较公务员制度》，中共中央党校出版社2003年版，第215、216页。

② 李和中：《21世纪国家公务员制度》，武汉大学出版社2006年版，第37页。

③ 阎树森：《日本公务员制度研究》，国家行政学院出版社2001年版，第21页。

明和西方文明融合的过程。这一方面表现为强调公务员的行政伦理道德，提倡忠顺勤勉、恪尽职守，下级对上级绝对服从的等级思想，注重个人的人品操行，具有强烈的东方特征。另一方面又带有改革发展的不彻底性，官僚等级制、身份制等与公务员制度的民主化格格不入之处。

日本公务员制度是一个结合本国实际，经过不断磨合和探索而取得发展的制度，与许多后发展国家不同的是，虽然公务员制度是从西方引进的，但却并没有全盘照搬，而是根据本国的民族心理、社会环境，有目的地加以改造，将传统文官制度与现代公务员制度进行有机整合。从明治维新的官吏制度特别是战后公务员制度的创立和发展的变迁过程表明，日本公务员制度具有对环境的敏感性，使制度本身能够处理各个历史发展时期提出的不断变化的挑战，为自身的发展创造出良好的生态环境，建立起良性的协商机制。同时它对环境的适应性又使它能够不断调整自身的不足，完成社会提出的目标。具体而言，日本公务员制度的成功之处在于明确地独立于政治以及与工商业界的有效合作的交互效应上。

不可否认，日本毕竟是一个长期受儒家传统影响及旧藩阀势力支配的国家，加上第二次世界大战以前受军国专制主义的控制，旧的官吏制度、习俗风气仍不可避免地起着习惯性作用。因而，日本公务员制度在其建立伊始就决定了其现代民主性、科学性与传统保守性、专制性兼容的特点。

同时还应该看到，一个制度越是趋向完善就越会走向保守，走向自我封闭。日本公务员制度发展到今天，也出现了组织行政方式陈旧、规制过度、“天神下凡”① 再就职、年功序列制等弊端，面临着适应新时期发展的改革和更新。

二　日本公务员制度的分类系统

日本公务员实行的是职位分类系统。1948 年后，日本人事院从美国引进职阶制的职务分类办法。1950 年 5 月通过了《关于国家公务员职阶制的法律》。所谓职阶制，就是把一般职公务员按其职务的性质、种类、复杂程度、责任大小及其每个职位所需资格条件进行分类整理，并据此制定出职阶规范，作为公务员考试、晋升、工资、考核及人事行政管理的依据和标准。

① “天神下凡”是指政府中退职的公务员到其所属的或与其相关的企事业单位任职的制度。

在日本公务员制度建立以前，政府官员的等级划分不是建立在职位分类的基础上，而是建立在以身份来划分等级的品位分类基础上，将在国家机关工作的职员大致分为官吏和非官吏两大类。官吏是由天皇根据天皇的任官大权或由某些行政机关根据天皇委任的权限来任免的。官吏必须是无限效忠于天皇以及天皇的政府并从事公务的人员。而非官吏则是以一般的雇用关系为基础录用的人员。明治时期的官吏任用，采用任官补职制度。即对特定的人任命特定的官职，先取得了身份，再任命此人担任特定的具体的职位。官吏的等级根据任命方式来区分，由天皇亲自任命的官吏称为“敕任官”，“敕任官”中地位特别高的称“亲任官”；由总理大臣上奏天皇任命的官吏称为“奏任官”；由各省大臣通过总理大臣上奏天皇任命的官吏称为“判任官”。敕任官和奏任官统称为高等官，高等官分为九等。非官吏专门从事辅助性的工作，没有行政执行权。对他们的任用由各省在预算范围内任意进行，没有特定的资格规定；其职务的内容也不一定明确。非官吏中有“雇员”、“佣人”、“嘱托”之分。“雇员”往往被当作是担任判任官的预备阶段，主要辅助下级官从事具有机械性、重复性特点的业务工作。“佣人”主要从事体力劳动。“嘱托”是一种临时性的职务，通常由在此雇用的退职官吏担任。

1948年日本《国家公务员法》颁布以后，法律明确规定在日本公务员中实行职阶制，按照职务种类以及它的复杂性和责任程度，对官职进行分类。实施这一制度主要是给工资制度和任用制度的结构提供依据。1948年后，日本人事院先后七次训练职位分类人员。1950年5月通过了《关于国家公务员职阶制的法律》，并制定了实施步骤。目前，日本公务员制度共分了行政职、教育职、医疗职、税务职、公安职、研究职、专门行政职、海事职、指定职9个职组。日本国家公务员按照不同的标准一般可以分为：事务官、技官、教官和教育公务员、外交公务员、检察官6种类型。

但是，在其实际推行过程中，职阶制并没有得到彻底的实施，其原因表现为：

1. 各个省厅的人事管理部门认为，实行职阶制，对每个职级都规定详细的任用资格，会阻碍人员的灵活流动；组织将无法根据工作的需要灵活配置人员、安排任务，会降低行政效率。

2. 不符合日本的行政人事惯例。长期以来，日本行政人事制度奉行长期雇用、后期晋升、年功序列、累计报酬以及集体执行公务等惯例，而职阶制的基本原则是资格（即能力）至上，显然，它与上述所有日本行政人事管理惯例都是冲突的。

3. 公务员团体反对，因为它不利于人员晋升和流动。

4. 职阶制在各国发展中显现出来的缺点也影响了日本实施职阶制的信心，职阶制的缺点主要表现为：

（1）分类比较烦琐，不适应组织使命变化所要求的弹性工作分配过程，最终会妨碍将人员有效地分配到工作中去。

（2）建立了比较鲜明的官僚等级制度，不利于发挥团队作用和工作人员的主人翁精神。

（3）难以客观确定衡量工作人员绩效的标准。

目前，日本政府机构处理公务的通常做法是在由法律确定的各省厅、局科的业务范围内，以班组等为单位分配工作，在班组内一般根据各个成员的特点、能力分配具体职务，其具体职务的内容根据班组成员的变化和成员能力的变化，随时发生变化。一般做法是：

1. 条例上有关工作职责的划分只分到处科为止；

2. 有关职责的划分采用概括列举的方式，而不是采用逐条仔细列举的方式；

3. 纵向分工也不明确，工作繁忙时，领导往往将工作授权下属去做；

4. 职员首先属于其所在的处股，在此基础上以合作的方式，分担处股的工作；

5. 在空间上，大家在一间大办公室里办公，形成一个大环境中相互协作的工作系统。

日本许多行政人事研究者认为，实施这套体制的目的在于通过成员的有机结合，最大限度地发挥集团效能，提高行政效率。

三　日本公务员管理体制

近代以来，日本人事行政体制经历了由战前绝对专制官僚制向战后独立于政治的人事制度的演变过程。现代日本公务员管理制度是在第二次世界大战结束后建立的。战前日本实行封建官僚政治体制，国家结构的活动主体是武士，官吏的任免和官吏制的制定属天皇的权限范围，官吏必须高度忠诚于天皇。官吏制度自 1885 年内阁制度建立而建立。1885 年 12 月，内阁总理大臣伊藤博文提出考试任用官吏、设立实施考试机关等议案，1887年建立了一系列相关制度。1893年制定了《文官任用令》《文官考试规则》。1899年通过修改《文官任用令》，制定了《文官分限令》。至此，完整地确立了近代官吏制度。战前人事行政管理机构是分立的，有关官吏管理的执法部门是法制局，考试由考试委员会负责，而工资由大藏省管辖。

第二次世界大战后，天皇制崩溃，由天皇主权转向国民主权，战前的官吏制已不适应国家主权的这一变化。日本政府对战前官吏制进行了部分修改（统一官名、官职分离等），但美国对这种小修小改并不满意。1947年6月美国人事顾问团向日本政府提出“国家公务员法草案”，日本政府根据新宪法规定的“所有的公务员是全体国民的服务者，不是一部分人的服务者”，确立公务员不偏向任何政党，实行政治上的中立。废除了草案中提出的人事院预算的独立权、对国会的直接劝告（建议）权、独立的规则制定权、最终的准司法权，将中央人事机关由人事院改为人事委员会，对国家公务员中的一般职进行管理，属内阁总理大臣管辖。美对日修改后公布的《国家公务员法》仍不满意。1948年12月3日，再次修改后的《国家公务员法》正式公布实施。设置了中央人事行政机关——人事院。确立了它的独立性地位和权限。新《国家公务员法》的确立标志着日本现代人事管理体制的建立，这一体制的核心结构是人事院。但人事院的设立一直遭到许多方面的强烈反对，认为人事院是违宪的，独立于行政的人事院与三权分立制度不符；妨碍行政效率的提高，导致人事行政职责不明确。1965年5月，总理府设立人事局，对人事管理进行综合调整；人事院作为中立机关，对人事行政进行规制和劝告，使人事院和人事局同时成为中央人事行政机构，至此，人事院的地位最终得以稳固。日本人事院虽然隶属于内阁，但具有很高的地位，相对独立于行政系统之外，比起其他资本主义国家，日本人事院拥有更大的独立自主权，独立行使公务员的考试录用权，统一掌管公务员的考核、晋升、工资、退休等事务，因此，日本的公务员管理机构属于部外制。

现行日本公务员的管理机构分为国家公务员管理机构与地方公务员管理机构两个层次，地方公务员管理机构相对独立于国家公务员管理机构，在后面章节详述。

（一）日本国家公务员管理机构

1. 人事院

（1）地位：人事院是中央行政管理机关，是为了保持人事行政的中立性和专业性而设立的具有高度独立性的行政管理机关，在内阁的辅助机关中具有特殊的地位。人事院在政治上保持中立，其职员不能参加罢工、参与政党选举等政治活动，也不受政党和政府更迭的影响，具有较强的稳定性。人事院的内部机构由人事院自行管理，不受国家行政组织法的约束，定员也不受法律约束，在预算范围内自行决定。可制定人事院规则和指令。人事院的预算申请书同时提交国会和内阁，如内阁要修改其预算要求，须将人事院申请书与内阁修改案同时提交国会。

（2）职权：日本公务员法赋予人事院极为广泛的权限。它负责调解公务员和政府之间的矛盾；就改善公务员待遇和工作条件及人事行政的改善向国会和内阁提出建议；制定、修改和废除人事院各种人事行政规则（准立法权）；向国会和内阁提出制定、修改或废除有关人事法规的意见；负责公务员的考试、任免、报酬、进修、身份、奖惩；保护公务员正当权益，审查或裁决各行政组织对公务员的不正当处分（准司法权）；向国会和内阁报告人事行政方面的工作。

（3）构成：最高权力机关是人事院会议，下设事务总局管理人事院内部事务。人事院由三名人事官组成合议制，其中总裁一名，由内阁提名、议会两院任命、经天皇认证。总理大臣无权罢免人事官。人事官不与内阁共进退，置身于政党、政治之外，地位中立；要求在最近五年内担任过政党干部或具有相关政治影响的政党党员、参加过国会和地方议会选举者不能担任人事官，三名人事官中不允许有两人曾为同一政党、过去同属一所大学的同一个系。

综上所述，日本人事院与其他国家公务员管理机构的不同主要体现在两个方面：一是形式上的部内制，实质上的部外制，政治上独立，且具有很强的独立性。二是权力很大，几乎集行政、立法、司法于一体，不仅是主管机构、决策机构，而且发挥着辅助性机构的作用（协调、仲裁）。但在实际工作中也在一定程度上受其他政府机关的制约，如在调整公务员薪金水平时，人事院必须取得大藏省在财政预算方面的支持；在公务员福利待遇方面必须与厚生省相互协调；必须与总理大臣及人事局经常处于协调的状态。

由日本政府的行政改革推进事务局制定的公务员制度改革大纲的最终方案于 2001 年 12 月 25 日提交内阁会议讨论决定。该方案的核心内容是将现行的职务升迁制度改为能力等级制度，使其能力等级制度在工资和任用方面都得到体现，实现注重能力和业绩的人事管理。具体而言，高级公务员受到特殊优待的制度将会改变，有能力的二、三类公务员的任用将会受到重视。至于公务员的劳动基本权利问题，罢工权等权利仍将受到限制。另外，人事院的权限将大大削弱，内阁人事行政机能将得到加强。

2. 人事局

人事局属总理府，是内阁直接领导的一个事务局（1984 年 7 月总理府设总务厅后，人事局又隶属于总务厅），负责公务员效率、福利、服务等方面的事务（除去《国家公务员法》规定的人事院所管辖事务），对各行政机关实行的人事管理方针、计划进行统一的综合调整。设置人事局是为了有助于行政的综合、高效率地实施。它具有以下职权：调查、研究国家公务员制度；对各行政机关的人事管理、方针、计划进行综合调查；负责一般职国家公务员的效率、福利、服务，特别职国家公务员的工资制度；国家公务员的退休津贴；实施有关行政机关休假的法律。由此可以看出，它在地位、职责、权限上与人事院有着区别。

（二）管理方式：定员制

从各国公务员在全国总人口的比率来看，日本是最低的，其公务员在全国总人口中所占的比例只有 4.2%，远远低于其他西方国家。究其原因，主要在于定员制的推行。第二次世界大战以后，文官队伍急剧增加，政府财政不堪重负，进一步激发了社会舆论和公众对官僚制度的不满，要求控制公务员数量的呼声越来越高，为此，1949 年 5 月日本国会通过了《定员法》，对各省厅的公务员数量逐一进行核定。针对《定员法》运行中存在的问题，1961 年，日本国会又废除了《定员法》，在国家行政机关实行《设置法》，分别确定各部门公务员人数。20 世纪 60 年代末，日本政府改变了公务员编制管理方式，佐腾内阁制定了《关于行政机关职员定员的法律》。此后，历届日本政府都依此法实施定员制，从总量上控制公务员人数。

所谓定员制，就是指由国会通过法律对政府机关和职员的人数编制实行总量控制的管理制度，即除去现业职员与特别职以外，日本国家行政机关公务员总数必须在 506571 人以内，不许突破。在这个最高限额里，政府可在一定时期发布《定员令》，规定各部门的人员编制，这样政府在不同时期，可根据需要，适时调整各部门的人数，以达到控制人员增长的目的。这种从法律上对政府编制进行约束的办法，使日本成为世界上为数不多的用法律手段控制公务员总额的国家，有效控制了公务员的最高限额，其优势在于，由于已确定了各省的“总量规定”，要增加新人员，就得削减原有人员，以保持总量平衡。此外，日本政府还通过《国家行政组织法》《内阁法》等法规，明确了特别职公务员设置的职数限制要求，使特别职公务员与一般职公务员在人数结构上始终保持平衡。[①]

这种定员管理的思想基础始于日本的身份制，日本是一个重视尊卑等级的国家，人们秉承了传统官僚体制的做法，认为“有多少人就应给予什么样的身份（位所、勋位等)，讲求官僚任用管理的计划性、规范性”。但作为现代人事管理的定员制，是以职位与人的分离为前提的，在确定了职位后，要对应地给每个职位配备适当的人员。因而，在日本这样一个注重程序规范的国家，定员制的推行有效避免了因人情关系而导致的公务员队伍的臃肿庞大。同时，从 1968 年至今，日本中央政府长期坚持裁员，每 2 至 5 年就实施一次削减定员计划，目前已实行了 8 次，这种长期的减员计划措施，使公务员总体人数多减少增，既压缩了编制又调整了结构，使人员呈现负增长的趋势。但是对公务员的精减必须给以出路，否则就会造成社会的动荡。日本政府在历次精减中都很注意妥善安排被精减公务员的“退路”，仅以 1987 年为例，这一年日本政府行政部门总裁减数达到 203074 人，而同期充实到文教、医疗、社会保障等部门的人员达 172000 人。从现有公务员的数量规模来看，日本公务员确实贯彻了“少而精干”的原则，这表明政府职能的调整增减都在相当程度上决定了公务员的数量规模与队伍结构。定员制的推行应与政府职能相协调。

任何事物的发展都是辩证的，尽管定员制的推行有效地控制了政府公务员队伍的臃肿，但究其本质而言，定员制实质是一种数量控制方法，有临时性、短视性的特点，如果利用不当，“一刀切”机械式操作，也可能会阻碍政府工作的正常开展。

第二节　日本地方公务员制度概析

日本地方公务员制度是其《地方公务员法》的载体。《地方公务员

① 李和中：《比较公务员制度》，中共中央党校出版社 2003 年版，第 219 页。

法》规定了日本地方公务员的性质、指导思想、适用标准、行为准则以及运作内容。日本学者认为，《地方公务员法》在本质上贯彻了日本宪法中的主权在民、地方自治的宗旨，以保障地方自治下行政的高效、正常运转，为所在地居民提供服务。

一　地方自治框架下的日本地方公务员制度

所谓地方自治，是指地方自治体运用自己的法定权力，依靠自己的力量对所辖区域的治理。日本的地方自治是建立在地方分权的基础上的。地方分权是中央政府和地方自治体之间双方权限的分配及相互之间的处理方式和关系的规则约定。分权的实现，绝不是中央政府和地方自治体之间各自为政，相反，随着分权的进行，对于中央政府和地方自治体的相互关系将更加明晰。同时，双方的职责也得到了进一步确定。战后日本实施的地方自治制度是各级（都、道、府、县及市、町、村）地方政府作为独立法人团体根据所在地区居民的意愿管理地方事务，中央政府只是给予适当的指导，因而地方组织被称作地方自治体。

根据《地方自治法》规定，日本的地方自治机关，由地方行政机关和议会两个部分组成。地方的行政机关，都、道、府、县各级地方机关的主管称为知事，市以下地方主管称为长官。根据日本《宪法》的规定，日本地方自治政府的职权是：管理地方财产、处理有关地方事务以及执行行政的权力，可以在法律范围内制定条例。日本《地方自治法》也规定，地方自治政府有提出立法提案及执行行政职务的权力，但没有司法权。

日本地方政府具有双重性，它既是地方行政机构，又是中央政府的委派机关。特别是都、道、府、县的政府更是明显。因此，其处理的事务的种类也有不同，凡是处理有关地方居民的事务，叫做“固有事务”。地方政府为了执行其职权，可以通过地方议会制定某种法律所允许的“条例”。这种条例属于地方公共团体的“自主性”法规，是根据宪法所确认的“条例制定权”制定的。但它不能同国家的宪法及其他法律、法令相抵触。

凡属地方公共团体自身所固有的公共事务、团体委任事务以及行政事务，均可制定条例。从这种条例的实际效力来说，根据属地主义原则对在该地方公共团体的区域内的一切自然人、法人、本国或外国人都应予以适用。

处理受国家委托的事务，称为“委任事务”。所谓“委任事务”，是指国家在地方的事务根据相应的法律或政令委托都首府县知事、市町村长、都道府县或市町村的行政委员会执行，其内容涉及各种数字的统计、国会两院议员的选举、福利制度的实施、城市及道路建设、文化教育及其他公共事业等。委任事务的经费由国家承担，必须按照国家制定的统一标准执行，接受中央政府主管行政机关的指导与监督，地方议会和其他机构无权干涉。随着日本经济的迅速发展，这种“机关委任事务”也急剧增加。例如在1952年，有关“机关委任事务”的法律有256项，到1994年则达到566项，增加了一倍以上。据日本有关学者统计，都道府县一级地方政府，80%的工作是中央政府的机关委任事务，市町村一级地方政府也达到30%—50%。

日本的地方自治是由两类自治体组织构成的。它们分别是：都道府县和市町村。自实行分权改革以来，中央政府和地方的关系由上下级关系转换为“对等协作”的关系。与此同时，都道府县和市町村的关系也发生了转变。过去，府县是市町村的上级管辖机关。地方自治法将都道府县与市町村的关系亦定位为“对等协作”关系，但同时保留了都道府县对市町村的机关委任事务制度，赋予都道府县知事作为国家官员监督市町村长处理国家事务的权限。此外，从行政层级上看，都道府县并不在市町村位置之上。

在新的“对等协作”关系下，都道府县对市町村的机关委任事务制度发生了实质的改变。按地方自治法相关法条的规定，都道府县可以以条例将需处理的事务交给市町村处理。这样，就将知事的委任规则由“机关委任事务”变为“条例主义”。都道府县和市町村的协议条例必须以市民的意志为根据，因为分权改革的最终目的是建立地区居民自己决定自己的地区的存在方式，对本地区的事务自己负责，由传统的“管理主义”向治理转变。这样，本地区的居民将直接参与市町村政府的治理，成为本地区政治生活的主人。这被视为日本地方自治的精髓所在。

在中央集权的行政体制下，日本的地方自治是法制基础上的有限自治[①]，这是因为，地方自治体的政治、行政和法律地位不是由中央政府决

① 中西啓之:《日本の地方自治—理論、歴史、政策》，自治体研究社1997年4月15日初版第一刷発行，第23页。

定的，而是国家法律规定的，有充分的内在依据性。但在具体的行政过程中，地方自治体对中央政府高度依赖。这种依赖虽然使地方自治体在自主决定自治体事务方面的条件受到限制，但并没有否定地方自治体自主决定自治体事务的权力和能力。日本的中央集权是在实行地方自治的前提下的中央集权，同样，地方对中央的依赖在很大程度上也是为了在中央集权条件下实现地方自治的需要，从这个意义上说，日本的“地方自治”并不是英国式的完全意义上的“地方自治”，而只是一种“半独立”式的自治。地方自治体的自治性，决定了承担地方自治各项事务的地方公务员的地位，虽然因地方自治体对中央政府的依赖而在一定程度上受制于中央省厅的官员，但其整体并不因此失去自主决定本自治体事务的权力。一方面，基于地方自治的原则，如果没有法律依据，中央政府是不能强求地方政府依照中央政府的意志行事的。另一方面，在地方自治的条件下，从理论上讲，地方自治体对中央政府的依赖，最终并不决定于中央政府的强制力，而是决定于地方自治体自觉或自愿的选择。因此，地方公务员的政策制定在很大程度上是基于地方自治的需要，是地方自治体自主决定的具体体现。

和中央政府的政策制定一样，地方自治体的政策制定也是官僚主导，即公务员在政策制定中具有重要作用。与国家公务员相比，地方公务员在地方自治体政策制定中所处的环境要复杂得多，因为影响地方政策行为的因素要多于中央政府。在地方，影响地方自治体政策行为的因素，除了和中央政府一样都要面临政党、利益集团这两大因素外，还要面临中央省厅及其“下凡”① 的官员、国会议员、地区居民等这些因素的作用和影响。所以，尽管在地方自治体中，政策制定从根本上讲仍然是官僚主导，但决定政策形成的因素更加多元化。以府县的政策制定为例，府县的政策一般都是在知事、行政部门的干部和政治家共同作用下形成的。其中，所谓的政治家，包括两种政治势力：一是由本府县选出的国会议员，二是执政的党派在府县的地方组织，即县联合支部。

在地方自治体的政策制定中，对政策制定具有直接制定作用的知事、地方公务员和执政党派在不同的情况下所起的作用是不同的。执政党派和知事尽管在政策的最终形成上有很大的影响力，但在政策制定的具体细节

① 下凡：同上“天神下凡”。

上往往要依靠行政部门的干部。对于知事来说，这些行政部门的干部是其政策智囊。由于知事对县政府各行政部门课级以上的干部人事有主导权，所以在具体政策制定中，知事能够通过权力和人事上的影响力主导政策制定。

二 日本地方公务员的分类体系与管理体制

与日本国家采用的议院内阁制（内阁总理大臣由国会选举产生并对国会负责）不同，日本的地方自治制度采用首长制，首长由居民直接产生，与议会处于同等地位，两者各自直接对居民负责。议会与首长互相制约，在协调中施政，努力实行更忠实于民意、更公正的行政管理。

地方政府行政的主要工作是处理地方公共事务，其工作目标是使居民对其公共服务结果的认同。也就是说，地方自治的最终目的是维护本地区居民的公共利益。

（一）地方公务员的分类体系

《地方公务员法》及其他各种法令规定了地方公务员身份的根本标准。另外，各地方机构根据法令规定制定的条例和规则，进一步对地方公务员身份、人数作了具体、详细的规定。

1. 地方公务员的人员编制：地方公务员与国家公务员一样可分为特别职和一般职。

特别职根据工作内容，又可分为以下三类：

第一类是居民或居民代表同意就任的职务，指由居民公开选举或者经过地方机构的选举、表决、同意后就任的职务。具体是指在地方机构工作的议会议员、知事（都道府县的首长）、副知事、出纳长、市町村长、助役、收入役、教育委员会等行政委员会的委员，以及协助上述官员工作的官员和其他职员（部长、主任、主管人员）。

第二类是非专职职务，指不是专门从事地方机构的事务，而是利用特定的知识、经验或者人际关系，有时参与地方机构行政策划的人，或者以拥有其他生计为前提、只在一定的场合从事地方机构工作的人，这些人的职务称为非专职职务，具体是指临时或外聘的委员、顾问、参谋、调查员、特约员等。

第三类是自由任用的职务，指不一定按照功绩制的原则，而是根据特定的知识、经验或者人际关系及对政策的考量等来任用人才的职务，具体是指地方公营企业的管理者、企业集团的企业长等。

特别职务以外的一切职务都属于一般职务，所以除协助知事、市町村长工作的职员以外，教员、警察、消防队员、公共汽车司机、水道局职员等公营企业职工都属于一般职务。

《地方公务员法》适用于从事一般职务的所有地方公务员，而对从事特别职务的地方公务员，除法律有特别规定的情况以外，该法不适用。

2. 地方公务员的人数

日本地方公务员的总人数为3171532人（2001年4月1日的统计数字），其中都道府县职员为1648467人，占总人数的52%；以下依次为市职员（不包括指定城市）707293人，町村职员363511人，指定城市职员241418人，部分事务组合职员131274人，特别区职员79569人。

与国家公务员一样，日本地方公务员制度同样实行职阶制和定员管理。

（二）日本地方公务员管理体制

日本地方公务员的管理体制在总体上与国家公务员管理体制保持一致，属部外制体制，即在政府行政系统外，设置独立的人事机构，综合执掌人事行政事宜。根据日本《地方公务员法》的规定，地方政府中设立了人事委员会和公平委员会，负责地方人事行政业务的推行。人事委员会是地方独立的人事行政机关，其领导成员须经地方议会同意、地方行政长官任命，负责一般的人事行政事务，具体内容大体与人事院相同，日本各地人事委员会的机构十分精干，一般只设一个事务局，下设一个任用公平局和一个考试室。公平委员会是设在人口不满15万人的市镇村的人事管理机构，负责处理地方的公务员争议和纠纷事件。按规定，在大阪、京都、名古屋、神户、横滨五大城市内，要求设立人事委员会和公平委员会，其他城市则可单独设立或联合设立人事委员会，在未设人事委员会的地方应设公平委员会。需要说明的是，日本的地方人事机构与中央人事机构之间无隶属关系，但人事院有责任就公务员管理中的专门性技术问题向地方提供指导。人事委员会和公平委员会对地方公共团体中拥有人事行政最终权限，其主要职责表现为：

拥有任命权者指从事公务员的任命、分限、惩戒等直接行使人事权的人或机构，包括都道府县知事、市町村长官、议会议长等。在目前的地方自治制度中，最大的特征是各种任命权是分立的。这是战后为了使国家和地方公共团体的行政权限更为分散，通过相互牵制和平衡来抑制权限过于集中而带来的独断专行。根据这一宗旨，任命权限分散于各个行政机关，因此，任命权者也必然是分立的。这就可能导致同一地方不同公共团体的公务员所得到的待遇不同，为了避免差异过大，就必须对各种任命权者行使权限进行综合调整和平衡。

人事委员会和公平委员会作为专门和中立的机关，对任命权者行使人事权进行核查，以保证人事行政的公正和中立性。二者的职能有些差异。人事委员会是综合性人事行政机关，负责一般的人事行政事宜；公平委员会是掌握公平事务的人事行政机关，负责处理地方的公务争议和纠纷事件，其权限比人事委员会小，它以准司法权为中心。二者都是由3名委员组成的合议制机关。按规定，主要城市必须同时设立上述两个委员会，其他城市可单独设立。两个委员会接受中央人事院的指导，但与中央没有隶属关系。

三 日本地方公务员制度的法律体系

地方公务员法的建构，不仅要和国家公务员法保持一致性，而且是受宪法保障的，能够足以担负地区自治的需要。因此，《地方公务员法》第一条中就明确规定了其宗旨是实现地方自治。从这一宗旨出发，地方公务员制度必须是适应多重条件的地方公共团体的弹性制度，它应保障地方公共团体具有自治内容的人事最高权。

日本的地方公务员制度，其相关的基本法律数目较多，其中，《地方公务员法》是规范地方公务员身份的法律，是对地方公务员管理的基本法，除此之外，与地方公务员制度相关的法令，还有涉及地方公共组织中公务员的种类及其选拔方法等有关规定的法令，以及根据这个职业特殊性有必要规定的、具有特例性质的法规，另外，地方公共团体也以条例、规则等从不同角度、不同目的，对地方公务员制度的各个层面或部分进行调整和规范，使该制度成为一个完整的法律体系。①

（一）地方公务员的组织法规

组织法规是规范地方公共团体中公务员类型及其选任方式的相关法

① 地方自治総会编：《地方公務員制度》，ぎょうせい，平成11年9月10日初版発行，第15页。

规，涉及地方公务员的组织法规主要有：

1.《地方自治法》

《地方自治法》是与地方公务员制度相关的组织法规中处于中心地位的法规。地方自治法是规定地方公共团体的组织及运营的基本法律。它规定了地方公共团体的议会、地方政府的首长及各种委员会的执行机关。

对于议会，《地方自治法》第九十条、第九十一条规定了议会议员的人数，第一百零三条规定了议长及副议长的选举程序，第一百三十八条第三项规定了议会事务局长、书记及其他职员的设置等。

对于执行机关，规定了知事，市町村长；副知事，副市长；出纳长，副出纳长，收入役，副收入役；出纳员及其他的会计职员；吏员及其他的职员；专业委员；都道府县的局或者地方事务所或市町村支所的首长；都道府县警察的警察官、事务吏员、技术吏员及其他的职员；选举管理委员、选举管理委员的书记长、书记及其他职员；监察委员；辅助监察委员的事务局长、书记及其他职员等；地方开发事业团的理事长、理事及监事等任命的有关程序。

2. 地方教育行政的组织及运营的有关法律

决定教育委员会的设置，学校其他教育机关的职员设置。根据地方教育行政法规定，确立了教育委员会的委员；教育长；教育委员会事务局的指导主事、事务职员、技术职员及其他的职员；图书馆、博物馆、公民馆等学校以外的教育机关的事务职员；技术职员及其他职员的设置与任命方式。

3.《警察法》

《警察法》是决定警察组织设置的组织法规，该法规定了都道府县公安委员会的委员、警察官、事务吏员、技术吏员及其他职员的设置与任命方式。

4.《消防组织法》

《消防组织法》规定了消防职员、消防团员的设置及任命方式。

（二）涉及地方公务员身份的法规

1.《地方公务员法》

《地方公务员法》规定了一般职的地方公务员的录用、职阶制、工资、工作时间及其他工作条件、身份地位、服务及奖惩、研修及工作成绩的评定、福利和利益的保护、职员团体等方面。

2.《地方自治法》

地方自治法对地方公务员中特别职公务员的身份设置了一些相应规定。这些规定依据特别职地方公务员的种类不同而不同，例如，规定了编制数、任命的方法、任期、兼职禁止、兼业禁止、失职等。

还有，根据地方自治法附则第五条及第九条的规定，制定了地方自治法施行规程，这个规程对地方公共团体的辅助机关中特别职公务员的服务、奖惩等作出了相关规定。

除地方公务员法及地方自治法外，相关组织法中，对相应规范对象的地方公务员的身份亦有着规定。例如，地方教育行政的组织及运营的有关法律，规定着“县费职员”[①] 的录用、工作条件、职阶制、研修、工作成绩评定等。《警察法》亦规定了地方警察职员的录用、工作条件、服务等。

（三）《特例法》

在地方公务员中，除从事一般行政事务的公务员外，还有一部分公务员所从事的工作与纯粹的行政事务不完全相同，如公立学校的教职员、警察、消防、公营企业等组织的职员。由于这些职员的工作性质各有不同特点，为了使人事管理更具有针对性，因而针对不同类别公务员制定了各种特例法。它是地方公务员法在某一个特定领域的延伸和细化，特例法中的各项规则必须遵循地方公务员法的精神，不得违背。

地方公务员的主要特例法概要如下：

1.《教育公务员特例法》

《教育公务员特例法》，是根据教育公务员的职务与责任的特殊性而制定的，规定了国家、地方的教育公务员的任免、分类、惩罚、服务、研修等相关的特例，在教育公务员特例法中有关地方教育公务员的身份处理的主要特例有：

（1）对于公立大学教员的录用、晋升等，根据教特法，通过大学管理机关，如校评议会、教授会等的选考来进行。还有，大学管理机关违背教员的转任、降职、免职、惩罚处分等的审查，其他有关事宜，例如除有法律依据外的有关服务事项、工作成绩的评定等。

（2）公立大学的教职员因病或其他特殊事项休职三年以内者，其休职期间，全额支付工资的特例。

① 由县级地方财政供养的教员职员。

（3）教育长及从事行政工作的教育职员的录用、选考程序。

（4）关于研修（培训）的事宜。教员可以离开工作场所，也可以现职状态进行一定时间的研修（在职培训）。

（5）有关兼职等事宜。教育公务员从事现职时兼任有关教育的职业或事业是可以允许的，但必须按照《地方公务员法》第三十八条第二项的规定，由人事委员会的许可条例决定。

（6）有关政治行为的限制。公立学校的教育公务员，不适用《地方公务员法》第三十六条。

（7）公立学校的教育公务员的工资。以国立学校的教育公务员的工资的种类和额度为基准来决定。

（8）都道府县内的公立学校的职员的组织团体，在经由该都道府县的人事委员会登记后，可取得法人资格。

2. 地方教育行政组织以及有关运营的法律

地方教育行政组织以及有关运营的法律规定了县费教职员身份的处理，主要事项如下：

根据地方教育行政法，县费教职员的身份属于市町村，但其任命权属于都道府县教育委员会。都道府县教育委员会根据市町村教育委员会的意见，进行任免及其他的职务进退。

都道府县教育委员会可以进行都道府县内的市町村之间的县费教职员的调动。

有关县费教职员的工资、工作时间及其他工作条件及身份、奖惩由都道府县的条例决定。

县费教职员的服务，由市町村教育委员会监督，工作成绩的评定，在都道府县教育委员会的规划下，由市町村教育委员会进行。

3.《警察法》

《警察法》是决定都道府县警察职员的地方公务员身份的特例法。

（1）警察职员的任免由警视总监或者警察本部长听取都道府县公安委员会的意见进行；有关奖惩或罢免，都道府县公安委员会对警视总监或警察本部，可以进行必要的劝告。

（2）有关这些职员的任用、工资及工作时间及其他的工作条件、服务等，以条例或人事委员会规则决定，以国家公务员的警察职员的例子为基准来决定。

4.《消防组织法》

消防组织法规定：消防长以外的消防职员经市町村长认可后由消防长任命；消防团长以外的消防团员经市町村长认可后由消防团长任命，该条例还规定了非常勤的消防团员的任用、工资、身份、奖惩、服务等。

5.《地方公营企业法》

《地方公营企业法》是决定地方公共团体经营企业的组织、财务、职员的身份处理的法规，有关的主要规范如下：

地方公营企业的辅助职员的任免是由企业管理者进行的，但规则规定主要辅助职员的任免必须得到地方政府首长的同意。

企业职员的工作条件不适用《地方公务员法》第二十四条第六项的规定，仅工资的种类和标准以条例来决定。

除上述之外，对于企业职员处分的不服申述、职员团体的组织等适用地方公务员法的规定外，原则上对政治行为没有限制，且全面适用《劳动基准法》。

6.《地方公营企业劳动关系法》

《地方公营企业劳动关系法》，是确定地方公共团体经营企业的劳动关系法规。这个法律规定了企业职员之间能够结成不同的劳动组合，与当局之间能够缔结劳动协约、规则等，以及有关劳动争议的调停、仲裁等。

除以上外，涉及地方公务员的身份处理决定的特例法规还有适用于劳动职员的《劳动组合法》、适用于船员职员的《船员法》，作为地方公务员福利制度的一部分的《共济组合法》、《地方公务员灾害补偿法》等。

（四）自主性法规

从尊重有关地方公共团体的人事行政的自主性、多样性的立场出发，有关地方公务员制度的一些具体规范可根据各地方的实际情况制定。

《地方公务员法》第五条第一项规定，法律特别规定的场合除外，地方公共团体可根据地方公务员法的基本原则，结合本地区实际，以条例形式对人事委员会或公平委员会的设置，职员适用标准的实施等有关事项做出必要规定。

地方公共团体根据条例、规则等决定的事项如下：关于人事委员会或公平委员会的规程；关于职员任用的规程；关于工作条件的规程；关于服务的规程；关于资格变更和行政处分的规程；关于公平审查的规程；关于职员团体的规程；其他的有关规程，等等。主要涉及地方公共团体的人事行政和内部管理事务，它成为地方公务员制度相关法律体系的重要组成部分。

此外，地方公务员法还特别规定，在制定各项规则、条例或需对其进行修改废除时，地方议会必须听取人事委员会的意见，以充分发挥人事委员会在公务员管理方面的主导作用，确立其作为人事管理专门机构的权威地位。

四　地方公务员与国家公务员的关系

日本地方公务员与国家公务员的关系是在日本地方政府与中央政府的关系框架内展开的，日本地方政府与中央政府的关系以第二次世界大战为分水岭，发生了根本的演变。

第二次世界大战前，在明治宪法的体制下，中央国家机关是以权力手段来干预地方行政的，并且有监护性监督的权力。对府、县一级的行政机关，规定由内阁的内务大臣实行监督；对于市、町、村则由府、县的知事或内务大臣实行监督。而内务大臣对府、县一级行政有命令权和处分权；对于市、町、村条例的制定或修改废止，均有批准权；等等。在这种架构下，中央政府与地方政府是上级—下级的关系，中央政府的公务员与地方政府的公务员是命令（指示）—服从（执行）的关系。

随着战后日本实施地方自治制度，即各级（都道府县及市町村）地方政府作为独立法人团体根据所在地区居民的意愿管理地方事务，中央政府只是给予适当的指导，因而地方组织被称作地方自治体。日本中央政府对于地方自治体的一般监护性监督明文废止了，仅限于对那些从全国的角度看来必要的、不得不管的事务实行个别监督。中央主要是控制都、道、府、县一级机关，再由都、道、府、县控制下面的市、町、村自治体。随着地方政府实行“自治”所获得的相对独立性，地方政府的公务员与中央政府的公务员在关系上发生了根本的改变。①

（一）法律关系上的变更

首先，地方政府为了执行独立的人事管辖权，可以通过地方议会制定某种法律所允许的“条例”。这种条例属于地方公共团体的“自主性”法

① 総務省自治行政局公務員部編：《地方公務員制度の展望と課題》，ぎょうせい，平成13年3月31日発行，第93页。

规，是根据宪法所确认的“条例制定权”制定的。但它不能同国家的宪法及其他法律、法令相抵触，如地方政府公务员的等级与工资制度，由中央制定的《地方公务员法》加以规定，由自治省依法进行行政指导，但各地可根据本地区实际情况具体操作。但涉及国家和地方公务员的共同部分，基本上按照国家公务员制度规范来确定。

其次，地方人事行政的具体实施的条例、规则等由地方政府自主决定，但地方政府在制定《地方公务员法》相应的实施规则时，应与国家公务员的相应规则相平衡。例如：制定《地方公务员法》第二十四条35中“有关工资、工作时间其他工作条件的基本标准”的实施条例，以及《地方公务员法》第二十八条2—2，2—3中“有关退休问题”的实施条例时，就应贯彻与国家公务员相应条例的平衡原则。地方公营企业法有关企业职员的工资，教育公务员特例法有关公立学校的教育公务员的工资，警察法有关都道府县警察职员的工资，都应注意与各类相应国家公务员的工资相平衡。

最后，地方公务员在基本原则上是与国家公务员相一致的，例如公务的平等公开、政治中立性的确保、公务员必须拥有日本国籍等是国家公务员与地方公务员都必须遵循的共同原则。

至于规则规定权则是属于地方公共团体的首长的权力，只要不与宪法、法律、法令相抵触，他均可制定。当然，如果属于其他行政机关首长（如总理大臣或上级行政机关首长）职权范围的事，不能由该地方行政首长来制定。

但地方议会在制定相关人事条例时，其内容必须在国会或内阁制定的人事法律、决议和政令所允许的范围内，否则一律无效。这些条例不能涉及司法或其他国家规定的事务，而且条例的制定、修改或废止都必须报告内阁自治大臣。

（二）行政关系上的变更

随着地方分权的进程加快，中央政府和地方政府的行政关系已经由上级—下级的关系转换为“对等协作”的关系。地方公共团体的作用日益被强化，其自主性、自立性大大提升，决定权和相应责任日益扩大，致使地方公务员职务范围进一步扩大化、多样化，以适应都道府县和市町村公共事务的种类和规模的复杂程度，谋求地方政府人事行政的多样性和灵活性。但这并不意味着日本的地方政府完全转变成“自治政府”。事实上中央政府对地方自治体的行政，实行多方面的控制。现仅以地方政府人事行政为例。关于地方政府的知事或市、町、村的长官，按照《地方自治法》的规定，应由地方自治体通过议会选举产生。但内阁对知事有罢免之权，各都、道、府、县知事对市、町、村长官也有罢免权。当内阁某大臣认为某知事执行国家事务不力时，便可以提出指责，并可要求最高法院给予处理。当知事被传讯时，可以由国务大臣代行其职。内阁总理大臣也有权根据法院决定，对知事实行罢免。

各地方自治体的官员大多是由自治省予以安排的，它可以通过录取、考核、考勤、奖惩等办法，对公务人员从思想到生活给予控制。而内阁对各地方行政的控制可以由内阁总理大臣去做，也可以通过总理府的所属机构或内阁领导下的各省进行。总理大臣可以对地方行政提出劝告、助言，甚至直接干预地方行政事务。当总理大臣认为某地方行政长官对某种事务“处理不当”或经费开支不清时，可以要求地方“纠正”或“澄清”。在地方选举时，总理大臣甚至可以直接主持地方选举。当都、道、府、县之间成立协议会时，内阁总理大臣可以参加。协议会如果涉及国家事务，更要得到总理大臣的许可方能召开。

总理府下设的行政管理厅，有权对日本各地方的行政事务实行监督。自治省的全部任务都在于监督和处理地方事务。其他各省如法务省、大藏省等也都能对地方实行监督和控制。

（三）日本地方上的国家公务员

国家在地方的事务除通过“机关委任事务”交由地方政府经办外，某些跨地区的事务或必须由国家统一经办的事务由中央政府省、厅的派出机构来完成。派出机构是由省、厅派出的按地区设置的机关，包括大的区域性局，以及在府县设置的支局、事务所和基层的支所和营业所。派出机构的职员属国家公务员，他们是日本国家公务员系统的有机组成部分，与所在地的地方政府不发生组织上的联系，也不与相应地方的人事管理部门发生关系。

大区性派出局是省厅派出机构中最高层次的机关，管辖的范围往往包括好几个府县。为了缩小管辖区域，一般按系统合并和有序地进行设置，1984 年以来，大区局进行了多次调整，如运输省的陆运局和海运局合并成为大区运输局，邮政省的大区储蓄局和大区简易保险局合并为大区邮政局等。按照临调会提出的综合改革方向，至今共撤销裁并了 54 个局级机关。

设在府县的派出机关是大区局的下设机构，除了承担所在地区的事务外，按照临调会提出改革意见，随着大区局的改革，对这些设在府县的支局机构也进行了相应的调整和改革。例如，1984 年总务厅派出的行政监察局、公安调查厅派出的公安调查局、大藏省派出的财政局和邮政省派出的邮政监察支局，都进行了相应的改革，使之成为只进行必要的最小限度的事务处理机关。随着机构改革的深化，派出机关的编制定员也不断得到压缩。

支所和营业所是中央政府派出机构中最基层的机关，到 1988 年末，根据临调会关于支所、营业所的改革建议，由内阁会议决定对 5800 个支所、营业所（税务所、邮政所除外）中的 590 个所进行了综合治理。实施结果，实际上对 644 个所进行了调整。为了继续推进综合治理计划，1989 年行政改革大纲确定，从 1990 年至 1993 年将继续对 255 个基层所进行改革，到 1991 年末已经治理了 165 个基层所。

这些改革至今仍在进行。其目的一则是中央政府精简机构，压缩人员的需要；二则是为了进一步深化地方自治的改革，使地方治理在事、权上真正统一。①

第三节　制度及制度变迁的理论辨析

正如诺斯所说："制度是社会博弈的规则，是人们创造的用以限制人们相互交往的行为的框架。"由于人类的有限理性和外界环境的不确定以及其他一些妨碍经济进步的因素，人类离不开一定的制度。

一　制度及制度变迁

（一）制度是一系列对人的行为施加约束的正式或非正式的规则。制度对人类有两项基本功能：安全功能和经济功能。人类由于自身的条件所限，只有通过一定的制度才能获得一定的安全和收益。人类自身的弱点和

① 並河信乃：《図解行政改革のしくみ》，東洋経済新報社 1997 年 10 月 30 日発行，第 104 页。

客观条件的限制需要制度弥补不足。制度可以帮助人类克服生活中可能存在的缺陷，为人类提供服务，促进社会经济发展。人类离不开制度，制度也伴随着人类历史，不断发生变化。

日本在第二次世界大战战败后，在美军的实际占领下，抛弃军国主义的观点，延续明治维新的治国理念，接受美国的指导，修改宪法包括推行地方自治。这些制度的建立不仅是由于当时的日本实际处在美国的统治占领下，更是由于当时美国推行的政策符合日本第二次世界大战前明治维新的理念，既有被迫性，又有顺势而为。从这个意义上认识，日本地方公务员制度的演进正是对制度变迁理论的诠释。

制度分为制度环境（结构）和制度安排两个层次。制度环境是一系列用来建立生产、交换与分配基础的基本的政治、社会和法律基础规则，它是一个社会中所有制度安排的总和。一个社会的制度环境相对稳定，改变起来就会比较困难。在民主社会中，它经常依赖修宪、重大政治活动或者居民的偏好而变化；制度安排是指对某些具体行动或关系实施管制的规则，可分为正式和非正式的，如企业、家庭、大学、政府、医院、货币、股票交易所、期权等属于正式制度安排，而惯例、习俗、传统、价值、意识形态等属于非正式制度安排。制度安排相对制度环境容易改变，一般而言，制度的变迁是指制度安排的变迁。

对于制度起源，存在构建论和演化论两种观点。在构建论中，又分为基于自由主义的构建论和基于权威主义的构建论。新古典自由主义的制度学派认为，制度是由个体为了自身利益最大化，通过理性算计有意识建构形成的；而权威主义则认为，制度可以依靠权威机构或社会精英设计、颁布和组织实施。演化学派认为，制度是由长期的无意识演化选择生成的。建构和演化被普遍认为是对立的，演化强调行动者的无意识或无目的性，即使行动者是基于有限理性算计的，互动的结果也不是预先就存在于行动者的目标函数中；而建构是指行动者有意识地将互动结果预先固定下来，并存在于行动者的目标函数中。实际上，自由主义的构建论和权威主义的构建论有着明显和根本的对立，几乎不可调和，演化论和新古典的构建论却并非完全对立或绝对不可交流。总体而言，制度能否构建？是构建还是演化而成？可能要关注制度的不同层面、制度的长期和短期。短期的和具体的制度，人们往往可以构建（包括权威主义的构建）；而长期的、基本的制度却往往难以构建或构建的努力常常失败。实际上，一些从短期看来具有明显建构特征的制度可能是长期演化的结果。演化似乎也为建构设定了标准，只有符合演化趋势的建构才更具有适应性。随着互动中认知的进化，许多原先无意识或难于用言语表达的默会知识或局部知识，会逐渐变成标准化的编码知识或共同知识。自发演化形成的非正式制度随之被构建成正式的制度。因此，一旦引入认知进化的因素，演化和构建表面上的不和谐就可能消失，从这个意义上看，演化可能是更为本质的现象，而建构是演化达到某一阶段的产物，此过程伴随着人类认知的进化。因此，任何建构都是局部和短期的均衡，是长期演化过程中的某一个驻点。

（二）制度变迁是指制度创立、变更及随着时间变化而被打破的方式。任何制度都有产生、发展和消亡的过程，制度变迁是一个由制度供给和制度需求双方相互作用、共同推进的过程，可以理解为制度的替代、转换与交易过程，更主要的是一种效益更高的制度（目标模式）对另一种制度（起点模式）的替代过程。包括：一种特定组织的行为的变化；这一组织与其环境之间的相互关系的变化；在一种组织的环境中支配行为与相互关系的规则的变化。

人们推进制度变迁是因为可以从中获益。只有当制度变迁的预期收益超过预期成本时，制度变迁才有可能发生。当然，人类的经济计算不是制度变迁的唯一动力，制度的变迁还要受到意识形态的影响。各种外界因素变化而产生的潜在利润由于各种原因在现存制度安排中难以实现，产生了对制度变迁的需求。制度变迁就是在帮助获得这些潜在利润的过程中促进了经济发展。但由于制度供给存在时滞，制度供给相对于需求而言永远是滞后的。其中，国家是一种特殊的制度安排，其自身在不断变迁，并深深影响其他制度变迁，国家应该对一国经济的兴衰成败负很大的责任。

制度变迁是一个受文化、历史、信仰体系等因素影响的过程，有路径依赖特性，变迁的起点甚至可以决定终点。日本地方公务员制度的变迁正是一定历史时期在一定外力下、一定的环境下发生的。

（三）制度变迁的两种基本方式：一种是诱致性制度变迁，另一种是强制性制度变迁。

1. 诱致性制度变迁，指的是现行制度安排的变更或替代（或者新制度安排的创造)，主要由个人或一群人在响应获利机会时自发倡导、组织和实行。这种类型的制度变迁是由某种在原有制度安排下无法得到的获利机会而引发的。

诱致性制度变迁的特点：盈利性，只有当制度变迁的预期收益大于预期成本时，创新者才可能去推进制度变迁；自发性，诱致性制度变迁是初级行动团体受外部利润的吸引，对制度不均衡的一种自发性或自主性反应；渐进性，建立一个新的制度安排是一个消费时间、努力和资源的过程。

诱致性制度变迁的发生有赖于存在因制度不均衡所产生的获利机会，即现行制度安排由于某种原因不再是这个制度安排集合中最有效的一个，制度不均衡产生的原因主要有：

原因一，制度安排集合的改变，一种制度安排之所以从一个可供选择的制度安排集合中挑选出来，是因为它比这个集合中的其他制度有更低的生产和交易费用。即制度安排集合决定着制度选择的范围和空间。制度安排集合的元素包括：

(1) 社会科学知识的进步。可行性制度安排的集合是社会科学知识的函数，这是因为社会科学的进步能改进人们的有限理性，从而不但能提高个人管理现行制度安排的能力，而且还能提高个人领会和创造新制度安排的能力。

(2) 制度移植。制度移植可以扩大制度选择的集合。技术选择集合的扩大可以通过与其他经济的接触来实现，制度安排集合的扩大也可以通过这一方式来实现。

(3) 政府政策。政府政策的改变也可能扩大或缩小制度安排集合。

原因二，技术的改变。技术变化能够改变特定制度安排的相对效率，并使某些其他制度安排不再起作用。

原因三，要素和产品相对价格的长期变动。当某种要素的相对价格上升时，会使得对这种要素的独占性使用更具吸引力。

原因四，其他制度安排的变迁。由于制度安排间的相互依存性，某项特定制度的变迁可能引起对其他制度安排的需求。

2. 强制性制度变迁，是由政府通过命令和法律引入而实行的制度变迁，该制度变迁的动因则可能纯粹因在不同选民集团之间对现有收入进行再分配而引起。

由于无偿模仿和“搭便车”现象产生的负激励效应，诱致性制度变迁总是存在制度供给不足的问题。再者，有些制度变迁即使有丰厚的外在利润，但任何自发性团体也难以将其内在化。上述问题的解决只有靠以国家作为主体的强制性制度变迁来完成。

一个社会除需要诱致性制度变迁外，还需要强制性制度变迁，其理由是：

理由一，规模经济优势和成本优势。国家在制度供给上有明显的规模经济效应，并且由于其暴利潜能使得制度变迁的组织成本和实施成本大为降低。

理由二，制度供给是国家的一种基本功能。

理由三，制度安排在一定程度上具有公共产品属性。

理由四，弥补制度供给的不足。

制度变迁的有效性由它对国民总财富的影响来确定，以下几大因素制约着强制性制度变迁的有效性：

（1）统治者的偏好和有限理性。

（2）意识形态刚性。

（3）官僚机构问题。

（4）集团利益冲突。

（5）社会科学知识的局限。

3. 两种制度变迁的关系。

（1）相对独立。两种制度变迁各自在其适宜的范围内发挥作用，诱致性制度变迁适用于自发性求利行为且外部效果和“搭便车”现象相对不严重的制度变迁领域，而强制性制度变迁则相反。

（2）相互补充。两种制度变迁方式各有优势。诱致性制度变迁由于实现了利益最大化原则和一致同意原则，所形成的制度安排能保证高效率的实现。而强制性制度变迁的优势在于能以最小的成本、最佳的速度实现制度的转换和更替，而且某些诱致性制度变迁的有效性是以另外一些强制性制度变迁的实现为前提的，或者某些强制性制度变迁的有效性有赖于其他诱致性制度变迁的推行。

（3）彼此联系。现实中既没有纯粹的诱致性制度变迁，也没有纯粹的强制性制度变迁。在诱致性制度变迁中有时可能借助某种强制性的力量，强制性制度变迁的推进有时也需要某些诱致性因素的配合。而且强制性制度变迁和诱致性制度变迁在一定情况下可以相互转化。①

日本公务员制度特别是地方公务员制度的变迁中，既有诱致性制度变迁，又有强制性制度变迁。

二 制度变迁的相关理论

新制度经济学派的制度变迁理论经历了新古典方法论向新古典方法论与历史制度主义方法论相结合的转变过程。制度变迁理论的一般模型由产权理论、国家理论、意识形态理论和路径依赖理论四大部分组成。其核心思想是：经济增长取决于能够提供适当的个人激励和有效的产权制度，有效率的标准是个人收益（或成本）与社会收益（或成本）相一致；制度变迁的原则是制度创新的潜在利润大于预期成本；国家是界定并实施产权的单位，因而国家最终要对造成经济增长或停滞的产权结构的效率负责；意识形态具有克服“搭便车”并节省交易费用的功能；制度变迁具有路径依赖性，人们过去做出的选择决定了他们现在可能的选择。制度变迁理论是有关制度起源、变迁的原则、过程、路径等方面的理论。

（一）产权理论

诺斯认为，产权理论有助于解释人类力图降低交易费用和组织交换的经济形式。产权的出现实际上就是国家统治者的欲望与交换当事人努力降低交易费用的企图彼此合作的结果。国家决定社会的产权结构，但国家并不是中立的，因而国家最终要对造成经济增长、停滞和衰退的产权结构的效率负责。对政治—经济单位造成无效率产权的内在倾向和历史上国家兴衰的变动做出合理的解释，则需要借助国家理论。

（二）国家理论

国家既是每一个契约的第三者，又是强制力的来源，它是各利益集团为了实现有利于自身的收入再分配方式而争取决策控制权的场所。国家是更多地呈现契约性还是更多地表现出掠夺性，主要取决于暴力潜能的分配状况。诺斯认为，国家为了实现租金最大化和社会产出最大化，会以一组存在着规模经济的服务（包括保护和公正）作为交换。为了使国家收入最大化，统治者试图为每一个不同的集团设定不同的产权，但能提供同样服务的潜在竞争对手（国内或国外的）的压力又限制着统治者对产权结

① 何自力等：《比较制度经济学》，南开大学出版社 2003 年版，第 309—315 页。

构的选择。这样，作为产权界定和强制执行核心的国家总是在租金最大化的产权结构和社会产出最大化的产权结构间取舍，而取舍的结果则可能使一国由此而兴旺或由此而衰败。

（三）意识形态理论

意识形态是人们关于周围世界的一种总体观点和判断，是减少提供其他制度安排的服务费用的最重要的制度安排。产权清晰有助于克服“搭便车”现象，但产权的界定和行使以及对其行为的考核是要花费成本的，有时可能得不偿失。在这种情况下，借助意识形态的力量可能有效地阻止“搭便车”行为。由于人是有限理性的，对错综复杂的世界无法迅速准确且低费用地做出理性判断，于是借助意识形态抄近路，从而实现对信息费用的节约。意识形态是人力资本，它能帮助个人对他和其他人在劳动分工、收入分配和现行制度结构中的作用做出道德评判。由于该人力资本具有极大的外部效果，政府往往通过向意识形态教育投资来对个人意识形态的资本积累进行补贴。

（四）路径依赖理论

路径依赖思想最早来源于保罗·大卫与阿瑟对技术的经济学研究，诺斯将关于技术演变过程的自我增强机制和路径依赖的论证推广运用于对制度变迁的分析：是什么决定了历史上社会、政治、经济演进的不同模式？如何解释那些绩效极差的经济的长期存在？

他认为，在制度变迁中同样存在报酬递增和自我强化现象，制度变迁一旦走上某一路径，就会在以后的发展中沿着既定方向不断强化自己。沿着既定的变迁路径，经济或者政治制度变迁可能进入良性循环的轨道，也可能因为一些错误而陷入恶性循环之中。严重的话，某些制度还会锁入到无效率的状态之中难以跳出来，除非有强大的外力作用或者依靠政权更迭。

路径依赖还意味着今天的选择受历史因素的影响，某些偶然的因素可能改变整个制度变迁的方向——差之毫厘，谬以千里。过去的选择决定了现在可能的选择，任何制度创新都离不开一定的历史社会环境。制度变迁的方向和可能出现的制度形式除了受到变迁起点的影响外，还要受到既存的文化、传统、信仰体系等因素的制约。随时间流逝而发生的信仰体系的演变是一个集体学习的过程，是一种文化适应的积累过程，因此，它还受到人们的认知模式和知识基础的影响。

由于起点、文化信仰体系等方面的差别，以及认知模式的局限，不同国家和地区制度变迁的终点在大多数情况下是不相同的，即世界上可能存在多个制度均衡，而不是像原来认为的必定会倾向更高效率的制度安排。

这种理论详细说明了一种制度被另一种制度所代替这样的进程，通过这种代替，一个行动集团（个人或集团）能够看到一些新的组织形式（制度安排）将会带来很大的利益（这些利益超越了民族、国界、文化给人们带来的利益），使得因革新组织形式所花费的成本得以补偿。这些新的安排特别有益于实现潜在的规模经济，降低信息成本、分散风险以及将外部效果内部化。这种制度安排的发展才是改善生产效率和要素市场的主要历史原因。更为有效的组织（包括经济组织和行政组织）的发展，其作用如同技术发展对于世界经济增长所起的作用一样同等重要，引起人们的关注。

这样的制度安排属于组织创新，需要采用强制的手段，而政府是唯一合法的施行强制力量的单位，这种制度安排通常成为立法机关或政府命令的产物。而且，当基础制度安排层面上各集团之间发生冲突时，获得权力进行变革的集团总是力图将新规则纳入成文的宪法中，这是因为如果要修改，成本会很高。如果一个集团预见到它关于基本决策原则的决策能力可能不会持久，这样的事情就有可能发生。制度保护个人的自由领域，帮助人们避免或缓和冲突，增加劳动和知识的分工，并因此而促进繁荣。正义和公平应当是指在同等环境中平等待人的正式规则，而不是指无视努力和幸运的平等后果。

三　分析制度变迁的基础模型

（一）分析的前提：构建三个维度

对制度的分析可以从三个维度——物质体系、精神价值观、人（社会），其中最为关键的是人。围绕人（社会）这个维度进行分析，就比较容易理解制度的其他两个维度。更进一步分析人（社会）这个维度与制度的关系可以发现，了解制度，就是去了解生活在制度中的人和社会中的制度。制度分析应该是对人的心智与行为的分析，是对社会历史和文化的分析，在这些分析上，运用经济学方法做出选择，实现从一个制度到另一个制度的变迁。

1. 体系的维度，即物质的世界。在经济学模型中，就是技术维度。

在消费者选择模型中，即为预算的约束。而在生物学里就是由神经—反射基本过程决定的生存本能。

从物质的维度分析，首先，技术决定着制度的变迁。因为技术在经济增长中起着决定性作用，而经济的发展必然要求与之配套的政治制度，所以技术变迁决定了制度变迁。例如，马克思、熊彼特、新熊彼特主义者等都将此归结为制度变迁的根本原因。其次，制度对经济增长也起着巨大的作用，在一定范围内，制度变迁决定了技术变迁，例如，凡勃伦、加尔布雷斯、诺斯和威廉姆森等都特别强调“制度”对经济发展的决定性张力作用。正是在这个意义上，诺斯的制度变迁理论被公认为新制度经济学的成熟理论。笔者认为，物（技术）与制度的关系并非是“决定”与“被决定”的单向性关系，而是双向互为因果的关系，很难区分谁决定谁，我们应该深入研究制度和技术的协同演化，较之于单向的研究，协同演化是一个更加复杂的变迁过程，它与复杂系统理论的结合也更加紧密。在这个制度和技术的协同演化过程中，制度和技术是两个相对独立的向度，二者之间存在着各种层级的制度类型和技术类型，不同制度和技术类型有着不同的匹配关系。在某些层级上，制度可能是起决定性作用的，而在另一些层级上技术可能是起决定性作用的。此外，制度和技术的创新和扩散还受制于行动者的认知状态（心），而后者往往又取决于行动者所处的局部历史文化场景，因此，制度和技术的关系在不同的时空场景中也可能不同。所以，不能笼统地谈论制度和技术的关系，必须将其置于不同层级类型和不同时空场景下进行研究。

2. 价值观的维度，即精神心理的世界。在经济学模型中，就是偏好对行为的评价，即对道德、意义、灵魂的最高境界的诉求。它集中体现在人的价值上。价值是多元跨越与多元共生的统一。多元跨越的含义是指价值的发展变化是非阶段性前进的，且新价值是在旧价值内部与其斗争中破土的。它强调的是其动态变化过程。多元共生的含义是指价值依据一定的原则，按照一定的层次关系共同存在，强调的是静态存在状态。

制度是由价值所规划的功能要求所设计的，并在新、旧价值的博弈中形成，随价值的变迁而变迁。价值对制度变迁的规划，主要外化为制度的“三性”上：制度合理性、制度合法性、制度现实性。

制度合理性。主要指在一个以某种理念支持的制度系统内，其制度是否遵守该理念规定的“逻辑”，所表现出来的功能与价值是否与其“理念”具有逻辑上的一致性。例如，制度是否体现了制度的本性与目的，是否推进了社会生产力的发展，在完成其目标上是否有效率，等等。归根结底就是制度的具体内容是否符合制度的内在规律，制度的外在体现是否真正合逻辑、合规范。

制度合法性。马克斯·韦伯的定义得到了较广范围的认同。在韦伯看来，一种秩序系统的存在取决于它是否有能力建立和培养其成员对其存在意义的普遍信念，也就是说，合法性表明秩序系统获得了该系统成员的认同和忠诚。如果某一社会中的公民都愿意遵守当权者制定和实施的法规，而且还不仅仅是因为若不遵守就会受到惩处，而是因为他们确信遵守是应该的，那么，这个政治权威所制定的制度法规就是合法的。

所以，制度合法性是指制度的这样一种特性，这种特性不仅来自正式的法律或命令，更主要的是来自根据有关价值体系所判定的、由社会成员给予积极的社会支持与认同的制度规范的可能性或正当性。它包括两个方面的内容：一方面是制度能否以及怎样以社会价值观念和价值规范所认可的方式有效运行；另一方面是制度有效性的范围、基础与来源。

制度合法性的内涵说到根本之处就是公平与正义。“正义是社会制度的首要价值，正像真理是思想体系的首要价值一样。一种理论，无论它多么精致和简洁，只要它不真实，就必须加以拒绝和修正；同样，某些法律和制度，不管它们如何有效率和有条理，只要它们不正义，就必须加以改造或废除。”合法性强的制度应该是使社会的基本权利和利益分配趋于公平合理。

制度现实性的内涵至少有以下三个方面：

其一，任何制度都必须与它的历史发展阶段相适应，不能超越历史阶段而谈抽象的制度。

其二，任何制度都必须具有实际的可操作性和可运作性，不能仅仅停留于理论愿景中。

其三，任何制度都必须关注其存在及实施成本，成本过于高昂，也会使制度失去其现实性。

制度的现实性也不完全是客观的，有时候也带有相当的主观色彩。由于一项制度给人带来的边际实施净收益带有浓厚的主观色彩，一种制度实行得久了，其收益和成本都可能被低估，当然两者被低估的幅度可能不会一样。一项旧的制度，由于它高昂的制度维持费用和制度功能的实现费用，而易于被人们从“弊端”的发现中感受其成本的存在。一个理想的制度模式，由于其高效率而被人们期待着更大的收益，同时也忽略了其高效率的同时也意味着高成本。

3. 人（社会）的维度，由于人是处于前两个维度之间的生物，具有两重性——物性和心性。

从“物性”上看，制度都是适应社会的需要而产生的。众所周知，任何现代意义上的制度都不是从来就有的，它只是人类社会发展到一定程度的产物。在原始社会，是不存在所谓专门的管理制度和管理机构的，更加不存在严格意义上的人事行政，有的只是柏拉图所说的“哲学王”或中国古代所特有的“圣人”和“德治”。其次，社会不仅决定了制度的产生与发展，还规定了其内在的目标、规模、结构、行为方式。制度一旦顺应社会的需要产生和建立起来，就需要对整个社会做出回应，来调整主体人员和组织的意识形态和行为方式，从而映射到系统的规模、结构，最终促进整个人事行政目标的达成。从数学函数的意义上来讲，社会是一个自变量，而制度是因变量，要随着社会的变化而发生改变。

从“心性”上看，它是指对制度领域内部的各种行政要素（如人事行政权力、职能、方式）和现象的理解、看法和价值选择的总称。它不是政治行为、政治要素和政治制度等概念本身，而是隐藏于行为、制度背后的看法、观念和思考，它实际上是一种价值选择。这种选择是作为制度系统的一种动力机制而存在的，是一种具体制度得以建立和运作背后的思想根源。作为动力机制和共同的秩序，它与制度紧密结合在一起，对制度需求进行挑剔性的选择。制度作为一个开放系统，必须从外界接受各种物质、能量和信息的投入。而这种投入的数量十分之大，以至于我们并不能分清哪些投入才是我们所需要的。而在这时候，“心性”就应当发挥它们应有的作用——会帮助我们对外部环境的投入进行取舍，只纳入与自身相关的那一份投入。

人（社会）的两重性通过建立个体认知、行为与制度发生关系，制度不仅仅是客观、外在约束，而且还是充分认知内涵的主观、内在约束（诺斯，1993；青木昌彦，2005）。或许可以说制度是一种内在和外在的约束，但是，必须强调这两种约束下的个体行动规则存在明显差异。外在约束下的个体行动规则是新古典所揭示的理性选择，而内在约束下的个体行动是一种无意识的认知过程。当这两种约束交织在一起时，个体将面临着一个复杂的环境，其行动规则将呈现出局部的目的性和无意识性，或者说是西蒙意义上的“有限理性”。在此个体行为假定的基础上，现代制度演化学派在理论上取得了很大的进展，他们拓展了传统达尔文主义“遗传、变异和选择”的解释逻辑，建立下“互动者”（interactor）和“复制者”（replicator）多层级共同演化的制度分析逻辑（Lewin & A. Y. Lewin H. W. Volberda，1999，A. J.，Murmann，2003；Hodgson，2004；H. W. Volberda，2005）。

（二）制度变迁的三种模式

制度变迁最常见的模式有以下三种：

1. 物即物质体系的维度的变化。如技术进步与经济发展，技术进步是无法预期和无法控制的。因为只要人类存在，就有知识积累，而知识积累到一定程度，就引发技术的变革。这种变革又带动了生产能力的进步，从而有了经济的发展。当经济发展的时候，要求有相应的制度变革，否则就会产生所谓的生产力与生产关系之间的矛盾，这种矛盾可以引发战争和社会革命。这样，技术即物的秩序的改变引起了制度的改变。

2. 心即精神价值观的维度的变化。指精神和价值发生了变化，如宗教改革，通过人们对教义信条认识的改变，决定了人（社会）的维度的裂变，产生了新的价值取向，在新价值的坐标内形成了新的生产关系，新的生产关系必然对物的维度产生影响，直接推动了生产技术的进步。

3. 人（社会）维度的变化可以产生两种模式，一种是突变模式；另一种是渐变模式：

（1）突变模式。如革命，它将直接影响到心的维度与物的维度的变化。

（2）渐变模式。在一定的时间内，它仅影响心的维度，导致价值取向和精神诉求的改变。①

① 汪丁丁：《制度分析基础讲义——自然与制度》，世纪出版集团、上海人民出版社2005年版，第28页。

第二章

日本地方公务员制度的历史渊源、产生背景及演化过程

有学者认为，日本的发展史是一部引进、移植外来先进知识和制度的历史。这一评价同样适用于对日本地方公务员制度变迁的分析。但是，日本地方公务员制度演变发展的过程不单只有引进与移植，从另一个角度来看，它不仅是追求与适应其自身目标的过程，还是适应日本整体政治与社会结构的发展要求的过程。日本地方公务员制度的发展既受制于日本政治制度的演变，同时，也在自身的可调节范围内改变着规则，强化着日本总体政治制度的变迁。为此，我们有必要研究与探讨日本地方公务员制度的历史渊源、产生背景及演化过程。

第一节　日本地方公务员制度的历史渊源

制度变迁的路径依赖性告诉我们：在制度的演化过程中，过去的选择影响着现在及未来的选择，它使制度沿着特定的路径发展，而这条路径是在对过去事件的适应下产生的。由此可见，日本地方公务员制度的现有体系及内容必然受到某种或某些历史因素自我强化的影响，而这也正是探求日本地方公务员制度的历史渊源的目的所在。

笔者认为，日本地方公务员制度在明治维新时期初见端倪。明治维新是日本历史上的重大事件，它对日本近现代的政治、经济和社会制度造成了深远的影响。在这一时期，日本政府具有强烈的赶超欧美的意愿，极力推行欧美各国的先进经验，进行了多项具有资本主义性质的改革，其中一项就是建立近代官吏制度。在考察了本国具体国情，并与西方各国官吏制度进行比较后，日本政府以普鲁士官吏制度为蓝本创建了日本的官吏体

系，形成了具有自身特色的明治官吏制度。

由于明治维新仍然保留了天皇制、贵族制和寄生地主制等封建制度，所以，在明治维新中新生的资本主义制度具有浓厚的封建色彩，天皇牢固地掌控着日本的政治与行政，因而，在这种制度环境下产生的明治官吏制度具有以下几个特征：第一，官吏是天皇的官吏，官吏对君主负责；第二，严格的官等制；第三，精英官僚优先；第四，官僚社会具有封闭性；第五，以授勋来强调官吏的特权；第六，缺乏统一的中央人事行政机构。

明治官吏制度及其所处的制度环境孕育了形成日本地方公务员制度路径依赖的内在因素，其中既包括正式的法律约束、非正式的文化约束，也包括人们的主观理解、既得利益约束等，概括起来，主要有以下三点：

第一，天皇意识。在明治维新所创设的帝国体制下，国家主权掌握在天皇手中。虽然在行政权、立法权和司法权等三大权力中，行政权居于主导地位，但是，由于这些权力均由天皇授予，所以，行政、立法和司法机关所行使的都是天皇的权力，只不过行政机关的地位高于其他二者，仅此而已。在这样的政治体系中，官吏作为行政权力的主要行使者，虽然有一定的优势和特权，但其实质是作为天皇的左右手、辅佐天皇行使权力的，是天皇的官吏。出于对天皇的忠心和对天皇恩情的报答，官吏们通常把无私奉公、先忧后乐等伦理道德作为自己人生的道德实践信条。基于这种天皇意识，官吏对所承担的工作具有很强的责任心和义务感。他们不仅无条件地接受工作安排、忠于职守，而且还能做到全身心投入，并从中得到事业的满足感。

第二，威权主义。在以行政权作为权力体系核心的行政绝对主义政治制度下，威权主义的倾向发展到极端，具体体现在两大方面：一是体现在官民关系上。直接禀受天皇权力的官吏是社会的统治者，它与平民的关系是统治与被统治的关系。在集权专制的政治体制和官尊民卑的文化背景下，作为社会特权阶层的官吏，可以凭借手中的权力欺压平民，而平民对此只能是逆来顺受。二是体现在行政组织内的权力关系上。首先，基于天皇的威权，代表天皇行使行政权的官吏能自由裁量有关事务；其次，在行政执行过程中，下级绝对服从上级是为官者的基本义务；最后，在行政组织结构上实行垂直集权，中央政府对地方政府集权，中央官厅内实行省—局—课逐级集权。

第三，家族主义。家族主义出自日本传统社会最基本的社会结构形式和社会生活方式，是在传统的家族生活和村落生活的基础上形成的。它从家族观念中继承了以等级为基础、以恩情为纽带、以忠诚为精神的家族式的亲和关系；从村落观念中继承了团结、和睦、互助的精神。行政体制内的家族主义对官吏具有十分深刻的影响，体现在：其一，私人关系往往能代替组织内的正式关系而发挥作用；其二，因为本组织的本位主义和利己主义而经常出现与其他组织之间的摩擦和冲突；其三，官吏们不自觉地将旧的裙带关系融入新的组织体系中，从而在新的组织体系中形成非正式的超组织的关系网络。

上述因素在日本地方公务员制度的演化过程中，其面目可能发生了改变，但是，其本质属性却始终影响着制度发展路径的下一步延伸，这使得制度演化的每一个阶段都烙下了上述因素的印迹。

明治官吏制度在加强日本中央集权、抑制国内藩阀争斗、扩展国内市场从而发展资本主义经济等推进日本逐步工业化和现代化方面发挥了重要作用，但由于一方面该制度带有日本封建社会和封闭经济的特征，另一方面在理论和实践上集中体现了普鲁士绝对专制的精神，因此，随着这一制度的演变发展，日本最终走上了军事法西斯国家的道路。

第二节　日本战后地方公务员制度的产生背景

日本曾经是一个以天皇专制为主要特征的君主立宪制资本主义国家，具有浓厚的封建军国主义色彩。日本政府长期奉行对外扩张政策的结果是整个国家走上了发动并参与第二次世界大战的道路，并最终遭到失败。1945 年 8 月 15 日，日本宣布无条件投降，美军开始进驻日本。美军的占领是第二次世界大战后日本政治的转折点，此后，日本国内逐渐形成了地方公务员制度得以生成的制度环境，以下主要从三个维度进行分析。

一　体系的维度

从制度体系的维度对日本地方公务员制度的产生背景的考察可以分成两个部分：一是战后初期美国对日本的占领政策及其影响；二是美国对日本的占领政策的变化及其影响。

（一）战后初期美国对日本的占领政策及其影响

日本战败投降后，美国对日本实施了单独占领，在形式上采取了间接统治的方式，保留了天皇和日本政府，但美国占领军总司令拥有立法和行政的最高权力。战后初期，美国为了确保日本今后不再成为美国的对手和威胁，推行了一系列以民主化和非军事化为特征的政治与经济体制改革。

在政治体制改革方面，主要有以下举措：第一，废除言论限制，释放政治犯，恢复政党政治；第二，解散军队，惩治战犯，瓦解旧的统治机器；第三，废除天皇专制主义政体，制定新宪法，建立真正的议会政治制度；第四，专门规定了地方自治条款，并于1947年制定了《地方自治法》等有关地方自治的法律。法律规定国民直接选举产生地方议会议员和地方行政长官，地方议员及地方行政长官直接对选民负责；规定地方公共团体拥有自治权，上级地方公共团体对下级地方公共团体没有监督权。

在经济体制改革方面，解散了在日本军国主义对外扩张政策的制定与推行中发挥过重要作用的财阀，进行了农地改革、劳动改革等一系列民主化改革。

战后日本国内的民主化和非军事化改革，作为政治手段产生了影响，特别是强化自治权成为地方政治体制改革的基调。对地方公共团体的自主性的强化，以及民选地方议会议员和地方行政长官等地方自治制度的制定，奠定了日本现行地方自治制度的基础。在此过程中，在地方行政长官公选的情况下如何选拔地方公务员的问题被提上了议事日程。

但实际上，战后日本国内的民主化和非军事化改革更多的却是作为经济手段发挥着作用。通过有效的劳工运动，制定了针对高收入阶层的极端严厉的累进课税制度，这无疑促进了社会的均等化；而非军事化改革则创造了生产效率较高的产业结构，各企业拥有了高水准的技术革新能力。上述条件都在很大程度上刺激了日本经济的复兴。

（二）美国对日本的占领政策的变化及其影响

如上文所述，战后初期，美国对日本的占领政策的目标在于把充满活力但具有军国主义色彩的日本改造成一个建立在市场经济制度基础上的自由、民主、和平的国家。但是进入20世纪50年代后，由于美苏关系恶化，美国不得不放弃初衷，而将日本定位于美国反对苏联与中国的前方阵地，并力图将日本建设成为一个与资本主义阵营的前进基地的地位相符的军事和经济强国。因此，美国对日本的占领政策发生了较大的转变。朝鲜战争爆发后，美国终止了正在实施的日本经济非军事化政策，开始向日本发出了大量有关武器、运载工具等军用物资的订货单，被迫对日本经济进行紧急复兴。1951年，日美签订《旧金山条约》（于1952年4月正式生效），同年9月，日本政府接受了美国的《日美安全保障条约》，至此，美国结束了对日本的完全占领，日本重新成为法律上独立自主的国家，但美国在日本仍然拥有驻扎军队的权利，并继续保留大量军事基地，在必要时可出兵镇压日本国内的骚乱。因此，此时的日本处于半独立和半占领状态，史称“旧金山体制”。

美国对日本的占领政策的变化对日本经济的发展是大有裨益的，当时的吉田内阁以此为契机，将日本经济带入了一个高速发展的时期。此间，日本政府在1955年提出了《经济自立五年计划》，在1960年提出了《国民收入倍增计划》，并于1962年根据《国土综合开发法》初次制订了《全国综合开发计划》，这一系列经济政策使得日本经济发展的重心由开发经济落后地区转为开发大城市和重点城市，其中，日本政府还指定了一批工业城市和工业配套特别地区。在地方，日本的府县和市町村也积极利用中央政策，纷纷指定工业发展地区并引进大中型企业。因此，日本地方政府的治理能力及地方的经济实力在这一时期都得到了较好的提升，这也为地方公务员制度的生成提供了条件。

二 价值观的维度

从精神价值观的维度对日本地方公务员制度的产生背景的考察主要在于分析日本社会价值观从战后初期到20世纪50年代的动态变化。

战后初期，面对战败与被占领，日本战前的军国主义的意识与信仰坍塌了，同时，日本国民普遍对传统文化和生活方式失去了信心，甚至产生憎恨，这使日本发生了传统文化和道德观念的危机。日本传统的价值被认为是国家的弱点和羞耻的根源，战前和战时认为大和民族是世界上最优秀的民族、欧美民族处于劣等地位的世界观发生了逆转。当时的日本国民普遍认为：建立在集体伦理、家族国家和天皇制基础上的战前的国家主义，使日本误入歧途；日本的战败，日本现代化的失败，是由日本社会封建或半封建性因素所决定的；日本政府过去自以为独一、特殊的论调愚弄了国民，使日本为国际社会所唾弃，如要挽回名誉，要在世界争取一席之地，日本人必须将自己看成是世界的公民，并效仿欧美，接受自由的价值和制度。于是，日本社会的价值观从一个极端转到了另一个极端。日本重新将目光投向西方，并且开始崇尚西方，以往的以欧美为榜样的观点开始复活，出现凡是来自欧美的就接受的潮流。

在上述思潮的作用下，日本国民在较短的时间内、以较少的反感和比较客观的态度认同了美国的占领，接受了美国占领军的间接统治及其带来的一系列占领政策，包括按照美国的要求和模式制定的日本新宪法和地方自治制度。特别是新宪法所具备的诸多精神，比如天皇只是国家的象征、国家主权归于国民、法律面前人人平等、公务员的任免权掌握在国民手中、所有的国家公务员都要为全体国民服务，等等，体现了日本国民思想和观念的变化，这些都成为包括地方自治制度在内的日本所有的政治制度的思想基础。

进入20世纪50年代后，日本经济开始步入高速增长阶段。在“旧金山体制”形成后，日本基本上摆脱了被占领的束缚，开始重返国际社会。此时，日本人开始重新认识“否定论”，日本国内认为日本不可能实现纯粹欧美式现代化的观点渐趋增多，日本精神进入了“否定之否定”阶段。这些观点认为，在当代日本文化中，既可以明显地看到西方文化的痕迹，同时中国的文化，特别是儒家思想也给日本文化打上了较深的烙印，所以，日本文化是多种文化的糅合，是一种多元文化，它不仅不比单一文化劣等，而且文化的多元性本身具有单一文化不可比拟的积极含义。这些观点既批判了日本战前和战时的国粹主义文化学说，同时也给战后初期沉迷于日本文化劣等感的日本人以极大鼓舞，对于扭转战后日本人的自卑感和悲观情调、滋长新的民族主义意识以及确定日本文化的世界位置起到了重要作用。因此，在日本战后地方公务员制度的演化过程中，我们也将会看到不同文化理念的糅合，它既吸收了欧美的先进理念，也保留了日本传统的具有优势的文化特征。

三　人（社会）的维度

从人（社会）的维度对日本地方公务员制度的产生背景的考察主要有两个视角，一是地方政府与社会互动的视角；二是社会舆论的视角。

首先分析第一个视角。日本地方政府在竞相引进企业、发展经济的同时，忽视了当地居民的利益。20世纪50年代中期，日本各地开始发生居民运动，其目的是对地方政府一味发展经济所导致的环境污染问题的抗议。20世纪60年代后，日本地方政府片面追求经济增长的政策的副作用开始集中爆发。首先，以大城市为中心的经济开发政策造成城市工业和人口过密，而经济落后地区过疏，由此产生了地区差距过大的问题；其次，居民对地方政府的信任度开始下降，出现了以地方居民运动为形式的“新地方自治”。

对此，地方政府先于中央政府予以回应，制定实施了各项解决措施，例如，积极解决公害问题、有关居民的福利问题等。在此之后，地方政府开始反省过去具有片面性的公共政策，认为应该从公共利益的角度、从保护居民利益的角度出发制定公共政策。新政策的出台和城市化速度的加快致使地方公共事务增多，这必然刺激地方公务员人数的不断增加，而地方公务员编制定额的扩大也使得地方政府开始思考由此产生的地方公务员的年龄结构、性别结构及工资支付等新问题。

在社会舆论方面，一些日本学者从战败中吸取教训，对日本的民族文化精神进行了分析与批判，为日本战后的各项改革提供了舆论准备。其中，日本学者川岛武宜的《日本社会的家族构成》从马克思主义社会发展阶段论和近代论的立场出发，把日本的天皇专制法西斯主义归因于日本社会的封建或半封建因素，主张彻底批判日本社会的后进性；日本著名经济史学家大塚久雄也对日本社会的后进性提出了批判，指出日本资本主义的发展不同于西方，处于他律状态，封建的与现代的因素混杂在一起，同时出现，所以日本缺乏从内部实现资本主义经济合理性的精神；另一位批判日本社会后进性的政治学家丸山真男发表了《超国家主义的理论与心理》，以西欧近代资本主义社会为模式，对日本社会的精神结构、日本人的行为模式的缺陷和病理进行了分析。

第三节　日本战后地方公务员制度的构建与演化

随着战后日本国内政治民主化改革的深入与发展，解决明治维新时期的遗留问题，改革旧的官吏制度，建立新的公务员制度成为历史的必然。日本战后地方公务员制度以美国的人事行政制度为蓝本，以日本政府行政指导为运作手段，融合了诱致性制度变迁与强制性制度变迁的特征，是多元治理主体不断博弈和制度本身按照某种规律演化的结果。正如诺斯所言，制度是社会博弈的结果。

一　制度博弈各方

在研究制度的博弈与构建之前，我们有必要了解一下参与博弈的各方在博弈前的状态与特点，本书主要分析下面三个起主导作用的制度博弈方。

（一）美国政府（包括美国驻日占领军当局）

由于文化背景不同，当时的美国政府在认识日本人的思维方式上感到莫大的困惑。虽然德国和日本都是同盟国的敌对国家，但是美国政府还是能将一般的德国人和希特勒纳粹成员区别开来，所以，在美国政府看来，德国人是可以理解和沟通的。但美国政府对日本人的看法却并非如此。在第二次世界大战中，日本的神风敢死队、日本军人的剖腹自杀行为以及日军对平民的残杀和对俘虏的虐待，等等，都给美国政府造成一种日本人是异类的印象。所以，美国政府认识到只有了解日本人的行为与思维方式，才能制定适当的占领政策。

美国政府是通过美国文化人类学家鲁斯·本尼迪克特以调查报告修订的《菊与刀》一书来了解日本人的。鲁斯·本尼迪克特用菊花和刀象征日本人的矛盾性格，意指日本文化的双重性。她将日本文化的特征概括为作为日本社会组织原理的集团主义和作为日本人精神状态的耻感文化。这种特征反映出日本人对等级制度的信仰和对管理制度的强制力的服从。依据鲁斯·本尼迪克特的研究结果，美国政府决定继续保留日本的天皇制，因为日本的文化特性决定了只要名誉得到保证，日本人是不存在道德上的困惑的，反之，如果将日本的国体彻底否定的话，可能还会给美国政府在日本的占领带来意想不到的麻烦。

综上所述，美国政府对日本的文化特征和国民性格的认识是比较切合实际的，因此，美国政府在日后的制度博弈中能够展开主动、有效的攻势。

（二）日本政府

为了适应战后新形势的需要，日本政府首先自行对当时的官僚体制进行了权宜性的改革，发布了一系列文件，包括《关于修改官吏制度的决定》《各省厅职员通则》《官吏任用定级令》《亲任官及诸官级别令》以及《官吏俸给令》。但从这些文件的内容上不难发现，此番改革只是在不改变战前官吏制度的基本框架的前提下，对制度的细枝末节所做的局部性修改。

1946年，随着修宪呼声的日益高涨，日本政府在各方压力下，于3月发布了以盟军总司令部提出的宪法草案为基础的《宪法修改草案纲要》。在这一法律文件中，官吏的身份发生了根本的变化，由天皇的仆人转变为公务员，由对天皇及天皇的政府效忠转变成为全体国民服务。其次，管理官吏的方式也不再依靠临时颁布敕令而是由法律来决定。7月，日本政府设置临时法制调查会，该调查会成立之后旋即提出咨询有关宪法附属法典的问题，其中包括有关新官吏法的审议研究。当时，日本政府认为在修改后的宪法还未实施之前，政府无法制定方案来对行政机构和公务员制度等进行全面彻底的改革，所以，三个月以后，临时法制调查会对政府提出的《官吏法纲要》除在官吏服务纪律方面根据宪法精神作了较明显的修改外，对其他内容未作丝毫改变。

管中窥豹，可见一斑，由此我们不难看出，战后初期日本政府对美国占领军当局所推行的改革的态度，另一方面也表明，战后初期的日本政府希望保持原有政策的稳定性与连续性。

（三）公务员及其群体

公务员即官僚。日本人常常用官僚这一概念来代替公务员。日本的政治体系和政治传统决定了日本政治中不能没有公务员，甚至日本政党政治的发展也得益于公务员群体的支持。公务员在现代日本的政治过程中扮演了多种角色，包括政策设计者、匿名的政策决定者、政策执行者、政策解释者以及利益的调节者，这在保证公务员及其群体的应有功能得到发挥的同时，也保证了政治过程的有效进行。

公务员在日本政治体系及政治过程中的角色定位，一方面取决于政治体系和政治传统的特征。日本的政治体系及政治传统带有强烈的行政主导倾向。单从法律制度上看，公务员是以国家行政机关工作人员的身份参与政治过程的。但是，由于长期从事具体的行政管理工作，公务员在行使行政权力的过程中与各种政治力量和各种社会势力结成了形形色色的利益纽带，如此一来，职业化的公务员作为政治体系中有组织的力量，在实际的政治过程中所扮演的角色早已突破了法律制度的限定。另一方面也取决于公务员自身的能力素质和公务员群体在政治体系中的势力。在日本，公务员代表着社会的精英力量，具有较高的素质，这为其在政治体系中形成一股势力和在政治过程中发挥作用奠定了重要基础。

二　博弈与构建

在制度变迁的微观层面，博弈是制度变迁的具体过程，博弈的结果促成了制度的构建；制度的构建是制度变迁在某一阶段上的一个节点，制度的构建既是博弈的结果，又是新一轮博弈的起点。下文旨在分析日本战后地方公务员制度是如何在各方的博弈过程中得以构建生成的。

（一）第一轮博弈

战后初期，日本经济遭遇日益加剧的通货膨胀，在政府机关内部，职员士气低落，工作效率很低，职员工会不断要求政府增加工资。为解决这些问题，时任大藏大臣的涩泽认为，建立一套系统化的职员工资制度实乃当务之急。于是，在 1946 年 5 月，涩泽向美国占领军总司令部提出了由美方向日本派遣顾问团，协助日本政府研究并改进机关职员的工资及津贴制度的要求。然而，在美国驻日占领军当局看来，这却是改革日本官吏制度的好机会，于是，占领军当局建议美国政府向日本派遣人事行政方面的专家，而不是工资制度方面的专家。同年 11 月，由美国加拿大人事委员会联合会会长布莱恩·胡佛（Blaine Hoover）为团长的“盟国对日人事行政顾问团”（以下简称“顾问团”）抵达日本。

出乎日本政府的预料，顾问团到日本后并没有着手解决政府机关职员的工资问题，而是对日本官吏制度进行了多方面的调查。实际上，顾问团的真正目的是通过研究与日本官吏制度有关的所有法律、政策与惯例，改革日本政府的整个人事行政制度。经过五个月的调查研究，顾问团于 1947 年 4 月 22 日向占领军总司令麦克阿瑟递交了调查报告。报告列举了日本官吏制度的种种弊端，提出了建立现代公务员制度、废除日本官吏制度的必要性。同年 6 月 11 日，顾问团又向刚组阁不久的片山内阁提交了反映以上主张的《国家公务员法草案》，并要求其不加修改地予以通过。

该草案以美国公务员制度为蓝本，对日本当时的官吏制度进行了彻底变革。草案重点突出了人事院的独立性，并进一步加强了人事院的权限，尤其强调人事院独立的预算权、对国会的劝告权、不需内阁承认的规则制定权和终审性准司法权。从《国家公务员法草案》中可以明显看出美方试图以强有力的中央人事行政机关来摧毁日本旧的官吏制度的意图。另外，草案还限制和禁止公职人员的团体交涉权、罢工权和从事政治性活动的权利，这是为了保证国家机器在政局动荡的情况下也能正常运转，当然，这也是出于统治集团的需要而设定的。

顾问团提出的《国家公务员法草案》的内容远远超出了日本政府预想的范围，而且美国方面又敦促日本政府不加修改地予以通过，所以，日本政府对此难以接受。于是，日本政府提出要更改其中与新宪法可能产生抵触以及与日本国情不符的条款，并把这些意见汇总成十四项条文交给顾问团。

不久，胡佛临时回国。在美国占领军当局的催促下，片山内阁于1947年8月30日将其修订的《国家公务员法案》提交给日本战后第一届国会进行审议。该法案经国会、参众两院修改并审议通过，于1947年10月21日正式公布。

《国家公务员法案》是根据日本新宪法制定的，与过去的官吏制度大不相同。虽然它是以《国家公务员法草案》为基础，但它又对后者作了几点重要的修改。主要表现在：①将人事院改为人事委员会，置于内阁总理大臣的管辖之下；人事委员会的规则要得到内阁总理大臣的承认；须以政令形式制定人事委员会事务总局的组织制度；不承认人事委员会有独立的预算特权等；②人事委员会有关工资准则的提议和修改工资额的方案不能提交给国会，只能提交给内阁总理大臣；③各省次官为特别职，特别职的范围较广；④取消了禁止罢工的条款。

之所以进行上述修改，是因为：首先，日本政府为了控制人事行政，必须要削弱中央人事行政机关的自主权；其次，把各省次官作为特别职，就可以使该职位用于政治任命；最后，各省厅抵制禁止罢工的条款，加之公务员强烈要求享有与其他产业工人同样的民主权利，而公务员又是当时社会党片山内阁的基础之一。

（二）第二轮博弈

1948年，美苏冷战局势趋于紧张，美国政府改变了对日政策，在此背景下，胡佛返回日本后，又提出必须立即修改《国家公务员法案》，并于1948年6月抛出了修改方案。

屈于美国占领军当局的压力，日本政府被迫对刚实施的《国家公务员法案》进行修改。美方提出的修改理由是已实施的公务员法并未充分符合立法初衷，例如，当时日本工会运动非常活跃，政府机关职员工会在与政府谈判破裂后竟然也准备举行总罢工，公务员法俨然变成对政府权威的挑战者的保护法规。这显然混淆了公务员与私营部门的从业者的劳动条件的不同，政府机关的工会组织的活动应当受到一定程度的限制。

1948 年 11 月 30 日第三届临时国会通过了修改后的《国家公务员法》，并于同年 12 月 3 日公布，修改的内容主要有：①强化了中央人事行政机关的地位和权限；②恢复了禁止公务员罢工的规定；③缩小了特别职的范围；④废除了对不良公务员的弹劾制度。此后，又出台了《教育公务员特例法》《公共企业劳动关系法》等法律。至此，日本在彻底改革了明治维新建立起来的近代官吏制度后，形成了现代的国家公务员制度。这一新的制度与日本近代的官吏制度相比，在性质上发生了根本的变化，从对君主负责的官吏制度跨越对执政党负责的公务员制度，直接成为对全体国民负责的公务员制度。

（三）第三轮博弈

随着地方自治的发展，日本政府参照国家公务员制度于 1950 年制定了《地方公务员法》，1950 年 12 月 9 日经国会表决通过，13 日颁布实施。实际上，为了保证自治立法权、自治行政权和自治财政权等地方自治体的基本权利，在《地方公务员法》制定以前，地方自治体的警察和公立学校的教员，已经随着另行制定的《警察法》《教育公务员特例法》的实施转变为地方公务员身份。

《地方公务员法》颁布后，为避免因大幅度变革官吏制度所引起的混乱，在实施时按不同内容分为三个渐进的步骤。第一步：在该法颁布之日后两个月，即从 1951 年 2 月 13 日起实施《地方公务员法》的总则、人事机关、不具备资格条款、工作条件、服务、培训进修、实绩评定、保健福利、公务灾害补偿及公务员团体规则等章节（条款）。第二步：在该法颁布之日后 8 个月，即从 1951 年 8 月 13 日起实施法定资格、惩戒、工作条件改善要求、对行政处分的不服申述等章节（条款）。第三步：在该法颁布之日后一年零六个月，即从 1952 年 6 月 13 日起实施任用、职阶制等章节（条款）。由于《国家公务员法》在第三步的实施上延长了时间，因此，《地方公务员法》也相应地延长了期限，并按城市规模大小分为两步实施：都道府县一级及五级政令指定城市按上述第三步中所要求的时间实施，其余的市町村从《地方公务员法》颁布之日后两年，即从 1952 年 12 月 31 日起开始实施。

在 1952 年前后，日本地方公务员人数出现了增长的态势，日本地方政府为此推出了一系列完善地方公务员制度的措施。其中包括：①调整了过去都道府县、市町村公共团体之间地方公务员养老金制度、退休金制度、健康保险制度以及互助制度的差异，使之与国家公务员的相关制度设定平衡；②实行地方交付税收制度，解决地方公务员与国家公务员的工资差别问题；③将原属于市町村编制的警察转为都道府县编制，从而减轻市町村的财政负担和提高警察部门的工作效率；④制定《义务教育费国库负担法》，规定由国家（中央政府）承担一半经费，解决了都道府难以承担教育职员的工资等负担的问题；⑤制定了地方公务员退职补贴条例，有利于地方公务员的人员分流；⑥建立人事交流制度和干部进修制度，设立自治大学，这有利于提高公务员素质，并防止腐败。

随着日本经济的变化发展，不论是在经历20世纪60年代至70年代的经济高速增长时期，还是20世纪70年代到90年代的泡沫经济的破灭时期，日本地方公务员制度在实践中不断加以修改，以满足国民对地方公务员的要求。其中，工资制度、互助会制度、退职津贴制度、地方公务员工伤补偿制度、安全卫生管理制度、双休制、定员管理制度、退休制、进修制度、育儿休假制度、地方公务员性别限制、录用在日外国人时的国籍限制，等等，成为日本地方公务员制度改革的主要议题。①

三 构建与演化

制度构建是制度变迁的微观现象，任何制度构建都是微观个体局部和短期的博弈均衡，是演化达到某一阶段的产物。微观层面上的制度构建的集合便形成了制度变迁宏观层面上的演化运动，演化运动是一种带有规律性的运动，这种规律性暗含在每一个微观层面的制度构建中。下文旨在分析日本战后地方公务员制度演化过程中带有规律性的因子。

日本国内常常用官僚这一概念来代替公务员，其原因在于，日本的公务员作为一个社会精英群体，自明治维新以来，一直是日本社会发展的指导力量，因而，日本的公务员不仅具有其独特的政治地位，而且具有其独特的历史地位和社会地位。正是这些独特性的共同作用，使得日本公务员在其自身的发展和行政实践中，在与社会的相互影响作用中，形成了自己独特的行政文化，其中既包括公务员的行政理念，还包括公务员的行为方

① 総務省自治行政局公務員部編：《地方公務員制度の展望と課題》，ぎょうせい，平成13年3月31日発行。

式。众所周知，行政文化具有很强的历史继承性，它的影响力会贯穿于制度变迁始终，并与社会环境产生相互作用。正由于此，我们在考察日本战后地方公务员制度的演化过程时，必须分析日本公务员独特的行政文化。这种行政文化中带有规律性的因子主要表现为以下几点：

第一，由战前对天皇制的忠诚转化而来的奉公意识。日本社会中的公民可以分为三个层次，最基层的单位是家族，中间层是公司、学校或自治体等，最上层的单位是国家。日本公务员的奉公意识，在很大程度上与其战前的天皇意识密切相关。战后，随着政治体制的重大变化，国民主权代替天皇主权，公务员不再是天皇的官吏，而是国民的公仆。日本公务员中的天皇意识也就逐渐失去了现实的政治基础。但在天皇意识下培养起来的奉公意识依然存在，只不过其所设定的对象不再是国家象征的天皇，而是公务员所服务的国家和政府。这种奉公意识的精神核心是对公务员自身所在组织的忠诚和奉献，这种组织可大到国家，小到自己所处的单位和部门。虽然战后的民主政治发展和私人生活领域的扩展使得战后的日本公务员不再像战前那样基于对天皇的忠心而对国家怀有强烈的忠诚感，但是奉公意识依然存在。基于这种奉公意识，公务员对其所承担的工作具有很强的责任心和义务感。他们不仅无条件地接受工作安排，忠于职守，而且往往还超时工作，做到全身心投入，并从中得到事业的满足感。公务员的奉公意识既受到日本社会大环境的影响，也对日本社会各个群体和组织产生了影响和作用，而这种相互影响和作用是一种良性的循环过程。

第二，延续而来的权威主义。战后日本的民主化改革和新的政治体系的确立使得战前以行政绝对主义为精神的权威主义受到极大打击，战前所形成的官民关系以及行政组织内的权力关系，在战后都发生了根本性的变化。基于战后日本宪法及现代化发展的要求，战后的日本政治虽然放弃了威权主义，并在社会服务方面有很大改善，但在政府与社会的关系以及社会意识方面依然保持了很强的权威主义色彩，以至于在某些领域还能感觉到天皇时代留下的官压民现象的存在。战后日本的权威主义主要体现在两个方面，一是政府对社会多方位的行政指导以及各种行政管制；二是行政组织的权力关系在很大程度上保持了战前的色彩，只不过官厅的自由裁量权有了比较系统的法律规定。很显然，这种权威主义也会直接影响公务员在政治过程中的价值观念和行为取向。随着新公共服务管理及治理理念的深入发展，权威主义的表现方式也在发生着深刻的变化。

第三，“世间结构”[①] 决定的集团主义和单位主义。所谓“世间”是无论有否组织规则、连接个人与个人之间的环节，是人们可能直接相关的世界，人们需要通过寻找自身在其中的位置而生存。“世间”的表现形式有有形的和无形的，即正式组织与非正式组织。但在日本即使在非正式组织关系中，也有长幼原则，互酬原则，世间的名誉原则等严格的规则，这种规则正是日本社会的构成原理，也是日本行政体系内从家族主义向集团主义和单位主义过渡的必然因素和环境。

集团是日本社会的特质，社会生活的集团化已成为日本人的社会属性。因而，集团主义是日本人的基本社会观念和行为准则。日本社会的集团化是在传统的家族生活和村落生活的基础上形成的，尽管集团化的社会生活以及集团主义出自日本传统社会最基本的社会结构形式和社会生活方式，但日本人的保守主义性格使得这种社会生活方式和观念在今天依然具有深刻的社会基础和文化基础。与其他社会领域相比，集团主义在政治领域的影响极其突出，这与政治领域的关系直接体现为权力与忠诚的关系密切相关，如自民党的派阀政治。在日本的公务员中，集团主义也有十分广泛和坚实的基础，如大藏省的“家庭式”的一家子意识。而单位主义主要指每个公务员对所在省厅有很高的认同，并以所在单位为自己实现人生价值的主要舞台，从而在信念上忠诚所在单位，在行动上全身心地为所在单位做贡献。这种单位主义的形成，除与日本单位组织以通过终身雇用实现终身服务为组织生存和发展的原则有关外，还与日本传统的奉公意识和集团主义在单位内的具体体现有关。在日本的传统文化和观念中，雇员奉献意识和集团忠诚感是一个单位存在和发展的主要动力所在，实行终生雇用正是为了培养和塑造这种意识和精神。因此，对于所雇用的人员，各单位都从长远发展的角度培养和训练他们的集团忠诚感和献身单位的精神。所以，为了国家而进某省工作的动机，往往在不知不觉之间变质为为了自己所属的这一个省了。由此可见，单位主义在中央省厅的公务员中实际上已内化为一种行政心理和职业道德，并直接影响省厅的政策选择以及省厅之间的行政关系。[②]

① 李国庆：《日本社会——结构特性与变迁轨迹》，高等教育出版社 2001 年版，第 189 页。

② 郑励志、臧志军：《日本公务员制度与政治过程》，上海财经大学出版社 2001 年版，第 274 页。

在行政组织关系和严格的上下级关系作用下，行政体系内的集团主义对公务员具有十分深刻的影响，具体体现在以下方面：

首先，在行政组织内部结构上，下级对上级的忠诚，个人能无私地为集团服务的省厅别部局别文化。[①] 组织间个人关系能代替组织内的正式关系起作用，在行政组织之间主要体现为因集团的本位主义和利己主义而出现的组织间的割据、摩擦和冲突。因而在日本的行政体系中，依靠权力和世间规则，纵向的控制和调节是很容易的，而横向之间协调即权力的基础又缺乏世间的规则，往往难以进行。所以，直到今天，由于日本的行政组织都倾向于保持较强的独立性，日本的行政改革依然面临有效协调行政机构和部门之间关系的问题。

其次，行政与政党财团的关系，由于日本的高级公务员普遍具有比较强烈的从政愿望，往往与政治家结成各种非正式的组织或集团。一旦某高级公务员成为政治家，又能够很快与其相关行政机构的公务员建立各种非正式的集团关系。这样，公务员与政治家就会形成环环相扣的集团关系网络。这也是日本公务员与政党和财界能建立起三位一体的权力关系的暧昧的合法原因。

最后，在人际关系上，公务员很容易将旧的集团关系带入新的组织体系中，从而在新的组织体系中形成非正式的超组织的关系网络，如公务员系统中依据所毕业的大学而自然形成的非正式的人际关系网络。另外，在组织内部，基于具体的职业差异和政策理念的差异而形成的特定的人际关系很容易在省厅内形成派阀组织，而强烈的集团观念则往往使这种派阀长期生存[②]，直接或间接地影响公务员的观念和行为。

---

① 片岡寛光：《職業としての公務員》，早稲田大学出版社部 1998 年 4 月 1 日初版第一刷発行，第 47 页。

② 秦郁彦：《官僚の研究——不滅のパワ——1868—1983》，講談社 1983 年版，第 276 页。

第三章

日本地方公务员制度的内容分析

“公务员制度，是指现代国家对公务员实行科学管理而建立的一套法规和制度体系。”① 其内容包括“公务员的分类、考试、录用、考核、奖惩、培训、晋升、解职、退休、保障、待遇等”②。依照前文所阐述的制度分析的三维视角，本章将对日本地方公务员制度的内容予以剖析。本章的基本观点是，现有的日本地方公务员制度是技术及技术性的制度安排、价值及其实现形式，以及制度自身物性与心性相互妥协、平衡的综合体。

第一节　内容体系分析：物性的维度

制度的内容体系，是其存在的物理形式。笔者认为，就公务员制度而言，从物的维度切入进行分析，其实质是将现有的制度安排及其体系作为规范公务员行政活动全程的技术性安排，同时也是与现有技术条件相适应、相配套的相对静态的表现形式。作为公共人事管理的主体制度安排，公务员制度也应包含人力资源管理四个必需的基本职能，即人力资源规划、人力资源获取、人力资源开发、纪律与惩戒。③

日本地方公务员制度的内容体系，从物的维度进行分析，是实现上述四个公共部门人力资源管理四个基本职能的一整套法律、政策和实践，是实现这四个职能的技术性安排。同时，它也是因日本政治体制与地方公共管理实践需要而构建起来的，与现有管理环境和管理技术相适应的公务员

① 姜海如：《中外公务员制度比较》，商务印书馆2003年版，第10页。

② 李和中：《21世纪国家公务员制度》，武汉大学出版社2006年版，第37页。

③ 克林格勒、纳尔班迪：《公共部门人力资源管理：系统与战略》（第四版），孙珀瑛等译，中国人民大学出版社2001年版，第5页。

行政活动规范体系。

一 日本地方公务员的人力资源规划制度

根据克林格勒和纳尔班迪观点，人力资源规划的目标是预算准备和人力资源计划，在政府雇员之间划分与分配工作任务，以及决定工作的价值是多少。一般而言，实践中的公务员人力资源规划制度应包括对公务员范畴或范围、公务员分类、公务员薪酬与福利的具体而明确的规定。

（一）日本地方公务员的范畴

如前所述，日本公务员分为国家公务员与地方公务员两大系统。就地方公务员而言，因地方自治的体制所决定，并因地方公共管理与公共服务职能的多样化，日本地方公务员的范围较为宽泛，种类繁多，层次也较为复杂。

一般来说，在日本，受地方公共团体雇用并从事公务活动的都可算是地方公务员。但对于具体说明什么样的人属于地方公务员，则尚欠明确的划分标准。即使被视为日本地方公务员制度基石的《地方公务员法》，其对地方公务员的范围界定也并非完全。如该法第二条规定，地方公务员是地方公共团体的所有公务员；第四条则规定，地方公务员法只适用于一般职的地方公务员。①

根据日本《地方公务员法》的规定，地方公共团体不仅指都道府县、市町村（东京都的23个特别区与市町村同级）这两个层次，还包括其属下的行会（同业工会）、财产管理区（直属企业）和开发事业团。所以，地方公务员包括地方行政长官、议会议员、各级行政官员及各类公务员，也包括单纯劳务的各种勤杂人员和公营企业公务员，甚至包括临时或长期雇用的学生和妇女。

确定日本地方公务员范围，通常采用以下三种基本条件来判断衡量：

第一，事务的性质，即其所从事的事务是否是地方公共团体的事务；第二，雇用的性质，即有否作为地方公共团体的公务员的任命行为；第三，报酬的性质，即是否由地方公共团体付给作为工作等价的报酬。

以上三个条件中满足其中任何一个，就认为是地方公务员，具体由各

① 日本《地方公务员法》第三条第二项规定，一般职的地方公务员是指特别职的地方公务员以外的一切地方公务员——笔者注。

个任命权者[①]根据这些条件来判断。除此之外，部分基层民间组织的人员或有关委员会的委员，若其所从事的业务是受地方公共团体的委托或嘱托，也被视为地方公务员。正因为如此，日本地方公务员的范围极为广泛。

除此之外，日本的地方公务员与国家公务员之间还存在范围的交叉。有的人员虽然在地方公共团体内工作，但由于其从事的业务属于国家直接管理范围，其人事管理权也相应属于国家人事院。例如从事属厚生劳动省、国土交通省健康保险、船员保险、雇用保险、国民退休金、劳动职业安全等业务的公务员仍为国家公务员，被称为地方事务官。又如在都道府县的警官级别[②]中，警视正以上的警官属于国家公务员。

（二）日本地方公务员的种类

日本公务员职位分类尽管有明确的“职阶制”分类原则，甚至对具体分类步骤以及各职组、职种、职系、职等、职级等制定了较为详尽的操作方案，但只是在形式上实行了职位分类制，仅就官员任命和薪金问题予以对照执行。究其原因，一是日本传统文化的抵制，二是职位分类制度的配套政策跟不上，三是日本现实政治经济条件的制约，四是人们对职位分类工作本身科学性、准确性的怀疑态度。[③]若从制度分析的物的维度来说，这恰恰反映了制度变迁与制度安排、设计中，物（技术）与制度的关系并非是“决定”与“被决定”的单向性关系，而是双向互为因果、协同演化的关系。在这个协同演化过程中，作为实体，或者说是演化结果的公务员分类制度，与职位分类技术是两个相对独立的维度，二者之间存在着各种层级的制度类型和技术类型，不同制度和技术类型有着不同的匹配关系。就日本公务员分类制度而言，在官员任命与薪金问题上，为满足日本战后建立资本主义政党政治、摒弃封建色彩浓厚的天皇政治体制，变天皇独揽官吏任用权力为公务员任免权属全体国民的需要，以及建立与“工作等价”的薪酬标准的客观要求，现代民主性与科学性的职位分类技术发挥了决定性作用，并被从美国引入，即“技术变迁决定了制度变迁”。另外，由于现代公务员分类技术的复杂性，以及其与日本传统的行政文

---

① 任命权者，是指日本地方公共团体中具有人事决定权的机关——笔者注。

② 日本都道府县的警官级别，由上而下分为警视总监、警视监、警视长、警视正、警视、警部、警部补、巡查部长和巡查九个等级——笔者注。

③ 李和中：《比较公务员制度》，中共中央党校出版社2003年版，第216—218页。

化、社会心理、现实政治经济条件的不相兼容，加上日本公务员制度的不健全，导致作为先进技术的职位分类未被全部、系统、深入地贯彻，也就验证了在一定条件下的“制度变迁决定着技术变迁的内容”。此外，公务员分类制度和技术的创新和扩散，受制于日本传统文化的惯性影响，即重资历、重学历，强调人际关系上的相互依赖，以及受儒家文化熏陶与旧藩阀实力支配，导致对以公开竞争、平等竞争为主要制度精神和技术理念的公务员分类制度与技术存在消极抵制心理。此种局部历史文化场景的认知状态决定了日本与英美等国家对待同一制度和技术变迁的不同取舍结果，也就造就了日本公务员分类制度名实不符的现状。

尽管日本尚未建立真正意义上的公务员职位分类制度，但其地方公务员的种类却十分繁多，大体上可分为一般职与特别职两大类。

1. 一般职与特别职的区分

日本《地方公务员法》首先在地方公务员中限定并列举出属于特别职的人员，规定属于特别职以外的一切地方公务员属于一般职。

具体来说，有两条区分标准，即是否实施成绩主义原则，是否属于终身职。一般职的公务员，原则上须经考试后录用，录用后的各种待遇基本上按照工作实绩进行相应调整。一般职的公务员被正式录用后，其身份保障十分可靠，没有特殊原因一般不会下岗离职。特别职的公务员的就职到任，一般不需要经过考试，其或是经选举当选，或是根据议会的决议就职，或是由于取得任命权者的信任而被任命。

在一般职或特别职无法明确判断时，属于国家公务员层次的，由国家人事院裁定；属于地方公务员层次的，由地方上的有关任命权者确定。

2. 日本特别职地方公务员

日本《地方公务员法》第三条第三项列出的特别职有：

（1）根据居民或其代表的信任就职的职位或职务，即根据居民的公选或地方公共团体的议会的选举、决议、同意等就任的职务。包括地方公共团体的首长（知事、市长等）及议员、副知事、副市长、出纳长、收入役、监察委员、选举管理委员会的委员、教育委员会的委员、公安委员会的委员、人事委员会的委员、公平委员会的委员、地方劳动委员会的委员、收用委员会的委员、海区渔业调整委员会的委员、内水面渔场管理委员会的委员、农业委员会的委员、固定资产评价审查委员会的委员等。

（2）地方开发事业团的理事长、理事及监事。这些职务的选任既不由公选产生，也不来自议会的决议，而是根据地方议会决议而形成的规约，来决定选任方法。

（3）非专务职。公务员不是其本来的职业，而是由于具备一定的知识、经验随时参与地方公共团体业务活动；或是在以其他职业为生计的前提下，只在特定的场合参与地方公共团体业务或行使地方公共权力的非职业公务员，被称为非专务职。包括作为地方公共团体咨询机构的审议会临时、兼职委员，兼职顾问，以及兼职的消防员和防汛人员等。

（4）自由录用职，即不必根据成绩主义原则，而是基于其他因素，如特定的知识经验、人际关系或某种政策，根据任命权者的判断录用的职务。包括地方公营企业的管理者、企业团的企业长以及地方公共团体的首长、议会议长等的秘书。

3. 日本一般职地方公务员

（1）现业公务员与非现业公务员。日本《地方公务员法》适用的一般职的公务员，根据工作的事务所、事业所的业务内容，可分为现业公务员和非现业公务员。现业公务员系指在国营邮政、林业、印刷、造币、酒类专卖五大行业中工作的公务员，此外都属非现业公务员。通常所说的日本地方公务员，主要指非现业公务员。现业公务员对应的劳动基准监督机关和一般民间企业的公务员一样是劳动基准监督署长，非现业公务员对应的劳动基准监督机关的职权是由人事委员会（没有设置人事委员会的地方公共团体，则是该地方公共团体的首长）行使。

（2）常勤公务员和非常勤公务员。根据工作的状态是全职还是非全职，日本地方公务员还可分为常勤公务员和非常勤公务员。常勤与非常勤的区别主要在于出勤时间。非常勤公务员的工作时间一般不超过常勤公务员的四分之三，在此范围内的具体出勤时间由具有任命权的官员确定。对这两类公务员待遇上没有原则上的不同，两者从事政治性活动，以及劳动争议行为都受到严格限制。对于常勤公务员的数量，受定员制①制约和限定。常勤公务员应成为地方公务员共济组成员；而非常勤公务员一般不参加地方公务员的共济组织，不享受公务灾害补偿，但若非常勤公务员连续12个月每月工作日在22日以上时，在共济互助和公务灾害补偿上可按常

---

① 所谓定员制，就是由国会或地方议会对政府机关和公务员人数编制进行总量控制的管理制度——笔者注。

勤公务员对待。

（3）一般职的公务员，根据职务的内容，可以按行业或职种进行划分。除从事一般行政事务公务员外，还可分为教育公务员、警察公务员、消防公务员、企业公务员、单纯劳动公务员等。

（三）日本地方公务员的定员管理制度

根据有关法律的规定，地方公务员除了临时任用职员和非常勤职员外，其他常勤职员的职数必须经地方议会审议通过，以地方公共团体的形式加以确定。由于职员的身份和职务是连为一体的，决定了职员的职数，即对人员定编总数进行了整体控制。这种控制与职级制、工资管理相配套，使地方公共团体的人员管理、职务管理、机构管理得以相互制衡。

1. 定员总数目标管理的计算方法

指为了避免各地方公共团体在职员配备上的盲目性，国家自治省颁布了全国统一标准，便于各地操作执行的定员管理方法。

（1）宏观方式

指自治省对全国不同类型地区按统计学的方法计算出应配职员数的理论数值，并以此作为各地在人员配置上的定员基准。由自治省在分类统计的基础上形成各种系数不同的表格，又可分为类似团体比较法和定员模型法。地方公共团体可用其中任意一种方法计算出的人数，作为本团体职员数的设置的参照指标。

（2）微观方式

指由各地按各部门的具体工作量算定应配职员数，再按各部门相加的总数组成整个行政机构的应配职员数，是对宏观方式的一种补充形式，用于对个别部门的具体计算时运用。

2. 定员管理的配套措施

地方公共团体依据职员的标准配置数为基准，通过地方议会审议制定出关于定员管理的条例，使之制度化、规范化。并在此基础上，通过优化组织结构、改善管理水平、简化事务环节等各种手段，使各项减员措施相互配套，把职员总数控制在额定范围之内。

（1）制定减员计划

在地方公共团体职员总数超出标准定员人数的场合下，地方公共团体以实现标准定员人数为目标，分年度制订出减员计划，分阶段、有步骤地落实定员管理目标。

（2）调整事务总量

为了使有限的人、财、物资源得到有效的利用，各地方公共团体着眼于减事减员，对由行政部门兴办的一些效益低、开支大的事业进行调整，以压缩事务量的手段达到减员的目的。其中最常见的是民间委托方式，但能够进行委托的事务在种类和范围上有一定的限制。

（3）提高办事效率

主要指办事手续程序化，票据账簿标准化和办公手段自动化。

3. 职级定数

职级定数是指对每一职务级别限定的人数，与职员定员数密切相关。该限定数由地方公共团体的人事委员会规则确定，没有设人事委员会的地方公共团体按该团体行政长官颁布的专项规则执行。在具体运用上分为标准定数、暂定定数和实施定数三种。

其一，标准定数：根据行政机构的具体状况及职务分类基准所制定出的分级别标准定员数。

其二，暂定定数：在标准定数内已满员时，因不得已的原因由人事部门特批增加的定员数。

其三，实施定数：指标准定数与暂定定数之和，该定数为在具体管理中的执行数。

（四）日本地方公务员的薪酬与福利制度

日本地方公务员，作为劳动者，依照按劳取酬原则，获得与其所提供的劳务相等的劳动报酬，包括工资和津贴两部分，以工资为主，各种津贴为补充。

1. 日本地方公务员薪酬制度的原则

日本地方公务员薪酬水平的确定和薪酬支付分别需要遵循以下两方面的原则：

（1）所得确定的三原则

第一，以职务决定工资的原则，即地方公务员的工资与津贴必须与其职务和责任相适应。第二，与外界保持相对平衡的原则，即地方公共团体公务员的所得水平应与社会平均收入水平保持相对的均衡。第三，所有收入以条例决定的原则，即地方公务员的所得来源于当地的财政税收，其所有收入由代表当地居民意志的地方议会制定的条例决定。

（2）所得支付的五原则

第一，支付通货原则，即地方公共团体支付给公务员的劳动报酬，必须以货币形式，禁止以实物或其他形式作为支付手段。第二，直接支付原则，即为避免克扣工资和拖延支付，地方公共团体承担支付职责的机关或个人必须在发薪日直接将工资交由公务员本人。第三，全额支付原则，指在依法扣除所得税、县民税、保险税、福利基金等，以及减薪处分部分后，将工资足额支付给公务员。第四，禁止重复支付原则，指公务员即使同时兼任其他公务员职务也不能领取所兼之职的所得。① 第五，应急支付原则，指公务员因特殊情况②急需资金并提出提前支付薪金要求时，即使是非发薪之日，用人单位也必须支付劳动者至当日的劳动报酬以应急需。

2. 工资类别与级别

日本国家公务员，按照不同岗位职种，分别制定出 9 种 16 类工资表格作为蓝本。各职种工资表又在职种内分门别类进行更具体的划分。依据平衡原则，各地方公共团体在本地公务员工资体制结构上，均参照国家公务员工资制度，其中行政职工资表、公安职工资表，教育职工资表、研究职工资表、医疗职工资表等 5 种 9 类工资表格为各地原则上必须采用；海事职工资表各地可根据具体情况选用；另有 4 种 6 类工资表格各地原则上不必采用。

以职种工资表为基础，在每类中再按各岗位的工作内容和责任大小分为若干职务等级。由于日本目前没有真正实施职阶制，因此经过长期演变，表示工资所得高低的职务级别实际上也体现了公务员在行政系统中的行政级别和待遇（见表 3－1）。

参照国家公务员职务级别等级，都道府县、市町村按其规模大小的不同，将本级设置的职务级别与国家公务员的职务级别等级对应起来。一般而言，都道府县一级由于规模较大，基本套用国家公务员的职务级别等级，在职务等级设置上均采用 11 级制；市一级大都采用 8 级职级制，将本地区 8 级与国家公务员的 1—8 级对应起来；规模较小的市以及町、村，大部分采用 7 级职级制，并将本地的 7 级与国家公务员的 1—7 级对应起来。

在每个职务级中按本职级就任年数分为若干个号，使职务级别工资又

① 该原则适用于必然兼职。如果不是必然兼职，则可领取兼职工资，但如果兼职占用了原职务的工作时间，即使支付兼职的工资，也应按占据时间程度对原职工资津贴进行相应的扣减——笔者注。

② 特殊情况包括公务员或由其赡养者因生产、患病、结婚、死亡或一周以上返乡等急需资金的情况——笔者注。

细分为数级的号工资，主要作用在于：公务员在没有晋升高一级职务级期间，可通过号工资的提升实现工资增加，体现公务员的报酬随着公务员在职年限和工作经验的增加而增长的原则；公务员工资一定时期随着社会发展和生活水平提高而提高，可通过号级提高来实现。

表 3－1　　日本国家公务员职务级别

职务级别	工作名称
1 级	进行定型业务的工作
2 级	进行需要相当高度的知识或经验的业务的工作
3 级	进行需要特别高度的知识或经验的业务的工作
4 级	股长的工作
5 级	总括股长工作
6 级	副科长工作
7 级	总括副科长工作
8 级	科长工作
9 级	总括科长工作
10 级	副处长工作
11 级	处长工作

注：1. “总括股长”是指担当统管科里的业务，或两个科以上的人事、预算等重要的总括业务的股长。

2. “总括副科长”是全面辅助科长，或两个科以上的人事、预算等重要的总括业务的副科长。

3. “总括科长”是指统管处里的业务，或担当全厅的人事、预算等重要的总括业务的科长。

3. 工资定级、晋级、晋薪制度

（1）新任公务员定级制度

各地方公共团体根据经国家人事院测算的大体与民间企业定级工资相平衡的国家公务员新任公务员定级工资标准，结合本地区社会平均定级工资水平进行适当调整，形成本自治体的定级工资制度。对于来自学校毕业生的新任公务员，其定级主要取决于该新录用公务员所参加的考试类型和学历。对于由社会已就业者转入公务员的新任公务员，定级工资主要取决于其工龄，并参照级别资格表决定。

（2）公务员晋级制度

公务员按工资表排列由现有职级上升一级，称为晋级。公务员晋级必须满足两个条件：一是拟晋升的职务级出现空缺；二是拟晋级公务员原职级任职年数和工龄必须符合晋级资格基准表中的规定年限。

（3）公务员晋薪制度

公务员在同一职级内工资由低号向高号变动称为晋薪。分为普通晋薪、级外晋薪和特别晋薪三种形式。普通晋薪是一种常规的年度晋薪，也是地方公务员工资体制中最普遍的晋薪形式，公务员领取某一号工资超过12个月，工作认真并取得良好业绩，可享受普通晋薪，工资上调一号。对于已达到某一职务级内最高一号工资无法享受普通晋薪，年龄在58岁以下的公务员，采取级外晋薪方式，只是时间间隔上拉长，第一次需达18个月，以后每次须达24个月。特别晋薪是指公务员符合工作成绩评定优秀、取得荣誉表彰、研修中成绩优秀、即将正常退休等条件之一的情况下，提高工资待遇的方式。特别晋薪的方法一般有三种：一是缩短晋薪时间；二是越号晋薪；三是两种方式并用。但每年度特别晋薪的人数必须控制在公务员总数的15%以内。

4. 津贴

参照国家公务员的标准，根据日本《地方自治法》的相关规定，按照工作性质不同，对地方公务员共设有23种津贴：抚养津贴，调整津贴，住房津贴，初任给津贴，通勤津贴，单身赴任津贴，特殊勤务津贴，特地勤务津贴，偏僻地津贴，时间外勤务津贴，通宵值班津贴，夜间勤务津贴，休日勤务津贴，管理职津贴，期末津贴，勤勉津贴，寒冷津贴，义务教育等教师特别津贴，定时制通信教育津贴，产业教育津贴，农林渔业改良普及津贴，灾害派遣津贴以及退职津贴。

其中，退职津贴是公务员所领取的各种津贴中数量最大的一次性津贴。在一般情况下，领取退职津贴是每个公务员应享受的权利，对于公务员领取津贴的资格和数额，地方公共团体必须按照有关法律和条例规定执行，不能随意制定标准。此津贴具有多重意义，对普通退职者是对其任职期间勤劳工作的奖赏报酬；对死亡退职者遗属或伤病退职者等，是生活保障；对违法违纪者，拒发扣发其津贴，是惩处手段的一种。退职津贴主要依据职员退职时的月工资和连续工龄两个参数。月工资是指职员退职当月的工资额，连续工龄以年为单位计算。退职津贴按不同的退职方式可分为两类五种。第一类为常规退职津贴，其中包括普通退职津贴，长年勤务退职津贴和精简性退职津贴三种，而普通退职津贴在计算上又分为伤亡退职

（非因公）和自愿退职两种；第二类为特别退职津贴，其中包括未受退职预告而被退职的退职者退职津贴和失业者退职津贴两种。

另外，地方公务员因公出差也享有补贴。差旅费理论上应由公务员出差派遣机关承担旅途中的所有费用，实报实销。但在实际工作中，为简化审核事务、节约经费，各地方公共团体制定了以定额制为主的标准统一、计算简便的差旅费包干制度，主要包括车船费、食宿费、赴任迁移费、出差补贴、专项出差津贴、国外出差补贴等。

5. 福利保障制度

日本地方公务员的福利保障制度由公务员保健制度、共济制度和公务灾害补偿制度三大支柱所构成。

（1）保健制度

为保持和增进公务员健康，充实和提高公务员生活素质的各种活动或事业。主要包括医疗保健方面、疾病康复方面等。

（2）共济制度

指公务员以互助为主，地方公共团体及用人单位参与支助的互助保险制度，其中包括医疗保险和养老保险两大部分。

共济制度是与公务员切身利益最为密切相关的制度，其性质是一种多方出资的互助保险。公务员按区域或行业职种组成公务员共济组合，通过每月交纳一定的互助金建立共济基金。在参加共济组织的公务员患病、负伤、分娩、休职、退职、受灾时，或者公务员的被抚养者患病、负伤、分娩、死亡、受灾时，由该基金提供一定数额的资金补助，帮助其渡过难关或维持一定的生活水准，以实现互助共济，福利保障的目的。

共济制度的实施团体是具有法人地位的公务员共济组合。① 人员构成上，由包括特别职公务员在内的常勤地方公务员组成。公务员在被正式录

① 公务员共济组合根据组织章程运作，组织章程规定组合名称、办公地点、组织结构、成员组成、运营项目和规则等。共济组合每事业年度编制计划书和预算，保证各类支付项目的正常开支。按照行政区域和职种类别共设置 7 类 91 个组合，分别为地方公务员共济组合（都道府县的一般公务员、地方事务官），公共学校共济组合（都道府县的教育公务员、市町村公立学校公务员），警察共济组合（都道府县的警察公务员、警察厅所属公务员、地方警察官），都公务员共济组合（东京都及都下设特别区的一般公务员），指定都市公务员共济组合（指定都市的一般公务员，全国 10 个指定都市设置 10 个组合），市町村公务员共济组合（市町村的一般公务员，按全国 47 个都道府县区划在每个都道府县设置 1 个），都市公务员共济组合（特定市的一般公务员，全国 30 个特定市每市设 1 个）——笔者注。

用的同时就成为共济组合的成员，直到当其死亡或退职的次日起才失去共济组合成员资格。

共济基金的支付分为短期支付和长期支付，短期支付又分为法定支付和附加支付。法定支付是指共济组合根据法律所承担的义务，在组合成员遇到应予以支付的事由时予以支付。根据支付项目不同，可分为保健支付、休职支付和灾害支付三类，其中保健支付包括医疗费、家属医疗费、高额医疗费、分娩费、配偶分娩费、育儿补贴费、丧葬费、家属丧葬费 8 项；休职支付包括伤病补贴费、分娩补贴费、休职补贴费 3 项；灾害支付包括慰悼金、家属慰悼金、受灾慰问金 3 项，三类合计为 14 项。长期支付是指与全体国民病残养老福利事业密切相关的公益年金制度。所谓年金指每年内定期定额支付的资金，具体表现为年养老金、年抚恤金等福利性质的保险金形式。地方公务员相关年金为国民年金和地方公务员共济年金。其中国民年金是国家给予每个国民的福利保险，在整个年金体制中占主导地位，属基础性年金。地方公务员共济年金是体现公务员工作性质和公务员间互助互利的年金制度，是国民年金制度的一种补充。

（3）公务灾害补偿制度

日本地方公务员在受伤、生病或死亡时，可获得灾害性补偿，包括疗养、休职、伤害、障碍、遗属、丧葬 6 种补偿，同时设有 19 种福利设施补偿。另外，公务员在上下班途中，由于公务受到伤残、疾病、死亡等灾害时，还可享受通勤灾害补偿。

二　日本地方公务员的人力资源获取制度

公共人事管理的人力资源获取功能，是指“组织必须获取拥有知识、技能和能力雇员的任务，以使组织能够达成其目标”①。从制度的物的维度而言，公共组织人力资源获取制度，体现为规范人力资源由公共部门外部流向内部，现有人力资源在内部流转，以及现有人力资源流出等在内的一整套规则和程序体系。日本地方公务员的人力资源获取制度，则主要从技术层面上对包括公务员职务任用，以及录用、晋升、降职、转任、离职、退休等在内的控制和调整人力资源内外流动的制度安排。

① 克林格勒、纳尔班迪：《公共部门人力资源管理：系统与战略》（第四版），孙珀瑛等译，中国人民大学出版社 2001 年版，第 262 页。

（一）地方公务员的任用

在公务员制度中，任用是指对某一特定的人赋予某一特定的职务。任用必须具备两大要素，一是任用对象，二是任用职务。日本地方公务员的任用主要指录用、晋升、降职和转任等，在实际人事管理过程中，还有根据法令或规定而采用的具有任用性质的职务安排，如兼职、兼岗、交流调动、对外派遣等。

对某些特定的公务员职类，有关法律要求具备有必要的资格才能被录用或任用到地方公务员系列中的相应岗位。例如，教育公务员许可法规定，成为教育公务员必须持有教育方面的许可证等。如果已具有所需资格的人在就职后因某种原因丧失其原有资格时，被视为不适合原岗位的对象，根据《地方公务员法》，用人机关对其进行岗位调动，降职及免职等。

（二）考试录用的方法

根据成绩主义原则，新公务员的录用必须经过考试，以成绩为标准进行择优录取。

考试方法主要有竞争考试和选拔考试两种。可由地方公共团体决定在两种方式中任选一种进行。其中，竞争考试，指在众多不确定的应试者中，通过考试择优录用，竞争上岗；选拔考试，指对于某些特定职位在特定的人员范围内进行考试，以确定最佳上岗者。

日本《地方公务员法》规定，对于设置有人事委员会机构的地方公共团体，因为其规模较大，应试人数多，人事行政机构的功能及人员配备较为齐全，所以，在公务员录取上必须采用竞争考试的形式。对于没有设置人事委员会的地方公共团体，因为其管辖范围小，可就任岗位有限，人事机构（公平委员会）的功能也有限，有的地方政府将公平委员会的事务委托其他地方公共团体的人事委员会办理。

（三）招收录用的形式

日本地方公务员的招收录用主要有试用期录用、临时性任用两种形式。除临时性任用的常勤公务员和非常勤公务员外，其他地方公务员都须经过考试，并采用试用期录用的方式。

1. 试用期录用

为克服竞争考试和选拔考试在对公务员的具体工作能力检验上的局限性，经考试合格后拟录用的公务员均需经过一段时间的试用期，最终验证和考察拟录用者是否适合于所从事的岗位。试用期中如被试用者不能适应岗位、完成工作，在试用期未满前，将解除试用，不予录用；如表现良好，则不需要重新办理其他手续，在试用期结束后即自然转为正式公务员。地方公务员法规定试用期的最低期限为六个月，如果人事委员会或没有设人事委员会的地方公共团体的任命权者认为有必要时，通过制定试用期延长的有关规则，试用期可延长至一年。但为避免试用期公务员对自身身份产生不安定感，一般不能随意延长试用期。

2. 临时性任用

临时性任用是不以成绩主义为基准的任用形式，实质上是一种应急的暂时性任职行为，主要在三种情况下发生：一是当遭受严重灾害或其他重大事故时，对某缺员职位需立即补充而又来不及通过正常的任用行为（录用、晋升、降职、转任）加以解决的情况下，可以在该职位被正式公务员替补之前，暂时任用临时性公务员。二是在预期某岗位受任时间最长不会超过一年的情况下，如突击进行某种资料的统计调查，或举办某类公共事业时，可按有关手续规定招聘临时性公务员。三是在人事委员会没有持有对需补充职位的录用候选者名册时，作为临时性措施，用人单位可根据人事委员会所定的有关规定雇用临时性公务员。以上三种情况下聘用的临时性公务员，一般任职时间为半年，如确有必要延长，可报经人事委员会批准后延长半年，但不能第二次再申请延长，即临时性公务员的最长任职不超过一年。

3. 非正式录用形式—非常勤

非常勤公务员是指不同于常勤公务员，不需全日制上班的公务员，其中包括非常勤的特别职和一般职公务员。非常勤的特别职公务员是指人事委员会和公平委员会的非常勤委员，以及某些机构的非常勤顾问、参事、调查员等，对其任用与其他特别职公务员同样，无须经过考试录用。非常勤的一般职公务员，根据日本《地方公务员法》，可分为正式任用的和临时任用的非常勤公务员，都须经过竞争考试或选拔考试录用。非正式任用的非常勤公务员，按临时性任用的常勤公务员的有关规定执行。

（四）公务员职务晋升

公务员职务晋升，是在对已正式录用的公务员进行考察任用的基础上实施的，一般采用论资排辈的方法。根据日本《地方公务员法》，在设有人事委员会的地方公共团体，原则上要经过竞争考试，如果有特殊情况，在取得人事委员会同意的条件下，可采用选拔考试的形式。在没有设立人事委员会的地方公共团体，也必须在两种考试中任选一种进行。

有资格参加晋升考试者，限于地方公共团体人事机关确定的编制职位上在任的正式公务员，临时性任用的公务员和试用期中的公务员不具备晋升考试的应试资格。具体对于某拟晋升的职位，其应试对象一般是从事同职种工作且职位仅次于拟晋升职位的在岗者，所以在该职种上没有一定经历或虽有经验但不在同职种岗位上的公务员，也被视为不具有该晋升职位的应试资格。

由于这类考试主要是判断应试公务员对新职务的适应能力，考试内容基本上都与拟任职务相关。考试方式以笔试为主，结合面试和集体讨论形式，从多角度对应试者进行考查选定。同时由于考试内容大体在一定范围内，选题较集中，所以，竞争考试和选拔考试没有明显划分界限。

地方公务员的工资晋级和职务晋升必须在成绩主义的原则下进行，晋级和晋升是相互配套的，当公务员晋升职务后，工资级别也随之上调，越级晋升或未晋职的晋级，违反了工资级别管理的规定，在地方公务员法意义上成为无效的晋升。

（五）降职

降职是指降低职务或工资级别的任用行为。日本《地方公务员法》对公务员应受降职处分的事由作了具体规定，一方面明确了公务员由于这些事由造成工作的失误或不能正常履行职务时，必须受到与公务员本人意愿相违的职务和工资的下调；另一方面也表明对公务员个人身份的保障机制，即只要不是规定中的事由，任何人或机关都无权对公务员采取违背公务员个人意愿的处分行为，也包括降职行为。由于机构缩编造成公务员的职务降低，这种降低虽然不是个人因素所致，但在法律意义上仍属于降职行为。而当具有股长职务的公务员调任不设股的单位而失去职务时，公务员的新任岗位的工资级别与原单位的工资级别不符而造成工资调低时，由于工资级别制度更改而使公务员的工资在新旧套用中出现下调时，这三种情况则不属于降职行为。

（六）转任

转任的实质是平级调动，其目的一是为防止公务员因长期从事同一种业务而产生厌烦心理，通过岗位调动来提高工作效率；二是通过公务员在不同岗位上的锻炼，对不同能力和个性的公务员进行有针对性的培养，造就各种类型的人才；三是为了防止长期在同一岗位上造成的行政腐败。地方公共团体的一般事务公务员基本上采用此种轮岗方式。在轮岗过程中，应与公务员沟通，做到组织与个人目标的统一。

（七）公务员派遣

日本的地方公务员，根据所在地方公共团体的命令，可在一定范围内暂时离开现职，转出所在地方公共团体，在国内其他公益性组织或国外机构履任新职。

国内派遣，主要是派往从事地方公共团体所设立的或相关的公益法人或"第三部门"等，以保障相关事业的顺利发展，并促进人才的合理流动和公务员专业知识的应用。向公益法人派遣公务员，一般采用退职、休职以及职务命令的形式。

海外派遣，主要是通过两种方式进行：一是与国外的城市缔结姐妹（友好）城市关系，双方互派人员，加强交往；二是通过日本国际事业协力团，向外派遣各类专家和海外青年协力队员。海外派遣只限于一般职公务员，任期制和非常勤公务员不属于派遣范围；派遣前必须征得受派遣公务员个人的同意，受派遣公务员的职数不占用本单位的编制数；派遣期间公务员的提薪晋级不受影响，可连续计算工龄，派遣任务结束后应迅速给予复职；受派遣公务员在派遣地的工作视同为原派遣单位的公务；公务员在受派遣期间，工资及抚养、调整、住房等项津贴按70%支付。

公务员派遣制度是日本地方公务员的独特制度安排之一。究其原因，国内派遣一方面是经济、社会发展对公益团体或第三部门的人员素质提出了更高的需求，为满足本地这些方面的公共需求，保证相关公共物品的供给，由地方公共团体主动派遣工作经验丰富、管理技能较高的公务员充实其人员队伍，并制度化，这是日本地方公务员制度变迁中，制度随技术变迁而变迁的例证。另一方面海外派遣也源于日本国力增强后国际交往扩大，以及全球化趋势加快，国际交流和对外援助不断增加，地方自治体的对外交流也日益扩大的背景，同样也是制度随技术变迁的例证。

（八）离职与退休制度

1. 离职

日本地方公务员的离职可分为失职和退职两大类。失职包括欠格条项该当、任期期满、定年退职、死亡、其他;[①] 退职包括免职、辞职，免职又包括分限免职、惩戒免职，辞职又包括依愿退职、劝奖退职、谕旨退职。[②]

失职是指公务员在达到或套用法律中已定的某种标准时所必然伴随出现的离职。这种离职是程序化的，可以预料的，地方公共团体和离职者本人双方之间不需要进行特别的文字或口头交涉，只是由地方公共团体的任命权者发出人事通知，对符合法律上某既定的条项的公务员离职进行确认。

退职与失职的性质不同，必须是在地方公共团体的任命权者依据法律规定发布行政命令后才能生效。可按是否依据离职者本人的意愿分为免职和辞职两种。免职是由上至下，辞职则是由下至上。

2. 退休

根据日本《地方公务员法》的规定，地方公务员退休属于公务员资格变更的范畴，其管理必须与国家公务员保持一致。参照国家公务员的标准，日本地方公务员，除了在医院工作的医师、牙科医师外，退休年龄为65岁；从事官厅房舍管理等劳务性质的公务员，退休年龄为63岁；公立大学教员的退休管理制度由所在大学自行制定；有任用期限的公务员、非常勤公务员、特别职公务员不属于退休制度的管理范围外，日本地方公务员一般规定退休年龄为65岁。

---

① 欠格条项该当，指符合公务员任用制度中不具备任用资格的条款。任期期满，指任职期结束，一般指在录用时已对任期作出明确限定的岗位或职种。定年退职，指根据地方公务员法的年龄规定的退休。死亡，指公务员死亡时自然丧失其原有身份。其他，指法律上规定的应具备上岗资格的职种，因失去了资格而丧失了职务——笔者注。

② 分限免职，指对工作实绩不良者、身心严重障碍者，以及因预算压缩、编制裁减而多余的人员。不属于惩处性质的行政措施，在领取退职津贴上不会有不利影响。惩戒免职，指行政处分中的免职处分，是各种行政处分措施中最严厉的一种。依愿退职，是依据个人意愿的退职，即由公务员个人主动提出辞职。公务员的辞职必须同时具备：其一，公务员个人提出辞职书面报告，其二，任命权者依据辞职者本人的申请，在综合考虑各方面情况后向申请辞职者颁发退职命令。辞职与免职在退职津贴的享受上大不相同。劝奖退职，指地方公共团体为避免因公务员队伍总体上的老龄化而造成的进人困难、效率低下、工资总额过高等弊端，对达到一定年龄的高龄公务员进行退职劝说工作。由于这种行为没有法律依据，不具备强制性的行政效力，只有通过公务员个人接受劝说，自动提出辞职申请才能得以实现，也是依愿退职的一种。谕旨退职，指公务员有某种程度的过失时，作为行政处分的替代措施，也是一种劝退形式，与受到行政处分而被免职有本质的不同——笔者注。

从物的维度分析，日本地方公务员退休制度的建立属于制度变迁中，物（技术）与制度协同演化的结果。战后制定的地方基本没有涉及公务员的退休问题，同时该法还规定，除了《地方公务员法》中所规定的事由，地方公共团体无权迫使在岗公务员离职。当时的公共行政机构维持正常的新陈代谢，依靠设置劝奖退职年龄。这是物（技术）与制度在这一特定场景下的共同妥协。随着公务员高龄化的进展，各地方公共团体多次要求在地方公务员管理体制中增设退休制度，向国会提出涉及退休制的地方公务员修正案，遭到国会在野党及劳动团体的强烈反对。表明了在一定场景下，认知心态对于物与制度演进的共同制约。后来，随着民间企业退休制度的普及，以及公共行政机构配套采用公务员退休制度持续高涨的呼声，在社会大环境成熟的趋势下，国会通过征求国家人事院意见，于1981年分别通过国家公务员法和地方公务员法修正案，其中在地方公务员法修正案中列入了地方公务员退休制度，并于1985年正式实施。退休制度的最终建立，一方面由于社会、经济发展，特别是人口增长导致的就业压力增大，以及公务员队伍自身老龄化的客观需求，这也是物（技术）对变革相应制度的需求与推动。另一方面这也是在制度完善过程中，对于原有的“有进无出”的人力资源流动机制残缺的弥补，以及制度本身的自我调整，就这个层面来认识，也是制度变迁适应技术演进的例证。

（九）特别职人员的离任

由于特别职公务员与一般职公务员的性质不同，特别职公务员的就任，主要是通过公选投票、议会任命或地方公共团体长官提名等方式就职上岗，实行任期制，不需要经过一般职公务员的竞争考试。特别职公务员的下岗离任，不适用于以一般职公务员为管理对象的《地方公务员法》，而主要由地方自治法予以明确和规范。

1. 行政首长级特别职公务员

对地方公共团体，行政首长级特别职公务员主要是指都道府县、市町村的行政长官（知事、市町村长），副职行政长官（副知事、副职市町村长）及财政主管（都道府县一级称为出纳长，市町村一级称为收入役），其离任条件分别为：

都道府县知事、市町村长四年任期期满时卸任。但任职期间出现以下情况也将造成离任：被议会表决通过不信任案且议会未被解散时，或者议会被解散后重新通过不信任案时；当地居民对其解职的公民投票表决中有半数以上居民投赞成票时；违反禁止兼职的规定时；被选举权丧失时；违反公务上的命令且经一定程序被罢免时。另外，个人想退职，应在规定时间之前向地方公共团体的议会提出申请。

副知事、副市长任期四年，造成其离任的情况有：地方公共团体长官依个人决定予以解职；议会根据当地居民的要求通过对其的解职决议时；失去任用资格时；违反禁止兼职的规定时。另外，个人想退职，应在规定时间之前向地方公共团体的长官提出申请。

出纳长、收入役，任期四年，任职期间地方公共团体长官无权解除其职务。但在其本人或亲属违反兼职规定时，或者议会根据居民要求而表决通过对其解职议案时，将丧失其所具有的职务。另外，个人退职时需事先征得地方公共团体长官的同意。

2. 议员

地方议会议员的任期为四年，议员在任期内发生下列情况将失去议员身份：议会被解散时；对议员的解职议案经当地居民投票表决通过时；失去任用资格时。

另外，议员想退职时，须经过议长的许可。

3. 各种委员会委员

教育委员会、公安委员会、选举管理委员会、人事委员会、公平委员会、地方劳动委员会的委员及地方监察委员均为特别职公务员。其任期基本上为3—4 年，在任职期间造成离职或被解职的原因，除按各委员会的工作性质另有特殊要求外，在基本方面大体与上相同。

三　日本地方公务员的人力资源开发制度

人力资源的开发，应该是现有人力资源以绩效目标为导向，从组织层面对现有雇员素质水平进行有效提升，并通过对雇员工作绩效的评估与反馈，提高其实现工作目标和组织目标的效率和效益。“由于组织使命的变化、雇员工作职位的变动，以及知识、技能和能力不断地变得过时，组织必须不断地更新它的人力资源——雇员队伍。……（人力资源开发是）更新组织人力资源的第三条道路——立足于现有的雇员队伍，开发其新的知识、技能和能力的途径。……在雇员及其生产力的发展中，绩效评估应该占有至关重要的地位。从理论上，对绩效的评估，为雇员提供了有关其工作的反馈，使得组织的期望更加清晰，同时，对雇员的能力和努力也产生更加有效的引导。”① 就公务员的人力资源开发制度而言，从物的维度分析，当经济发展带来的新需求与技术变迁，导致了公务员的公务活动愈发复杂，对履职的专业知识和职业技能的要求也越来越高，同时也导致了对绩效水平的要求持续提升，迫使公共部门对其人力资源开发投入更多的重视与力量，也就迫使相应制度必然随之建立和变革，这或可算作物（技术）对公务员制度变迁决定作用的又一例证。

（一）日本地方公务员的研修制度

日本将公务员的进修培训称为公务员研修。第二次世界大战后日本公务员制度建立以来，日本国家、地方两级对研修都非常重视，将其作为培养人才、改善行政机关服务质量和效率的主要措施。

特别对于各地方公共团体，随着地方自治的不断推进、地方行政事务的多样化、专业化对公务员素质要求的提高，以及对公务员工作效率提升的现实要求，各地方公共团体都通过建立研修制度，制定每年度的研修计划，将公务员研修纳入日常工作的范围中，使其在不断发展变化的社会环境中得到充实和完善，提高地方自治的管理水平。

日本地方公务员进修培训的目的有三：提高公务员的岗位工作能力；多方面优化公务员个人素质；确立公务员服务公众的精神。

日本地方公务员的进修培训一般根据研修的举办单位是否为地方公共团体，分为组织内研修、组织外研修和自修。其中组织内研修分为工作单位内研修和集中研修两种；组织外研修分为委托研修和派遣研修两种，派遣研修根据派遣地不同，可分为国内、国外研修，国内研修单位可为各种专业院校、研究所、培训中心或民间企业等。

日本地方公务员的进修培训一般遵循制订计划、编制预算、确定方法的基本步骤进行。

（二）日本地方公务员的工作成绩评定制度

日本地方公共团体对其公务员的管理，重视建立科学评定公务员工作效率和业务实绩的考核制度，奖罚分明，以便调动公务员的积极性，促使公务员在工作岗位上尽职尽力。

成绩主义是日本地方公务员制度的基本原则之一，该原则在地方公务

① 克林格勒、纳尔班迪：《公共部门人力资源管理：系统与战略》（第四版），孙珀瑛等译，中国人民大学出版社 2001 年版，第 365、397 页。

员的录用环节上体现为竞争考试、择优录取的方法。而对于已正式具有地方公务员身份的公务员，是通过地方公共团体对公务员定期评定结果，以确定公务员的身份待遇来体现的。

另外，对公务员的工作成绩的评定，是《地方公务员法》赋予各级任命权者的职责和义务，是地方公共团体人事部门进行人事管理的基础性工作，也是使公务员自我认识、不断自我更新的方法，同时还是公平确定公务员待遇、维护公务员正当权益的重要手段，它主要以被评者的能力、性格、知识水平和工作业绩为评定项目，并按评定成果来决定对公务员进行提级、晋薪、调动等。

评定的程序一般包括评定前的准备、参加评定的人员选择、评定的次数及时间安排等。评定的要素包括职员的知识水平、业务熟练程度、理解力、判断力、创造力、表现力、说服力、执行能力、社交能力、处理事务能力、指导统率能力、客观评价能力、计划制订能力、协调性、迅速性、正确性、积极性、责任心等。评定方法的选择遵循合理性、实用性、公平性的基本原则，以分析评定法和综合评定法为主要方法。

四　日本地方公务员的纪律与惩戒制度

“每一个组织，无论是公共部门，还是私营部门，都必须建立和维持有雇员与雇主之间的关系的法律条款。这就是纪律与惩戒功能。……这些存在于劳资双方雇用关系中的法律条款，主要包括了雇员对他们雇主的期望，和雇员为实现他们的期望而愿意付出的贡献的义务。同样，它也包括了雇主对其雇员的期望，和为了达成这些期望而对雇员所做出的贡献的承诺。”① 作为公共部门的雇员，公务员在由普通公民转为政府雇员的时候，必须放弃一部分公民权利，但同时拥有了另一些特定的、法律赋予的权利，还应承担起更多的责任与义务。因此，公务员的纪律与惩戒制度与私营企业雇主和雇员之间的法律关系有着根本的区别。

（一）日本地方公务员的义务与行为限制

根据日本战后制定的宪法，公务员为全体国民的服务者，一方面将现代公务员与旧官僚加以区别，另一方面与民间劳动者相区别，在服务纪

① 克林格勒、纳尔班迪：《公共部门人力资源管理：系统与战略》（第四版），孙珀瑛等译，中国人民大学出版社 2001 年版，第 465 页。

律、伦理操行上受到一定的规范与约束。

日本《地方公务员法》规定了服务的基本原则，即所有公务员作为奉献者为了公共利益而工作，并且工作时必须尽心尽力。根据这个原则，要求每个公务员必须承担职务上和身份上的义务。职务上的义务是在工作中应遵守的义务，它包括服从法令和上司在行使业务方面命令的义务和专心从事职务的义务；身份上的义务是具有公务员身份时所应肩负的义务，它包括保持信用及名誉的义务、保守秘密的义务以及接受对公务员个人政治行为、劳动争议行为及从事营利企业行为等多方面限制的义务，其中保守秘密义务在公务员退职离任后仍然必须得到遵守。

日本《地方公务员法》第三十一条规定，地方公务员应该进行服务宣誓，服务宣誓誓词根据各地方公共团体的条例制定。通常是新公务员在任命权者或任命权者规定的人面前，在宣誓书上签字并宣誓。此服务宣誓是公务员自己对肩负的服务义务进行确认的宣誓行为。公务员服务上的义务是根据进入特别权力关系而发生的，通过宣誓新的服务义务开始生效的。

1. 服从法令及职务命令的义务

日本《地方公务员法》第三十二条规定，“公务员在完成职务时，应该服从法令、条例、地方公共团体规则及地方公共团体机构规定的章程，并且应该忠实执行上司在职务上的命令”。公务员在完成工作时应该负有遵守法令的义务，在日本《宪法》第九十九条中规定了公务员有“拥护遵守宪法的义务”，由于日本有关地方公务的法令根据都出自于宪法，因而也可视为是宪法上的义务。法令是地方公共团体的执政手段之一，职务命令则是为有效实施法令内容而发布的，因此，服从职务命令是服从法令义务的必然结果。从这一点上而言，服从法令和服从上司职务命令的义务，在本质上是同一义务。

地方公共团体行政是通过阶层性的行政组织进行的，为了这些组织在统一的意志下有秩序地正常运转，必须确立上下级之间命令和服务关系。所以日本《地方公务员法》规定，地方公务员应与服从法令的义务一样应该服从上司在职务上的命令。上司在职务上的命令通常称为职务命令。

可以发布职务命令的“上司”是以上下级关系为前提的。上司一般分为职务上的上司和身份上的上司。职务上的上司是为了完成工作指挥监督公务员的人。身份上的上司是对公务员的任用、分限、惩戒等身份处理有权力的人。为了职务命令能够有效成立，首先应该由有权限的上司发布命令，然后由职务上的上司指挥、监督执行。针对同一工作的处于上下阶层关系两个以上上司发布的命令有矛盾时，上级上司的命令优先。

职务命令根据内容可分为对单个公务员的命令和对整个单位的命令。前者在作为被命令对象的公务员离任转岗后，失去效力；后者则只针对单位或岗位下达，即使人员变化，只要岗位还在就会继续发生效力。职务命令所需事项充足时，该命令有效成立，对接受命令的公务员产生约束力。

当面临职务命令有必要取消，或对命令的有效性产生怀疑时，应当首先对职务命令推定有效，公务员在对命令有取消权力的机关行动前，应该服从命令。例如，对没有劳动基准监督机关的许可下的夜班值日命令，公务员负有值夜班的义务，抗拒命令的公务员将成为惩戒处分的对象。当然，对于没有取得许可而发布职务命令的当事者责任将另外处理。

另外，对职务命令的效力产生疑义时，公务员可以对上司提出具体的疑问。

职务命令在客观上有违背法令或具有法律性质的特例、命令时，职务命令无效，公务员对此命令不产生任何服从义务。若公务员明知是违法的职务命令仍继续执行，服从命令的公务员应对其违法的行为以及由于其行为产生的结果负有责任，但是对于服从却不能发现明显违法职务命令的公务员，应该免除其行为或结果的责任。

2. 禁止信用丧失行为的义务

日本《地方公务员法》第三十三条规定，公务员不得造成其职务的信用损坏，或者造成公务员职务的全体名誉受损。

针对公务员禁止的信用丧失行为的内容，是指“造成其职务的信用损伤，或者公务员的职务全体名誉下降的行为”。[①] 它包括：

公务员的职权滥用、收受贿赂等以公务员的身份为前提的刑事犯罪，以及与公务员的身份没有关系的犯罪或违法行为（暴行、伤害、欺诈、恐吓、违反道路交通法等）也属于信用损坏。

虽不属于犯罪，但却违反了有关的服务规则，如违反禁止争议行为的规定（日本《地方公务员法》三十七Ⅰ），也视为是造成信用丧失的行

① 所谓“公务员的职务信用损伤”，是指该公务员所处职务的信用损坏，不被公众所信任，并引起质疑，它是与职务相关的不正当行为。大多数时候这些行为是同时“造成公务员的职务全体名誉下降的行为”。

为。另外，如在自己的勤务时间从事其他的组织活动，违反了职务专注义务（日本《地方公务员法》三十五）或违反职务命令（日本《地方公务员法》三十二）等都属于其职务的信用丧失。

并且，即使没有直接违反服务义务的有关规定，向有关人员常常借贷且不返还、窗口事务的担当者对前来办事者的态度明显粗暴等行为，亦属于信用丧失行为。

3. 保护秘密的义务

公务员不得泄露在职务上知道的秘密。即使其职务退出后也必须遵循（日本《地方公务员法》三十四Ⅰ）。秘密一般指只能在一定范围内可知的事项，如果超过限定范围，该事项将会对其他团体或个人造成客观上的利益侵害。秘密分为职务上的秘密和因职务关系而得到的秘密，前者是职务上所管辖部分的秘密，该秘密事项如未经批准而被传递，自然构成泄密行为。后者是公务员因职务关系知道的秘密，与职务上的秘密同等对待。简单地说，职务上知道的秘密比职务上的秘密的范围广。

公务员或者曾经是公务员的人员，根据法令要求作为证人、鉴定人等在发表属于职务上秘密的事项时，现任公务员必须得到任命权者，退职者必须得到退职时岗位的任命权者或相当职务任命权者的许可。一般任命权者如无法律特别规定，应予以许可。必须得到许可的范围，仅限于职务上的秘密。对公务员因职务关系得知的秘密，不需经过许可程序，按提供证言、鉴定的一般原则对待。主要有作为诉讼案中的证人、鉴定人；作为地方公共团体议会或国会的证人；作为人事委员会、公平委员会或人事院的证人三种情况。

泄密行为不仅包括违反规定以文字或口头形式泄露秘密的行为，也包括未对泄密行为采取措施加以阻止的行为。对现职公务员泄密，必须进行行政处分，同时处以 1 年以下徒刑或 3 万日元以下的罚款。对退离职公务员泄露在职时的职务秘密时，已不属于行政处分范围，仅追究其刑事责任，处以 1 年以下徒刑或 3 万日元以下的罚款。

4. 专心于本职工作的义务

日本《地方公务员法》规定，公务员在法律或条例有特别规定的情况之外，必须将全部的工作时间及职务上注意力用于履行职务，专心从事属于本地方公共团体应尽职责的职务。本条义务与服从法令及职务命令的义务构成了公务员在执行职务上的最基本的义务。公务员通过履行这两条义务，保证地方公共团体行政事务的高效有序地运行。

专心于本职工作的义务，仅仅适用于该公务员的勤务时间。勤务时间不仅包括正工作时间，还包括被命令加班的时间及假日勤务时间。

公务员所应专心从事的本职工作，既包括地方公共团体各岗位所应办理的固有事务，也包括代理国家执行的事务、市町村长或公务员受都道府县知事委托所应执行的事务、受其他地方公共团体委托的事务、地方开发事业团的事务以及地方公务员互济组合、地方公务员灾害补偿基金事务等。

在法律或条例的特别规定下，公务员在工间休息、休职、停职、法定休假期间，以及作为公务员团体合法代表与地方行政当局依法交涉、得到许可的从事营利事务期间可不承担专心本职工作的义务。

5. 政治行为的限制

由于公务员身份的特殊性，为保障政治中立性，避免公务员因政治影响损害职务行为的公平、公正性，其政治活动要受到一定的制约。日本地方公务员被禁止从事的政治行为包括结成政党的相关行为、有特定政治目的的特定政治行为等。因地方层级的公务员只在一定的区域内拥有公务权限，因此，地方公务员进行具有一定政治目的的政治性行为也只在该区域内受到限制。

具体而言，日本地方公务员不得参与政党及其他政治团体的组建，不得担任政党及其他政治团体的管理人员，不得劝诱他人成为这些团体的成员并不加入政治团体的活动，这些属于前述的结成政党的相关行为；而特定政治目的包括以支持或反对特定的政党及其他政治团体执行机关，或者内阁，或地方公共团体的执行机关为目的，在选举或投票时以支持或反对特定的人或事件为目的。①

6. 选举活动的限制

根据日本《公职选举法》，为了防止公务员利用手中职权或职务上的便利干扰或影响竞选活动，以保证公职选举活动的正常进行，对地方公务员参与竞选的行为做了若干限制规定，公职选举法的限制对象，不仅仅是属于普通职的地方公务员，所有属于特别职的地方公务员也受到限制。具

① 该目的下的行为有：从事劝诱投票或不投票活动的行为；积极进行策划或主持署名活动等；参与赞助款及其他募集活动；由职员本人或指使他人在地方公共团体的办公地点、宿舍或各种设施中张贴政治性宣传品，以及由职员本人或指使他人将地方公共团体的场所、器材或资金用于特定政治目的的行为——笔者注。

体规定有：地方公共团体的公务员，在职期间不能成为竞选公职的候选人；与选举事务有关的，或其所拥有的管理权力与选民有关的公务员，被禁止参与涉及选举的各种活动；公务员不得利用职务地位或岗位职务便利参与选举活动。最后一项包括：地方公务员不得利用地位，参与公职候选人的推荐，或援助参与活动，或者指使他人进行活动；不得利用地位，参与对投票进行劝诱，参与演说会及其他选举活动的策划，对计划的实施发出指示或指导，或者指使他人进行活动；利用地位，结成后援团体，参与后援团体结成的准备工作，劝诱他人加入后援团体，或援助这些行为，或者指使他人进行活动；利用地位，发行报纸及其他刊物，张贴、发布文书图画，或援助这些行为，或者指使他人进行活动；不得针对声称或约定推荐、支持或反对公职候选人或将要成为公职候选人者（包括现在是公职者），在本职工作中给予该声明者或约定者有关的利益，或约定给予。公务员在利用地位进行选举活动时，处以 2 年以下监禁或 10 万日元罚款。学校的校长及教员，利用其教育上的地位对学校的儿童、生徒以及学生进行选举活动者，处以 1 年以下监禁或 10 万日元以下罚款。

另外，对于计划参与众议院议员或参议院议员竞选的公务员，不得利用职务上的出差、参加会议或其他公勤的机会，对其将参与竞选的选区（或选举地点）的选民做号召或做工作；不得在选举区中，为了选举张贴或颁布其地位及姓名或者地位及姓名类似的名称表示的宣传资料；不得在履行职务过程中，以选举为目的向选区的选民提供特别的利益，或承诺将给予利益；不得为了选举而利用职权，指使公务员在履行职务时为选区内的选民提供特别利益，或承诺给予特别利益。以上行为属于违反选举事前活动禁止的选举行为，处以 2 年以下监禁或 10 万日元以下罚款。

7. 从事营利性企业等的限制

日本《地方公务员法》规定，原则上限制公务员从事营利性企业，但是在任命权者认为对完成任务不会造成恶劣影响时，可以容许从事营利性企业。主要包括地方公务员不得担任以营利为目的的私营企业、公司负责人或从事可领取等价劳动报酬的兼职活动，本人不得经营营利性私营企业（家属除外），不得从事有报酬的任何事业或事务。

（二）日本地方公务员违纪行为的处分

日本《地方公务员法》中界定的公务员违纪行为包括对依法行政产生不良影响或危害的行为和损害社会或他人利益的行为两个方面。其中，对第一种行为的处分，采用《地方公务员法》中的惩戒处分和分限处分形式进行。惩戒处分指行政处分，是各种行政惩处措施的总称，其目的是要严肃地方公共团体的纪律，维持正常的工作秩序；分限处分是指资格变更，是对无法正常履行职责的公务员所采取的对应处理措施，与行政处分在性质上有所不同，但广义上仍属于追究工作责任的一种形式。对第二种行为的处分，一般而言，当行为者的行为结果对社会秩序或他人财产造成损害时，不论是否为公务员，都应根据法律追究其赔偿责任或刑事责任。

1. 惩戒处分

《地方公务员法》第二十九条第一项规定，公务员违反日本《地方公务员法》及相关法令时，公务员职务上的义务违反、职务懈怠，或者与作为全体的奉献者不相称的行为时，可以实行惩戒处分。惩戒处分是对作为公务员的义务违反的制裁，不能针对公务员取得身份前的违纪行为进行惩戒处分。若公务员退职或死亡后，因已经取消了公务员身份，不再进行惩戒处分。

惩戒处分是由任命权者实施的，在进行处分时应该公正。根据日本《地方公务员法》第二十九条规定，以下三种情况方可受到行政处分：

（1）公务员违反《地方公务员法》规定，以及基于该法所制定的条例、地方公共团体规则或地方公共团体机关所规定的规程时。

（2）公务员违反职务义务或工作不尽职时。

（3）公务员出现与作为居民服务者身份不相符的不良行为时。

日本《地方公务员法》规定在公务员客观具有惩戒事由时，可以进行警告、减薪、停职或免职的处分。

惩戒处分的文书须交付给接受惩戒处分的公务员。处分的意思表达必须在对方实际上知道此事，或对方应该处于知道的状态下，才能产生效力，处分在通知到本人时生效。免职处分生效后，该公务员的公务员身份丧失，对于受到惩戒处分而免职的公务员，原则上不支付退职补贴；另外，根据《地方公务员共济组合法》，长期支付部分将不予实行。减薪则是在一定的时间范围内，将工资按一定的比例额削减；停职是在一定的时间范围内不准从事公务员工作以及在此期间内不支付任何工资。警告处分在实施警告期限内，可以不予提升级别。某一惩戒处分实行后，有处分权者不能自由取消或变更处分。只有人事委员会或公平委员会的判定，或者法院的判决，才能取消处分。若惩戒处分生效后发现处分决定有重大而且明确的瑕疵，如法律适用错误、显著缺乏客观妥当性、明显违反基本事理、重大事实的认定有误等特殊情况时，可以取消处分并对同一事件进行新的惩戒处分。

2. 分限处理（身份变更）

身份变更的意义是为了确保公正有效率的行政运营，以保障公务员的身份为前提，在一定的原因下，造成违反公务员意愿的身份变动。即从违反义务而维持秩序的观点来看，与以追求道义责任为目的进行的惩戒处分不同。身份变更处理是在一定的原因下进行的，是对公务员进行“违反公务员意志”的处分。不违反公务员意志的处理，不属于身份变更。例如，劝奖退职等，是公务员自发的退职，公务员同意的降任或降薪处分，也不属于身份变更。日本《地方公务员法》规定，身份变更有免职、休职、降任及降薪四种。

分限免职是违反公务员意志的让公务员失去职务的处理；与惩戒处分相比，虽目的不同，但从失去身份的效果来看，与惩戒免职相同。休职是公务员在保有工作的同时，在一定期间不让公务员从事工作的处分；从不让从事工作这一点来看，是与惩戒处分的停职具有同样效果的处理。降任是指根据法令、条例、规则及其他规章，任命为现有的职务以下的职务的处理，或给予职级下降。降薪是指降低公务员薪金支付额度的处理，与惩戒处分不同，惩戒处分的减薪有一定的时间限制，过后将恢复到原来的水平。

日本《地方公务员法》第二十七条第一款规定，上述分限处理须参照一定客观标准作出决定，任命权者的自由裁量不得完全缺失事实依据，处分内容不得逾越社会常理。其中，勤务实绩不佳、因身心疾病对完成工作造成障碍或者无法胜任、缺乏正常履行现任职务的必要素质和能力、对于现任职务缺乏必要的适合性，以及由于职制或定员的更改、废止，或预算减少造成的废职或产生超员时可给予降职或免职处理。有身心疾病需要长期休养时、因为刑事事件而被起诉以及符合地方公共团体条例所规定的其他情形下，可违反公务员意愿，让其休职。而适用分限处理中的降薪的情形，则由各地方公共团体的条例来规定。

3. 赔偿责任

日本地方公务员执行公务中，若对有关地方公共团体或第三者造成损害，须根据《地方自治法》和《国家赔偿法》的相关规定承担赔偿责任。

根据《地方自治法》，出纳长或收入官，或者其辅助公务员、接受预支工资的公务员、负责动产保管的公务员、使用物品的公务员，有故意或重大过失，如其保管的现金、有价证券、物品或占有动产或使用的物品的丢失、损坏时，应该赔偿；预算执行公务员有故意或有重大过失、违法或怠慢法令规定的行为，给地方公共团体造成损害时，必须对其损害进行赔偿。地方公共团体的长官，若认为公务员有上述事项或行为，应向监察委员会申请调查，由监察委员会做出有无赔偿责任以及赔偿额度的决定，并且根据该决定命令相应公务员限期赔偿。对地方公共团体长官赔偿命令不服的公务员，可向相应上级长官提出复议申请。

根据日本《国家赔偿法》，地方公务员执行公务时，由于故意或过失违法而给他人造成损害时，地方公共团体负有赔偿其损害的责任。在此情形下，若公务员存在故意或有重大过失时，地方公共团体有权对其提出赔偿要求；若是因公务员轻微过失造成的第三者损害，仅由地方公共团体负担赔偿责任。

4. 刑事责任

日本地方公务员若违反公务员义务或有侵害法律和第三者利益行为时，要追究其刑事责任，受到刑事处罚。针对公务员的刑罚，分为作为公务员违反义务的行政处罚和刑法规定的处罚。对于行政处罚，主要针对前述的公务员义务的违反。如《地方公务员法》第三十四条第一款规定，地方公务员不得泄露因职务而知晓的秘密；第六十条第二款同时规定，对于违反规定泄密者，处以一年以下监禁或三万日元以下的罚款。

当公务员侵害了与工作有关的法律利益时，按《刑法》规定的处罚执行。根据《刑法》的刑事处罚分为职务犯罪和准职务犯罪。

职务犯罪，指地方公务员在执行公务时滥用职权等行为侵害了法律利益，即其行为虽是在行使职权，但是超过了正当的范围。日本《刑法》第一百九十三条规定，公务员滥用职权、让他人进行义务外的活动，或妨碍应该的权利时，处以两年以下徒刑或监禁；第一百九十四条规定，公务员中的警察执行公务或辅助公务者滥用职权逮捕或监禁他人时，处以六个月以上十年以下的徒刑或监禁。

准职务犯罪是与公务有关联的犯罪，指公务员的行为已脱离了正当的工作范围，而是公务员权限内的行为。准职务犯罪主要有公务员暴行凌辱和受贿两种。日本《刑法》第一百九十五条第一款规定，公务员中的警察公务执行者或辅助者在执行公务时，用暴力对待，或凌辱、虐待刑事被告人或其他人，处以七年以下徒刑或监禁。现职或将任职公务员收受或索要贿赂，或要求向第三者提供贿赂，或参与第三者受贿犯罪，根据日本《刑法》第一百九十七条的相关规定，视情节轻重，处以一年以上七年以下的有期徒刑。

第二节　制度的价值及其实现分析：心性的维度

“在一般的公共政策制定中，价值在法律和政策中得到了根本而具体的体现，在那里，价值不仅仅是哲学或理念的陈述。同样，公共人事管理的价值不是被简单地表述出来，而是通过各种人事制度具体地表现出来的。这些人事制度是法律、政策、规章和实践活动的集合体。借助于人事制度，人事管理的基本功能得以执行。简言之，这些制度都可以追溯到它们的价值基础。”① 从制度变迁的心的维度分析，制度是由价值根据所规划的功能要求进行设计的，随价值的变迁而变迁。价值对制度变迁的规划，主要外化为制度的“三性”上，即制度合理性、制度合法性、制度现实性。对于日本地方公务员制度的价值及其实现形式，集中体现在上述依据公共人事管理四大职能而进行的一系列制度安排。

一　日本地方公务员制度的主体价值及其实现

价值是一种偏好行为，是对道德、意义、灵魂的最高境界的诉求。它集中体现在人的价值上。作为地方公共团体人力资源管理与开发的制度体系，日本地方公务员制度的主体价值是日本传统价值观念与行政文化，同现代民主法治观念、公共管理价值观相互博弈后的结果，同样也体现为多元价值的彼此互融、妥协与共存，即所谓多元跨越与多元共生的统一。而作为政治制度的组成部分，日本地方公务员制度一方面秉承了现代公务员制度公开平等、竞争择优，以及政治中立、政策连续、功绩导向等基本价值观念和原则，注重政治回应、组织效率和效能、个人权利和社会公平价

① 克林格勒、纳尔班迪：《公共部门人力资源管理：系统与战略》（第四版），孙珀瑛等译，中国人民大学出版社 2001 年版，第 10 页。

值的实现；另一方面又“根植于本国的历史传统之中，具有浓厚的日本特色。这一方面主要表现为强调公务员的行政伦理思想，提倡忠顺勤勉、恪尽职守，下级对上级的绝对服从的等级思想，注重个人的人品操行，具有强烈的东方特征。……又带有改革发展的不彻底性，官僚等级制、身份制等与公务员制度的民主化格格不入之处”。[①] 除此之外，日本地方公务员制度还打破了欧美国家通行的政治与行政分离的价值原则，将因选举产生的官员也列入公务员行列。可以说，日本地方公务员制度是其传统文官制度与现代公务员制度有机整合后的新型的本土化的公务员制度，其主体价值主要体现在对公务员公民服务者的性质确定，以及对贯彻民主管理、保障公务员权利、实行科学化管理、保障地方自治等方面。[②]

日本《宪法》第十五条第二项规定，所有公务员，是全体国民的奉献者，不是一部分人的奉献者。《地方公务员法》第三十条规定，所有公务员，作为全体国民的奉献者为了公共的利益而工作，必须全心全力地履行职务。

在贯彻民主管理方面，主要体现在地方公共人事管理的分权化。地方人事委员会或公平委员会作为综合性的人事行政机构，拥有准立法权、准司法权和行政权，其中人事委员会是综合性的人事管理机构，而公平委员会则主要掌管与公平有关的事务。公务员的任命权则由分散于各个地方公共团体中的任命权者行使。其中，人事委员会或公平委员会根据法律、条例规定，制定人事管理规则，审查、判定和执行公务员的各种诉求和裁决公务员对处分的申诉，并监督任命权者任命、惩戒权力的运用，向议会提出制定、修改、废止公务员管理相关条例的建议，掌管公务员录用考试和选拔工作，向议会或公共团体长官提出公务员薪酬报告。此外，人事委员会或公平委员会还是公务员劳动关系的仲裁机关，并承担人事行政方面的调查、研究、规划等工作。任命权者行使公务员的任命、惩戒等直接人事权。在日本地方自治的体制下，任命权是分立的，任命权者的种类繁多，[③]

① 李和中：《比较公务员制度》，中共中央党校出版社 2003 年版，第 214 页。

② 此方面价值及其实现的制度安排，见本书第一章第一节的相关叙述——笔者注。

③ 日本地方公务员的任命权者包括都道府县知事、市町村长官、议会议长、选举委员会、代表监察委员会、教育委员会、都警察的警视总监和道府县警察本部长、市町村的消防长和消防团、地方公营企业管理者、地方开发失业团的理事长、市町村的农业委员会等。李和中：《西方国家行政机构与人事制度改革》，社会科学文献出版社 2005 年版，第 281—283 页。

通过互相牵制和平衡来抑制权限过于集中而可能带来的独断专行。同时，因任命权的分散，有可能导致同一地方不同公共团体的公务员待遇不一致，根据《地方自治法》第一百零八条第四款的规定，对各任命权者的权限进行综合调整和平衡，地方公共团体委员会或其委员在制定和修改各种规则时必须与地方公共团体长官协商，地方公共团体长官可以对公务员管理规则提出必要的建议和意见。民主管理还体现在地方人事行政机构的内部运作机制上，如规定地方人事委员会是合议制机关，其委员长处理事务必须依据委员会会议的集体意见。

对于公务员权利的保障，一方面通过设立上述中立和公正的专门的人事管理机构予以组织保障，另一方面也通过建立和适用公务员劳动关系的法律进行法制保障。除上述专门人事行政机构外，现业公务员的劳动关系和权利保障由劳动基准监督署承担，非现业公务员对应的劳动和保障权利由人事委员会或其所在地方公共团体长官行使。而各类公务员权利的法制保障则分别适用《劳动组合法》《劳动关系调整法》《地方公务员法》《地方公营企业法》等法律、法规和政令、条例。日本地方公务员的基本劳动保障权利包括劳动者的团体结社权利、团体交涉谈判权利和团体行动争议权。

对于科学化管理的实现，则表现为对人事行政机构管理者执业素质条件的认定，以及职阶制、成绩主义原则等。而地方自治保障的实现，则在《地方公务员法》第一条予以明确规定了为实现地方自治的宗旨，地方公务员制度，着重考虑和设计了适合多样性的地方公共团体的弹性人事制度，各地方公共团体享有自主、自决的人事管理最高权力。同时，地方公共团体及其公务员对地方公共事务管理和地方公共政策制定有着很大的影响力，特别是都道府县知事与市町村长因其对下属具有任命权，能通过自身的行政权力和人事权力主导具体政策的制定。

二 日本地方公务员制度合理性分析

制度合理性，主要指在一个以某种理念支持的制度系统内，其制度是否遵守该理念规定的“逻辑”，所表现出来的功能与价值是否与其“理念”具有逻辑上的一致性。如前所述，日本地方公务员制度的理念基石是公务员服务者的价值认同，以及民主管理、科学管理、保障公务员权利和保障地方自治。在人力资源规划、人力资源获取、人力资源开发、纪律与惩戒等具体制度的安排中，这些理念都能一以贯之、协调一致。

（一）人力资源规划制度的合理性

在日本地方公务员的人力资源规划制度中主要体现的是“公务员是服务者”的理念。

首先，在身份上，日本地方公务员已摆脱了明治宪法所规定的官员向天皇效忠的理念，而从法律和具体制度安排上明确了其全体国民服务者的身份。

其次，日本地方公务员已没有官吏与职员的身份区分。这种区分是源于战前的官吏制度，前者按有关公法选任就职，是本来意义上的官吏，后者则仅仅是参照对待。在现行的制度下，此种区分已没有实际意义。只是由于历史习惯，在某些法律中还会或多或少地沿用这种称呼及划分。如《地方自治法》第一百七十二条第二款将地方公务员区别为吏员和其他职员。对于过去在地方公共团体工作的人员，公法所确立的身份是吏员，而在私法上则是因雇用关系而被定为雇员身份。在现行地方公务员制度下，身份的区别已不复存在，而是采用以职务为中心的制度，吏员与其他职员的身份没有身份区别，只有职务及其权限的区分。当然，由于历史传统的惯性影响，某些职位只能由上述法律所界定的吏员出任，如地方公共团体长官、协助都道府县和市町村两级的财务总管工作的出纳员、地方征税官员等。

再次，公务员种类的划分基于其工作任务和工作性质，但都未改变全体公务员都是服务者的身份界定。地方公务员在作为全体国民的服务者的同时，也是一个自食其力的劳动者。作为服务者，地方公务员必须遵守和承担法律上所要求的各种服务义务；作为劳动者，依照按劳取酬原则，获得与其所提供的劳务相等的劳动报酬。

最后，作为服务者的地方公务员，必须为服务对象考虑，提高工作效率，追求投入产出效益的最大化。这突出表现在日本地方公务员的定员管理及其制度安排上。从地方公共团体自身来说，必须精简机构，减少多余人员，压缩经费，争取以最小的投入获取最大的效益。这要求地方公共团体从整体上防止编制膨胀、人浮于事，制定实施完善定员管理制度，使人员的进出，职位的设置有法可依，有章可循。20 世纪 80 年代以来，日本地方公务员人数快速增长，带来了巨额行政经费的刚性支出，使本不宽裕的地方财政面临更为严峻的形势。为应对地方公务员的无序膨胀，地方自治主管机构制定了地方行政改革大纲，提出改变由于国家政策造成地方被动地增加人员的现状，依靠地方公共团体建立人员规模的自我约束机制，政府可根据法律规定颁布《定员令》，同时坚持实施常年减编计划。一是由各地方公共团体自主制订并实施人员削减计划；二是以事务重组、部门精简、民间委托、办公自动化等为手段推动行政事务的改革；三是通过研修等活动，发挥公务员潜力，依靠高素质的公务员，提高工作效率；四是通过公务员退休减少录用人数，从总体上逐步进行有计划的削减。由此，日本成为世界上为数不多、用法律手段控制公务员总额，并实现行政编制“负增长”的国家之一。

（二）人力资源获取制度的合理性

日本地方公务员的人力资源获取制度集中体现了公平、公正的价值诉求和科学管理的理念。

首先，以成绩主义作为任用原则，保障公正和工作效率。一方面，公务员的录用和晋升等各方面以个人成绩作为唯一标准，克服了任人唯亲、政党分肥等弊端；激励公务员注重自身成绩，奋发向上。另一方面，提高行政机关的工作质量和效率，根据成绩唯才是举，使地方公共团体能够面向社会最大限度地吸收各种优秀人才，并根据成绩主义对其进行管理，保证其适才适用，保证地方公共团体行政机关在日益复杂和专业化的事务中保持活力和效率，为住民提供服务。此外，成绩主义原则还能保障公务员个人身份。录用或晋升考试成绩是其个人能力的有力依据，任何机关和上司都不能以自身的判断，或对其个人的不满，或利用其他借口，对公务员采取不利措施和处分。

其次，明确规定了不适合担任公务员的对象范围，保障了公共管理活动的公正性与高效性。日本《地方公务员法》制定了欠格条项，即缺乏作为公务员资格的条款，对不能成为公务员的对象作了明确的规定。一旦被列为该条项的对象，不仅不能参加公务员录用考试，即使是现任公务员也会自动丧失其已拥有的公务员资格。欠格条款所规定的不能担任公务员的对象包括禁治产人和准禁治产人，① 以及被判处徒刑而其刑期未满或未取消刑罚者，包括在监狱中被执行徒刑的服刑者及未满刑期的假释者和缓

① 这两类对象由家庭裁判所依法律程序认定，其财产需由监护人管理或经保证人同意才能处置的精神病患者、痴呆弱智者，以及已被宣告破产者——笔者注。

刑者；该地方公共团体受到免职行政处分，且从受处分之日算起未满两年者；作为人事委员会或公平委员会委员触犯《地方公务员法》第五章的规定而受到刑事处罚者；在日本《宪法》施行后，组建或加入主张通过暴力手段反对国家宪法或以宪法为原则成立的政府、政党及其他政治团体的组织的违宪者。

最后，一般职公务员“逢进必考”，保障公务员队伍素质。根据成绩主义原则，新任公务员和在职公务员都须经过竞争性或选拔性考试才能录用或晋升。

（三）人力资源开发制度的合理性

日本地方公务员的人力开发制度集中贯彻的是科学管理的理念。

首先，以多种多样的培训形式促进公务员素质的提高，进而提高行政效率。日本地方公务员培训总体上可分为职前培训和在职培训两大类。对于职前培训，也称“初任培训”，培训对象为本年度公务员录用或晋升考试合格者，有上级职考试及格人员培训、中级职考试及格人员培训、初级职考试及格人员培训 3 种，目的在于使培训对象了解自身的使命、责任、应具备的工作态度、方法、程序等，为正式任职打好基础。在职培训制度则更为翔实完善，针对不同人员分为 5 种：行政进修，目的是培养优秀干部，提高行政管理能力，因而对象为股长级和课长助理级人员，培训教师往往是学界、政界、经济界的专家；管理者研究会，由各部门课长级官员参加，主要形式为学习研究和共同研讨；行政官国内研究制度，也称研究生修士课程，由各地方公共团体推荐其高、中级公务员经考试到国内大学攻读学位，以获得高度复杂化、专门化的行政管理知识和技能；行政官驻外研究员制度，选派公务员到国外接受高级学术培训，学习国外高精尖技术；对经营管理人员的培训，注重经营管理技能的普遍提高，不强调专业方向的发展。此外，从 1990 年起，日本又制定了民间派遣研修制度，即把公务员派遣到民间企业里，以学习民间企业的高效率的管理作风和积极灵活的思维方式。

其次，注重培训的实用性、层次性、系统性和灵活性。培训与实际工作紧密衔接，规定公务员培训内容必须是与其现任职务或预计今后将任职务和责任有密切关系的知识和技能等，其中行政管理类课程所占比例较大，着重行政能力的提高。对高、中、低不同层次的公务员有不同形式和内容的培训，上下衔接、前后一致，使培训贯穿公务员职业生涯的始终，其中尤为重视高级公务员的培训。培训具有较高的效率，在形式上种类繁多，在方法上形式多样，有共同研修、个案探讨、讲座、实践等多种方式。

最后，工作成绩评定注重公平性和科学性。日本地方公务员的工作成绩评定尽管是一种上级对下级的评价，不需要群众讨论，采用逐级授权考核、分层负责的机制，但仍须制定严密的实施规程，设计适当的考核表，通盘考虑本部门公务员人数、职务种类、责任程度以及协作精神等因素，以尽量防止成绩评定者的主观武断。成绩评定一般在机关内部相对较小的范围秘密进行，考核项目伸缩性大，成绩评定结果由主管长官掌握，不公开，保护公务员隐私和积极性。注重结果与实际工作的紧密结合，采用多种结果处理方式发挥其激励导向作用，如将评定结果记录存档，对公务员在心理上造成威慑效应，或通过表彰、奖励机制，来获取整体认同，或采用适当行政、经济措施体现成绩评定结果对公务员自身利益的作用。为做好成绩评定工作，日本地方公共团体要对公务员实绩进行深入调查、了解和分析，尽可能做到客观量化，并以法律规范的形式形成制度。

（四）纪律与惩戒制度的合理性

日本地方公务员的纪律与惩戒制度集中体现了对公务员权利的保障。

首先，分类保障公务员权利。对于适用《地方公务员法》的一般职公务员，按照劳动基本权的适用程度，分为三类。

第一类，从事一般行政事务的公务员及教育公务员。此类公务员在争议权方面受到禁止。在结社权方面，不适用于面向民间劳动者的《劳动组合法》，而只能是参加遵从《地方公务员法》规定的公务员团体。这种公务员团体与民间劳动组织不同，在功能上受到法律的多方面的限制，因此不具备工会的性质，只能称为团体。在团体交涉权上，法律上允许公务员团体与地方公共团体的有关当局进行交涉并提出要求，但不能与地方公共团体签订团体协约。

第二类，地方公营企业的公务员及单纯劳务公务员。此类公务员在工作内容上与民间从事相同职业的劳动者基本类似，因此，除争议权外，其他劳动基本权利与民间的劳动者基本相同，其可以根据《劳动组合法》组织劳动组合（即工会），与作为工作单位的地方公共团体在通过谈判交涉后，签订有关工作条件的团体协约（劳动合同）。与民间劳动者不同的是，当双方所签协议与地方公共团体的有关条例或财政预算有冲突时，须经行政当局采取措施进行必要调整后才能生效。在民间劳动者所享有的团体争议权（即罢工、怠工）方面，由于此类公务员所从事的职业具有公共利益性质，在法律上不予认可。例如地方公共团体所属的交通（如公共汽车）、市政（如自来水、下水道）单位公务员禁止参与劳动争议活动。除上述公务员外，还有一类与公营企业公务员工作性质相类似的公务员，在《地方公务员法》中被称为单纯劳务公务员（如行政长官的专职驾驶员、门卫等），其大致可与地方公营企业公务员归为一类，可按《地方公务员法》的规定组成公务员团体，或按《劳动组合法》成立劳动组合（工会），但此类公务员人数不多，并且分散在不同机关中，因此，在结社权与团体交涉权方面的适用程度一般与所在工作单位的其他公务员同等对待。

第三类，警察及消防员。此类公务员由于其工作内容涉及公共秩序和国民安全，必须以高度的组织纪律性来保证其执行公务，因此，不仅争议权而且结社权也受到限制。也就是说，此类公务员不但罢工、怠工等被禁止，在组织公务员团体方面也不允许。其中消防员的范围不仅包括救火救灾、医疗急救的一线公务员，也包括在都道府县一级地方公共团体内从事与急救业务有关的吏员和其他公务员。

其次，赋予公务员以结社权，通过公务员团体这种形式来保障法律允许的权益。作为依据法律允许的结社权利而成立的地方公务员团体，虽然由于其职业的公共性质在各个方面的权利相比民间劳动者受到某些限制，但作为劳方——地方公务员与行政当局就自身权益进行交涉的代表，其存在及扮演的角色，具有现实意义与价值。但是，团体的设立和运营被严格地限定在工作条件的维持和改善的范围内。所谓工作条件，是指职员的工资津贴、工作时间以及行政当局所提供的劳动条件。超出这一范围进行其他目的（社交目的、文化活动目的）的活动，不符合职员团体设立的目的，不为法律所认可。如果从事具有政治目的的活动，则参与活动的职员将会因触犯政治行为限制的规定而受到处罚。

再次，赋予公务员以交涉权，对公务员的权益损害进行法律救济。在地方公务员团体中，能够与地方公共团体或行政当局交涉的团体，按其工作条件的决定方式有两类，一类是公务员团体，该团体组成人员为一般职公务员，由于其工作条件已由地方公共团体的各种条例作出明确规定，所以，在交涉范围中不得涉及与地方公共团体或行政当局签订的团体协约事项；另一类是劳动组合，组成该组合的地方公营企业职员和单纯劳务职员，其各项工作条件中只有劳动所得的种类和基准由条例规定，其他方面可经由劳使双方通过磋商协议再确定，因此原则上可与有关当局就其他工作条件签订团体协约。此外，《地方公务员法》规定，不论公务员是否属于公务员团体，都有对有关事项表达不满或提出意见的自由。有关事项包括公务员的工资津贴、工作时间和其他工作条件，以及包括社交或福利性活动的合法活动事项。所以，在条件具备的地方公共团体，按条例设置申诉处理机构或处理制度来消解公务员的不满和意见，是行政当局与公务员之间沟通、融洽双方关系的有效途径。

最后，公务员不享有劳动争议权，但为因争议行为所受到行政处分的公务员提供了法律救济渠道。《地方公务员法》规定，职员不得采取集体罢工、怠工或其他有争议行为，或者采取使地方公共团体工作效率下降的怠业行为，任何人不得筹划、共谋、唆使或煽动上述违法行为。这些行为也就是争议行为。对于因争议行为而受到解雇等行政处分的公务员，可向人事委员会或公平委员会提出复议申请或进行申诉。

三 日本地方公务员制度合法性分析

制度的合法性不仅来自正式的法律或命令，更主要的是来自根据有关价值体系所判定的、由社会成员给予积极的社会支持与认同的制度规范的可能性或正当性。就作为政治制度组成部分的地方公务员制度而言，其合法性主要体现为政治权威所制定的制度法规。

首先，日本地方公务员制度的各项原则、理念都来自作为国家最高法律规范的宪法。换言之，日本地方公务员制度的具体内容，是宪法所规定的基本原则、理念的具体化与操作化。如日本《宪法》第十五条第二项规定，所有公务员，是全体国民的奉献者，不是一部分人的奉献者。与之相对应，《地方公务员法》第三十条规定，所有公务员，作为全体国民的奉献者，为了公共的利益而工作，必须全心全力地履行职务。又如，《宪法》第二十八条规定了劳动者的劳动基本权，公务员虽然也属于劳动者，亦享有相应权利，但因其作为全体国民的奉献者这一特性所决定，与一般私有企业的劳动者相比受到不同的制约。根据上述宪法精神，作为服务者的地方公务员，必须承担职务上和身份上的义务。另外，宪法规定了地方自治的基本原则，要使地方自治的保障具体化，同时确保地方公共团体的人事行政的自主性，对于地方公务员的身份保障、服务、奖惩、职员团体制度等基本事项由立法机关制定法律进行规范，有关人事行政具体实施的事项，由地方公共团体自主立法以条例、规则等方式规定。

其次，日本地方公务员制度的具体内容由拥有立法权和准立法权的机关通过法律及法规性规范的形式确立。就目前状况而言，已形成了较为完备、协调、一致的法律与规则体系，对于公务员制度所包含的各方面内容都有较为详尽的明确规范。有关日本地方公务员制度的法律体系，参看本书第一章，此处不再重复。

四 日本地方公务员制度现实性分析

制度现实性主要表现为任何制度都必须具有实际的可操作性和可运作性，不能仅仅停留于理论图景中。前述的各项日本地方公务员制度的内容具备很强的可操作性和可运作性。

首先，分类标准明确，易于操作。对于一般职与特别职的区分，《地方公务员法》第三条第二项列举了属于特别职的 4 类人员，除此之外的其他公务员都属于一般职。同时对于无法明确判断是属于一般职还是特别职的，由地方上的有关任命权者确定。对于一般职中的常勤公务员与非常勤公务员，则以其工作时间来进行判定。对于一般职的职种，现业与非现业公务员按其工作的事务所，以及事业所的业务内容来进行划分。因公务员分类不同，对其适用的法律规范不同，薪酬、福利、权利、义务等也不尽相同，因此，明确的划分标准是公务员制度得以顺畅运作的首要前提。

其次，各类公务员法律关系明晰。一般职公务员适用《地方公务员法》，其工作条件、劳动雇用关系由该法确定。企业职员、特定地方独立法人的职员、单纯劳动职员由《地方公营企业法》（昭和 27 年法律第 299 号）及《地方公营企业等的劳动关系相关法》（昭和 27 年法律第 289 号）决定。对于现业公务员，适用《特定独立行政法人等的劳动关系相关法》。具体来说，地方公共团体进行的事业中，为了运营除简易水道事业外的水道事业、工业用水道事业、轨道事业、自动车运送事业、地方铁道事业、电气事业及天然煤气事业（这里统称地方公营企业），该地方公共团体设置了管理者，执行管理者权限的职员称为企业职员。企业职员属于地方公务员，其任用、分限、惩罚、服务等服从一般职的地方公务员的基本规则。但是，企业职员从事的是独立核算的企业活动，与从事行政的性质不同，因此还适用《地方公营企业法》《地方公营企业等的劳动关系法》，上述法律没有规定的部分，适用《劳动组合法》（昭和24年法律第174号）、《劳动关系调整法》（昭和21年法律第25号）的相关规定。简易水道事业的一般职地方公务员，适用《地方公营企业等劳动关系法》。单纯劳务职员属于地方公营企业以及特定地方独立行政法人工作的一般职公务员适用《地方公营企业等的劳动关系法》。《地方公务员法》第五十七条规定的一般单纯劳务职员，根据《地方公营企业等的劳动关系法》附则第五项的规定，其劳动关系适用该法及《地方公营企业法》第三十七条（职阶制）、第三十八条（工资）及第三十九条（地方公务员法的适用除外）的规定。

再次，公务员考试、录用、晋升、转任、派遣、离职，以及工资、津贴、福利保障等的规定周密详尽。对于试用期录用方式，明确规定了期限及试用期间新公务员的身份、待遇等。如，试用期不低于六个月，确有必要可延长至一年；试用期公务员与正式公务员一样需遵守服务义务，违纪者同样要受到行政处分，享有与正式公务员相同的工作条件，有权提出对工作条件的改善要求，可加入公务员团体；试用期公务员对不利于自己的处分虽可提出行政诉讼，以求取消处分或宣布处分决定无效，但不享有正式公务员所具有的对行政处分提出不服申诉的权利。临时性公务员最长任职不得超过一年。对于晋升，有资格参与晋升考试的仅限于地方公共团体人事机关确定的编制职位上现任的正式公务员，临时性任用和试用期中的公务员不具备晋升考试的应试资格。对于降职、转任、派遣，规定了相应的具体条件或情形，以及具体的操作程序。对于非常勤公务员，具体规定了其工作时间、编制、薪酬待遇等。① 对于退休，具体退休时间甚至精确到了小时。②

最后，纪律与惩戒措施严密、具体、精确。例如对泄密行为的处罚，

---

① 非常勤地方公务员，每周工作时间不超过常勤职员的四分之三，不受定员限制，只领取工资报酬，不享受其他各种津贴，不能参加公务员的互助团体和不享受灾害补偿，不享受其他公务员所享有的休假等待遇。

② 按照惯例，每年地方公共团体只在3月31日办理一次退休手续及仪式。如果公务员到龄日为3月30日，则次日为该公务员的退休日；如果公务员的到龄日为4月1日，退休日则为次年的3月31日。退休时刻为退休日的午夜24时，如果在此之前因公伤残，仍可享受公务灾害补偿。

从事有关地方税调查事务的现职、离退职人员泄露职务秘密的，将被处以2年以下徒刑或3万日元以下罚款；担任统计主事等指定统计调查事务的人员、统计调查员或曾参与调查的人员泄露职务秘密的，将被处以1年以下徒刑或5000日元以下罚款；担任过儿童商谈所的商谈员、调查员、裁判员等职务的人员泄露职务秘密的，将被处以6个月以下徒刑或10万日元以下罚款；医师或药剂师泄露职务秘密时，将被处以6个月以下徒刑或5000日元以下罚款。

第三节 制度的两重性分析：人（社会）的维度

由于人是处于物（技术）与心两个维度之间的生物，由其主导的并规范人的行为的地方公务员制度必然带有两重性，而从人（社会）的维度分析制度的具体内容，则需要从物性、心性，以及二者的妥协三个方面入手。就日本地方公务员制度而言，物性表现为刚性的制度安排，心性表现为柔性的制度安排，而两重性则集中体现在其特例制度上。

一 物性：刚性制度

从“物性”上看，制度都是适应社会的需要而产生的。社会需要作为不为人的主观意志所决定的客观存在，体现在具体制度安排上，就是制度中的刚性规定。本章第一节所述的各项制度都可算作刚性制度的具体内容，并集中体现在以下7个方面：

其一，公务员类别的刚性区分。如前所述，日本地方公务员总体上可分为一般职与特别职两类，其区分标准一是是否实施成绩主义原则，二是是否属于终身制。一般职公务员实施成绩主义原则，并属于终身制，特别职则相反。而对于一般职公务员，区分其属于现业还是非现业，则依据其服务处所的性质；区分常勤与非常勤，依据其工作时间；区分职种，则依据其所在行业。此种种区分，又因前述的制度现实性，而显示出具体、精确的特征。

其二，公务员工资与津贴的刚性规范。由于日本地方公务员职阶制只在任命与薪金问题上对照职位分类方法进行，职务级别与相应工资等级一一对应，因此，公务员工资及其定级、晋级、晋薪缺乏弹性，公务员若不能获得职务晋升，则只能依靠服务年限的增长提高工资号级，或享受定期的正常晋薪。即使是正常晋薪，若已升至本级工资的最高一号，想要通过级外晋薪的方式涨工资也有十分严格的限制，即第一次级外晋薪需达到本级工资最高一号后 18 个月，以后每次须经 24 个月，而对 58 岁以上的职员一般不进行级外晋薪。受到荣誉表彰、研修成绩优异或即将退休时享受的特别晋薪，则有明确的比例限制（在职人数的 15% 以内）。当然，刚性规范也不全是消极的，如共济基金的规定，虽强制公务员及其服务团体按期定比例缴纳，但却是对公务员福利的极大保障。又如灾害补偿制度，虽也表现为刚性规定，却也能有效补偿公务员因公务活动所受伤害，使之无后顾之忧。

其三，刚性的津贴计算方法。以退职津贴为例，主要依据公务员退职时的月工资和连续工龄两个参数进行计算。月工资是指公务员退职当月的工资额，如以日工资额表示，则为该月工资数额除以 21 日所得的数额。连续工龄以年为单位计算，如公务员的就职时间没有中断，则工龄为从就职开始的月份连续计算到退职时的月份；如公务员在就职期间转任人事关系隶属不同的国家公务员系统或其他地方公共团体的职务，公务员工龄可以在全国范围内统一通算；如公务员在就职期间因资格变更或行政处分而被休职、停职，或者因育儿申请休假，在休职期达 1 个月以上的情况下，其休职、停职期间的工龄按折半计算；公务员受许可在公务员团体中作为专职工作人员时，此段时间不计入连续工龄之中。以上方式计算出的月数在转换为年数时也采用四舍五入的原则，在尾数为 6 个月以上又不满 1 年时按 1 年计算。

其四，定员管理的刚性制度。如前所述，地方公务员的定员管理虽未采用中央政府每年削减 1% 的刚性指标，但其制度的持续推行却毋庸置疑。而此刚性制度的推行，则有赖于采用类似团体比较法或定员模型法来确定各个特定地方团体的编制额度。类似团体比较法，是以该团体所在区域内各产业从业人口的比例划分为基准，将全国市町村划分为 121 个类型（市分为 36 个类型，町村分为 85 个类型），通过统计学方法计算出各种类地区每万人口应配的公共团体公务员数的系数值，形成区域类别、系数值、标准公务员数相对应的一整套表格。各地方公共团体可在该表格中按区域类型查出对应的系数值，通过固定公式的计算，将所得的定员标准数与本团体已配公务员数或欲配公务员数进行比较，以衡量或检验人员数量配备是否适当。系数值分为两类：一类称为单纯值，在计算整个团体公务员标准定额数时使用；另一类称为修正值，在团体中某一部门因某种原因无须配备公务员从而应对整个团体公务员总数进行调整修正时使用。定员模型法适用于都道府县、市町村等各类规模的地方公共团体。模型建立所采用的与职员总数密切相关的各种参数类似团体比较法，通过回归方程将人口、户数、面积、就业人数等进行多次回归试算，然后再将试算出的标准公务员数与现有公务员数进行比较。

其五，“逢进（晋）必考”的刚性原则。作为现代公务员制度的支柱，选录新公务员或更高职务公务员都必须采用竞争性考试或选拔性考试，以体现公开平等、竞争择优的价值追求。此刚性原则的实践证明，它有助于公共部门选贤举能、广开才路，有助于提高公务员的素质，有助于树立公务员的竞争意识，培养其不断进取的精神，适应行政管理工作日益复杂和专门化的需要，以达到提高行政效率的目的。

其六，公务员录用、晋升、降职、转任、派遣、离职、退休的刚性规定。对于录用，除必须坚持通过公开考试录用外，新任公务员还需进行规定期限的试用；晋升的对象则严格限定为在岗正式公务员；降职则明确规定了属于降职的一种以及不属于降职的三种情形；对转任限定采用轮岗方式；派遣公务员到公益法人工作，通过职务命令的强硬方式；海外派遣则必须征得本人同意；失职可违背公务员本人意愿，并不需与之进行沟通就可做出决定；退职则是任命权者下达行政命令后才能生效；退休则是有刚性的年龄界线，到线就得在规定时间内办理退休手续；特别职人员则是任期届满离任。

其七，公务员伦理操守的刚性规范。每个公务员必须承担职务上和身份上的义务，包括服从职务命令的义务、专心从事职务的义务、保守秘密的义务、保持信用及名誉的义务。依据相关规定，日本地方公务员参与政治活动、选举活动，以及经营营利性企业等方面都有极为严格的限制。如地方公务员不得参与政党及其他政治团体的组建。其中，对于“政党”的定义是，促进、支持或反对某些政治上的主义或政策，或者以推荐、支持或反对公职的候选人为根本目的的团体。政治团体的支部被认为是一个政治团体，所以同样禁止结成政治团体的支部。其次，“结成”不仅是指企图组织新的团体，也指使既存的团体带上政治色彩。“策划”是指作为发起人（策划人），起草这些团体的规约、纲领等，或召集为了结成作准备的会议，对政党发起人制定规约提供建议，帮助发起人成立准备委员会，包括对这些行为提供劳力、资金等一切援助行为。另外，因公务员的特殊身份，他们不得组织或参加罢工，也不得筹划、共谋、唆使、煽动罢工，否则有可能受到开除的行政处分，甚至可能受到刑事处罚，并可能承担相关的赔偿责任。

二　心性：柔性制度

从心性上看，它是隐藏于行为、制度背后的看法、观念和思考，若分析制度的心性，则体现为人们对具体制度安排的情感态度、价值判断和主观理解。作为人所设计的“管人”的公务员制度，其心性的表现主要体现在相关刚性制度下，对相对人的人文关怀，以及相关制度安排上的柔性，即采用具备弹性和灵活性的处理方式。日本地方公务员制度，虽以刚性制度为主，但在某些局部的具体制度安排上，还是体现出柔性的一面。

其一，公务员身份的长期保障。一般职的公务员，原则上须经考试后录用，录用后的各种待遇基本上按照工作实绩进行相应调整，并且被正式录用后，其身份保障十分可靠，没有特殊原因一般不会下岗离职。

其二，公务员退职津贴中的柔性制度安排。按照日本《劳动基准法》规定，雇用方在解雇受雇者时，至少要提前30天告知被解雇对象，如果没有按规定给予预告，雇用方应将该受解雇者30天的日工资作为未受退职预告的退职津贴，附加于受解雇者应领取的常规退职津贴之中。地方公务员的劳动者身份也使之必须按照《劳动基准法》执行。公务员虽然不是适用于《民间雇用保险法》的保险对象，但是公务员因离职而造成的失业时，若其离职时从地方公共团体领取的退职津贴低于《民间雇用保险法》中所规定的保险费支付数额，地方公共团体应以失业者退职津贴的形式，向离职者支付这一差额作为补助金。这种情况也适用于因重大过失而受到免职行政处分的公务员。因受到该种处分的公务员按规定不予支付退职津贴，为保障这类公务员最基本的生活，地方公共团体应向其支付失业者退职津贴。

其三，公务员退休制度中的柔性制度安排。一般来说，公务员年龄到线必须退休，但因工作需要，也可延期退休。延期退休一般以一年为期，如工作需要，经批准可延续，但最长不能超过3年（从公务员退休日的次日算起）。可延期退休的情形有三种，一是需要该到龄公务员的专业技能和工作经验；二是该到龄职员所任职位的空缺一时无法补充；三是公务员更替会影响工作。同时，地方公共团体为避免延期被广泛使用而引起退休制度的混乱，人事部门对后续人才进行超前安排，形成后备梯队，顺利正常地实现新老交替。

其四，公务员福利中的柔性制度安排。在福利方面，非常勤公务员一般不参加地方公务员的共济组织，不享受公务灾害补偿，但是在某些例外情况下，可以参照套用常勤公务员的规定，如非常勤公务员连续 12 个月每月工作在 22 日以上时，在共济互助和公务灾害补偿上可按常勤公务员对待。

其五，公务员职务流转中的柔性制度安排。日本《地方公务员法》对公务员应受降职处分的事由作了具体规定，规定一方面明确了公务员由于这些事由造成工作的失误或不能正常履行职务时，必须受到与公务员本人意愿相违的职务和工资的下调；另一方面也表明对公务员个人身份的保障机制，即只要不是规定中的事由，任何人或机关都无权对公务员采取违背公务员个人意愿的处分行为，也包括降职行为。派遣到海外任职的公务员，必须是在本人同意的前提下，并且不受定员制约束；派遣期间公务员的提薪晋级不受影响，可连续计算工龄，派遣任务结束后能迅速给予复职；受派遣公务员在派遣地的工作视同为原派遣单位的公务；如遇工伤等事故，在补偿上与国内同等享受；如在派遣地负伤或患病，回国后不能上班，与国内发生相同情况同等对待；如因此退职，退职津贴比正常退职时增加 50%。

三　两重性的妥协：特例制度

人（社会）的两重性通过建立个体认知、行为与制度发生关系，制度不仅是客观、外在约束，而且还是充分认知内涵的主观、内在约束。或许可以说制度是物性与心性的妥协产物。公务员制度同样是人（社会）的两重性的妥协产物，而在日本地方公务员制度中，这一妥协集中体现为各种以特例形式出现的制度安排上。

其一，退休制度的特例。公务员退休后原则上一般不能被重新任用，但在退休条例特别规定的情况下，对于到龄退休的或经延期退休的公务员，经许可可通过一定程序对其进行再次任用。重新任用期限，与延长任期同样，一般期限为一年，如工作需要，经批准可延续，但最长不能超过

3 年（从公务员退休日的次日算起）。重新任用的手续较为简单，不需要进行竞争考试，一般通过考核即可录用，重新任用期满后，被任用的公务员自动失去其所拥有的公务员身份。退休后重新任用要有两个必备的具体条件，一是退休公务员在职期间保持着良好的工作记录；二是地方公共团体开展的行政活动存在对退休公务员的专业知识和工作经验的需要。

其二，服从职务命令的特例。由都道府县公共教育经费负担的教职员的勤务条件由都道府县的条例规定，其任命权在都道府县教育委员会，由其身份所在的市町村教育委员会监督其服务情况。该类教职员在完成任务时，服从法令、该市町村的条例及任免、分限、惩戒有关条例，必须忠实服从市町村教育委员会及其他职务上的上司的职务命令。因此其服从职务命令的义务不是如其他公务员那样指向其职务上的上司，而是指向其身份上司。

其三，政治行为限制的特例。地方公营企业职员、单纯劳务职员虽然属于地方公务员系列，但由于其从事的工作不是一般意义上的行政事务，工作内容与民间企业大体相同，所以其中除少数根据政令要求，由地方公共团体长官直接任命的高职位职员外，其余人员均不适用于《地方公务员法》中关于政治行为限制的规定，即可根据个人意愿参加前述的各种政治性活动。公立学校教育公务员的工作性质较为特殊，是以从事教育的形式来体现其服务全体国民的重大责任和义务。所以，为确保教育政治中立性，对其在政治行为方面的限制要求更为严格，不仅在《地方公务员法》中对其政治行为进行了规范约束，而且参照执行限制更为严格的国立学校教育公务员的各种法律、条例。对于一般公务员政治性行为的限制只在其服务区域有效，而对于公立学校的教育公务员的限制在任何区域都有效。但国立学校教育公务员在违反政治行为的限制时，适用于刑事处罚的规定，而地方公立学校教育公务员与其他一般地方公务员一样，只成为行政处分的对象。

其四，从事营利事业限制的特例。教育公务员与普通职公务员不同，可在营利企业等中从事与教育相关的事务。即若任命权者认为其兼任有关教育的其他事业或事务不会影响本职工作时，可以接受兼职工资。对于教育公务员设立此项特例，一是教育公务员实际授课时间并不占满其全部工作时间，二是由于公立或私立学校教员之间互相进行交流的社会期望强烈。另外，教育公务员从事与教育有关的其他事业，能够使教学技能更加熟练，同时还考虑到这样有益于大学教授将其专业知识进行广泛灵活的应用。

其五，分限处理与惩戒处分的特例。大学的学长、教员及部局长，如果不是依据大学管理机构审查的结果，不能进行违反其意愿的免职或降职。对于这些职员的免职、休职及复职，必须由大学管理机关提出，由任命权者执行。大学以外的学校校长及教员由于疾病需要长期休养而休职的，休职期限原则上可以延长到两年，任命权者认为特别需要时，还可以延长到三年。对于这些休职者在休职期间支付全额工资。大学以外的公立学校的事务员也同样处理。县费负担教职员、属于市町村的公务员，任命权者是都道府县教育委员会，所以其分限处理也规定了特例。即都道府县教育委员会针对县费负担职员进行分限处理时，应该根据市町村教育委员会教育长的申请建议进行处理。县费负担教职员所属学校的校长，对这些公务员分限，可以向市町村教育委员会提出建议。县费负担教职员的分限手续及效果的有关条例，由都道府县制定。根据《灾害对策基本法》派遣的公务员，接受派遣的地方公共团体的任命权者不能对其进行分限处理。惩戒处分也设有相同的特例制度。

第四章

日本地方公务员制度的改革

日本地方公务员制度的改革，与国家公务员制度的改革一样，其历程实际包含了两个历史阶段。第一个阶段的改革，伴随着战后国家经济重建与政治体制重构，以推翻向天皇效忠的官僚体制、建立现代公务员制度为主要内容，体现为外力强制作用下的改革。第二个阶段的改革，则自20世纪80年代开始，因发达的经济、科技及社会发展水平，催生了对公务员制度调整自身结构、适应环境需求变化的诱致性因素，并推动日本公务员制度改革的进一步深入。

制度的变迁过程实际上就是物、心、人（社会）三个维度此起彼伏，相互作用、相互影响的过程。基于此，笔者将日本地方公务员制度第一阶段的改革定性为强制性制度变迁，而第二阶段的改革则属于诱致性制度变迁。从物、心、人（社会）三个维度进行分析，经济与社会环境的变迁、文化传统与社会价值观念的变迁，以及这二者彼此的交融所产生综合效应，都迫使或推动了制度的随之变迁。当然，所谓强制性与诱致性并非绝对，在第一阶段的强制性制度变迁过程中，有某些诱致性因素配合；在第二阶段的诱致性制度变迁中，最终还是借助了政府命令等强制性力量来推行改革。

第一阶段的制度变迁，强制性因素是主要推动力量。从物性的维度而言，战后日本经济凋敝、科技落后，作为战败国被迫接受战胜国和占领当局对政治、经济的控制，乃至整个社会运行模式的改造。因此，日本公务员制度与日本政治体制和经济体制一样，以美国相应制度为蓝本进行设计和安排。从心性的维度而言，表现为对军国主义反感与摒弃，以及对明治维新所推崇的自由、民主等西方价值观念的“回归式”认同和秉持。在人（社会）维度，则从天皇（君）权神授、君为民（臣）纲、官与民的制度关系转变为以民为主的关系，公务员在法律上被定义为全体国民服务者。该阶段公务员制度变迁的模式主要是由社会与人关系的变化到物的变化、心的变化。制度首先是以外部强力改变当时天皇与国民的关系，公务员由对天皇的绝对效忠和依附关系转为对国民的服务与被服务关系，这就规范了公务员的身份和行为，对社会发展起到推动作用，得到国民的认同，使制度自身的发展趋向完善。

第二阶段的制度变迁，则由物的变化导致人（社会）的维度的变化。日本公务员制度从实现第一次变迁后，一方面成为推动日本社会和科学技术发展的车轮之一，另一方面发达的科学技术和社会环境，又对公务员制度提出不断的新的要求，这些要求到了一定阶段，必须对现存的公务员制度进行改革，重新调整和树立官民关系。本章将重点讨论这一阶段制度变迁的动因和内容。

第一节 日本地方公务员制度改革的三维视角分析

日本地方公务员制度的第二阶段制度变迁，始于20世纪80年代。从物的维度而言，进入20世纪80年代以后，日本经济发展水平已步入发达国家行列，但也面临着经济增长变缓、财政巨额赤字，以及政府行政机构膨胀的严峻形势。从心的维度来说，社会价值观的西化，以及日本从国家领导者到普通民众所普遍持有的实现真正的“脱亚入欧”的梦想，使得社会对于整个政治体制，以及公务员制度的价值期望逐步贴近欧美国家。另外，频发的政府官员渎职丑闻，以及政府应对泡沫经济崩溃不力，致使社会对官僚主导型的政府体制出现信任危机。从人（社会）维度看，物与心两个维度的变迁，使得公务员必须真正摆脱“官僚”身份，真正建立以民为主的官民关系；除此之外，世界政治的变化也使得原有集权型中央、地方体制无法适应，转而推行地方分权改革。地方公务员制度也与这些国际、国内社会大环境，以及地方、地域小环境变化一致，迈开了改革的步伐。

一 物性的维度：环境变迁的推动

从物性的维度分析，如果仅着眼于对日本地方公务员制度第二阶段制度变迁产生直接推动作用的环境因素，那么20世纪80年代开始的行政改革就是其制度变迁中最具决定性的物的因素。日本的行政改革，特别是20世纪90年代桥本内阁的行政改革，是对战后“现代日本行政体制乃至近代以来形成的官僚制度进行一次全面而彻底的改造”。[①] 其中，地方分权改革是重点内容。在“全面而彻底”的行政改革以及地方分权、变“集权—融合型”体制为“分权—融合型”体制的宏观背景下，日本地方公务员制度也由之推动而发生了重大的变迁。

（一）行政改革强力推动地方公务员制度变迁

1. 日本战后至20世纪70年代末行政改革的基本历程

（1）1945—1954年的行政改革，其特点与美国占领政策有关，是形成战后民主改革的时代，可分为三个阶段：

第一阶段（1945年8月—1948年10月），制定新宪法，从民主化的观点出发，对明治维新以来的政治行政制度、行政机构及其人员进行彻底改革，开始执行为国民全体服务的公务员制度，建立地方自治的制度，设置劳动省（1947年9月）、临时人事委员会（1947年11月）、人事院（1948年12月）等有关劳动和公务员制度民主化的机构，并公布、实施了否定中央和地方公务员的团体交涉权和争议权的第201号政令。

第二阶段（1948年10月—1951年5月），在紧缩财政的方针指导下，进行以“整顿和简化”为主的行政改革。1949年6月根据《国家行政组织法》制定了各省厅的设置法和行政机关定员制，要求行政机构和人员要缩减30%（警察职员、检察职员、刑务职员和学校职员除外），并采取行政事务精简化措施，采用1949年8月的劝告，使中央和地方的行政事务分配明确化。

第三阶段（1951年5月—1954年12月），在从占领体制中脱离，为建立自立、自主体制而进行制度改革。1951年9月8日日本签订《旧金山条约》，实行租税特别措置，进行财政投资和融资，设立地方自治厅。废除国家、地方警察和市町村自治体警察建制，颁布《都道府县警察法》，在中央设置警察厅。

（2）1955—1964年，适应经济增长的行政改革。伴随经济的高速增长，1961年11月设置了第一次临时行政调查会，提出的改革目标包括：

---

① 李和中、陈广胜编著：《西方国家行政机构与人事制度改革》，社会科学文献出版社2005年版，第264页。

提高公务员精神，强调行政的高效化、民主化，抑制行政机构的过度膨胀，强化地方自治。

（3）1965—1974 年的行政改革。这一阶段主要是实施第一次临时行政调查会的建议，进行务实的行政改革，在处理公害、国际经济动荡、第一次石油危机以及物价上涨等问题的同时，对行政机构、特殊法人进行调整，缩减行政部门，简化许可事务，改善行政手续，推行行政效率化、合理化，实施定员削减计划等措施，并对各省厅派出的地方分支部局、地方政府机关的机构编制实行合理化改革。

（4）1975—1980 年的行政改革。主要是抑制行政规模，制订了第三次和第四次定员削减计划，以及公务员人事管理及特殊法人合理化的政策、措施。

2. 始于 20 世纪 80 年代末的新一轮行政改革及其对地方公务员制度提出的改革课题

日本 20 世纪 80 年代的行政改革，是以摸索解决财政赤字对策为中心，在第二次临时行政调查会（1981 年成立）的主导下进行的改革。当时，日本国内与国际形势发生了很大变化。在国内，国民生活多样化、政治参与意识增强，与此同时，人口的高龄少子化，个人、家庭及团体的自主性的低下等社会问题，迫切需要充实社会保障制度，解决财政赤字，再建财政，并实行行政的地方分权化。就国际环境而言，世界政治、经济的不稳定性，使对外政策复杂化，对公务员的素质要求不断提高。基于此，日本政府成立了行政改革审议会，研究和规划行政改革。1981 年 3 月 6 日—1983 年 3 月 15 日第二次临调会后，第一次行政改革审议会从 1983 年 6 月 28 日至 1986 年 6 月 27 日，提出了 5 次改革建议和 3 次咨询意见；第二次行政改革审议会从 1987 年 4 月 20 日至 1990 年 4 月 19 日，提出了 6 次咨询意见和 1 次改革建议；1990 年 10 月 31 日第三次行政改革审议会提出构建国民生活重视型行政和应对国际事务的行政，进一步提高行政手续的透明度，完善确保公正性的统一的法制体系，并从保证上述行政改革诉求实现的层面，对地方公务员制度改革提出了新的课题：

（1）伴随地方分权的进展，如何看待地方公务员制度的意义地位及其与国家公务员的关系？

（2）伴随行政职能的变化，如何看待行政和民间的关系？

（3）随着民间的雇用体系的变化，如何看待雇用和勤务的多种形式？

（4）作为承担地方行政运行的地方公务员，使其素质和能力得以发挥的人事管理应该是怎样的？

（5）伴随各种环境变化，有关劳动法制和劳动雇用关系如何调整？

（6）对应以上五大课题，如何对人事机关进行调整？

3. 日本行政改革推动地方公务员制度变迁的动因与轨迹分析

进入20世纪80年代后，日本在经济社会发展的同时，逐步认识到，行政的作用不仅仅是维持公共秩序和国家安全，更重要的是致力于扩大公共服务的内容和范围。因此，需要改变过去的行政管理方式，谋求公共服务的社会化、民营化，消除限制政策，建立信息公开制度，建设电子政府，改善中央政府和地方政府的财政环境。特别是伴随地方分权改革，地方公共团体需要为居民提供更为细致周到的服务，并支持居民自治权的扩大，真正实现从中央政府与地方政府的分权到政府与居民的责任分担，推动社会各界共同参与行政实践。

随着泡沫经济的破灭，日本经济发展陷入了长期停滞的局面，导致整个社会就业率大大滑坡，也使日本各行业的终身雇用、年功序列的人事管理方式发生改变，这必然也影响到作为社会劳动力组成部分之一的公务员的管理。

其次，日本人口老龄化、少子化问题日益突出，带来医疗、养老等社会行政事务的增加，公务员自身队伍的年龄结构也趋向老龄化，使公务员的人事管理受到影响。

再次，新的经济全球化的冲击，使行政事务内容发生变化，对公务员的知识和能力水平也提出了新的要求。

日本的行政改革，从桥本的六大改革到小泉的构造改革，都以公务员制度调整为中心。在行政改革大纲中，对公务员制度特别是国家公务员制度的改革内容作出了明确的规定，提出建立奖罚分明的人事制度，并对再就职问题、定年退休制度、“天神下凡”问题、官官交流及官民人事交流、人事院改革、政策的立案与执行的分离等作出了明确规定。而地方公务员制度则需参照国家公务员制度的改革，在官民地位变化、高龄少子化等社会、经济环境变化，以及民间劳动雇用形式变化的共同背景下，针对地方公务员制度运行的特定环境，配合地方分权的进展，以适应居民意识的变化、有效承担地方分权后地方公共管理职能为目标，实施公务员人才培养和人力资源确保计划。因此，地方公务员制度改革的主要内容是：围绕地方分权后地方公共团体职能多样化的客观需求，培养专业化、有进取心、创造力、灵活性的人才；在此基础上，增进与地方居民的协调互动性、追求丰富的人性化、提高交流能力等，也是作为贴近居民的地方公务员的形象要求；同时，由于地方公务员既有作为所在地域的劳动者的权利，又在职业上作为地方社会全体的奉献者，必须担负起建立提高居民福利和有特色、有活力的地方政府的作用，追求深得居民信赖的工作能力、道德观念、责任感。

（二）日本地方分权改革对其地方公务员制度变迁的直接推动

制度和技术的创新和扩散还受制于行动者的认知状态（心），而后者往往又取决于行动者所处的局部历史文化场景，因此，制度和技术的关系在不同的时空场景中也可能不同。例如，日本地方公务员制度的改革，是日本公务员制度整体改革的一部分，但日本地方公务员制度改革始终是在“地方自治”这一特定的政治场景下展开的，并受其制约，再加之日本地方公务员与国家公务员在认知状态上的区别，所以，不能从日本公务员制度的视野笼统地探讨地方公务员制度的创新，必须将其置于地方公共团体的视角和地方分权演变的场景下进行研究。

进入 20 世纪最后 20 年，特别是 90 年代以后，经过了 50 年历程的地方自治制度和地方公务员制度，在社会经济发生重大转变时期，必将发生相应的调整和变化。

随着地方自治、地方分权的进展，地方公共团体对人事行政管理的自主化、主体化的要求更为提高，即谋求根据已有条例、规则等进行人事行政的自主立法。基于现有法制框架，现行的地方公务员制度为适应新时代的要求，对于任用、工资、工作时间、工作条件、责任、服务和公务员团体等已经做出相应的调整，充分发挥人事委员会或公平委员会的作用，接受自治省的协助和技术指导。在发挥地方公共团体自主创新性的同时，注意借鉴国际上以及国内其他地方、民间企业先进的人力资源管理经验，探讨新的人事管理方法。

在地方分权运动中，地方公共团体的作用越来越大，在追求地方公共团体的自主性、自立性，自己决定、自己负责的过程中，主要是通过地方公务员职权范围的扩大化、多样化，建立与所在都道府县或市町村的社会事务的种类和规模相适应的地方公务员制度来实现。

地方公务员制度，按照《宪法》规定，仍承担保障地方自治实际运行的职能，同时仍然注意保持与国家公务员制度的平衡。如本书第三章所述，普通的一般职地方公务员适用《地方公务员法》，企业职员适用《地方公营企业法》，公立学校的教育公务员适用《教育公务员特例法》，都道府县的警察公务员适用《警察法》，这些法律对上述各类地方公务员工资等方面的规定也注意保持与国家公务员的平衡。

另外，地方公务员作为与贴近居民的行政服务的提供者，越来越多地担当起与国家公务员分担公务的责任。

日本20世纪90年代以来的地方分权改革，正逐步建立起真正意义上的地方自治体制，从而改变了中央集权型的行政模式，使中央与地方的关系由上主下从转变为对等合作的关系，明确划分了中央和地方自治体的职能，也明确了地方公务员的工作内容必须贴近本地区公共事务。地方行政改革中有关公务员编制管理和工资制度的改革举措，以及增加对居民的行政服务内容，改善服务质量，引入行政评价制度等，都提高了对地方公务员的要求。

二　心性的维度：制度完善与调适

（一）行政改革对地方公务员制度合理性变迁的要求

制度合理性，主要指在一个以某种理念支持的制度系统内，其制度是否遵守该理念规定的“逻辑”，所表现出来的功能与价值是否与其“理念”具有逻辑上的一致性。基于这种“理念”与“逻辑”上的一致性，20世纪90年代以来的改革，在确立地方公务员服务者的身份、管理规则和薪酬待遇的基本原则下，需要确保地方公务员的中立性、效率性和安定性。日本地方公务员制度改革的终极目标，除持续追求公务员素质、能力的提高外，还要构建一套适应和满足地方自治新的发展要求的人事制度，地方公务员制度的法制体系也必须相应地进行修改和充实。因此特别提出在地方分权，以及由此带来的地方公共团体职能多样化的形势下，地方公务员的各方面的能力要求也相应更加多样化、专业化，要求地方公务员履职行为富于创造性、灵活性。

同时，地方公务员的公务活动有明显的地域特征，必须与所在地方居民一同面对、思考和解决当地公共事务问题。因此，除了以上要求的特性以外，还需要能够“入世”，具备协作能力和交流能力。

另外，地方公务员作为某一特定地域的劳动者，除了拥有普通劳动者的权利和义务外，还应该作为该地域社会的奉献者，通过运用公共权力提供公共服务，担负建立为居民营谋福祉，建设具有活力和个性的地域社会环境的任务，要成为深得居民信赖、具有职业道德和责任感的公务人员。

以上这些特性、能力和责任感必须通过日常的职业培训和进修加以培养，这就需要地方公共团体制定更为灵活多样的人事管理制度。

（二）公务员制度合法性变迁分析：以功绩制为例

制度合法性，是指制度主要是来自根据有关价值体系所判定的、由社会成员给予积极的社会支持与认同的制度规范的可能性或正当性。它包括两个方面的内容：一方面是制度能否以及怎样以社会价值观念和价值规范所认可的方式有效运行；另一方面是制度有效性的范围、基础与来源。下面以日本公务员的功绩制为例分析。

日本的国家公务员制度是依照战后日本《宪法》所规定的基本定位，将公务员从过去的“天皇的官吏”（天皇的臣下）转变为“全体的奉仕者”（为全体国民服务的人）。基于法律规定，公务员有依照考试成绩录用的成绩主义原则，合乎法条要件才能予以解雇的身份保障原则，依照职务不同而支薪的职务给薪原则，以及限制政治行为、禁止罢工等工作与行为上的限制。2000 年后的行政改革，决定以建立“信赏必罚的人事制度”作为改革方针，并在 2001 年底制定了《公务员制度改革大纲》，2002 年 10 月 10 日国会通过了《国家公务员法修正案》，交由行政改革推进事务局施行。

由于上述改革方针强化了雇主（各省厅）的权限，将公务员考核权由人事院转交给各省厅，大大削弱了过去作为独立的人事行政机构的权限。同时严重侵害了公务员的权利，也违背了日本《宪法》第二十八条（保障劳动者的结社权、团体交涉权、团体行动权）对劳动基本权的保障。如此改革措施虽强化了政府人事管理权，但仍然限制公务员作为劳动者的劳动基本权，造成了此项改革备受争议。公务员工会组织（国家公务员劳动组合联合会）也向国际劳工组织（ILO）提出诉讼，而 ILO 也认定日本公务员制度改革违反了 ILO87 号、98 号条约，并对日本政府提出劝告。

此次公务员制度改革最大的争议点，其实不仅仅是 ILO 所提出的对两个国际条约的违反。虽然劳动基本权无法保障是主要的问题，但从根本上说，问题根源还是体现“信赏必罚的人事制度”所衍生出来的。该制度的具体内容就是废除过去依据资历年限、论资排辈升迁的制度，而改为以成果与能力为基础的制度（日本称为“业绩、成果主义赁金（叙薪）制度”）。公务员的雇主，即各省厅管理当局根据公务员业绩评价与能力评价的结果，计算薪资，且管理当局可恣意对公务员升职、降职或免职。现行的职务评定制度包含能力评价与业绩评价两个方面。前者是指对经由职务行为表现出来的公务员能力的实际发挥程度进行评价。后者则是对业务目标达成度的考量（即目标管理）。这一制度在美国的民间、私人企业算是行之有年，但在日本是20世纪90年代以后才开始在企业界中出现。因为自从日本经济出现泡沫化问题后，各界对具有日本特色的各种制度、政策的批评声浪迭起，过去在管理学上经常被推崇、研究的“日本型雇用系统”也受到置疑，与欧美重视成果、市场导向的企业管理方式相比，日本型雇用系统开始显得没有效率。这个特殊的系统是以“终身雇用”“年功序列”“企业内组合”为特征，过去被当成日本企业成功的主因，现在却被认为是日本企业过剩雇用的元凶。于是从日本企业界吹起的改革风潮，也感染到了公务员制度改革，而把欧美企业风行的功绩制引进到日本行政人事管理之中。但日本在公务员管理中实行功绩制，对以下因素并未认真进行研究和分析：一是公务员职业具有特殊性，与一般企业员工的职务性质是完全不同的，政府与企业更有着根本上的差异；二是早前日本企业导入此制度已遭失败，此次公务员改革忽略了吸取这一教训；三是日本集体主义式的管理，不仅仅是一种管理方式，而是日本文化的一部分，因此在实行个人主义色彩较浓的业绩、成果叙薪制度时，当然会产生严重的文化价值冲突，也就是制度不适应价值的问题；四是评价制度可能带来的争议，即对业绩成果的评价方式是否公平，是否有说服力，以及雇主（省厅）权力是否过于强化的问题。

单从日本企业施行功绩制的情况来看，就有不少失败的教训。最先实行业绩、成果叙薪制度的富士通公司，为了评定上的方便，将工作目标的预定日程缩得相当短，因此在极短的时间内就要判定工作成果，目标的衡量也要极为精确、精细。这导致许多长期工作与团体工作成果，在目标难以精确化、精细化，以及工作日程缩短的情况下，成果的评价不但困难，且更加受到置疑。在较极端的例子中，工作总有难易之分，对承担高难度工作任务的员工，与承担低难度工作任务的员工，用同一衡量尺度来评价两者业绩，是相当令人难以接受的。再如大京观光公司的公寓事业部，业务员只要与客户签订租房合同，就可算入业绩，因此业绩所得到的薪水，即使是在合同签订后马上借故解除，仍不用退回。这容易导致员工对工作业绩成果只求一时，不求长远。而且因为这个制度导致了公司内严重的竞争气氛，员工们容易短视近利，形如一盘散沙。如果组织内的前辈、经验丰富者为了继续维持自己的经历优势，而刻意疏忽教导新人，那么企业整体的竞争力一定会受到严重挑战；或者是因为竞争，同单位的人不会交换信息，甚至互扯后腿，也破坏了职场的和谐与整体表现。这在尤为重视团队合作的日本企业文化中，更是不能被接受的严重问题。

更有甚者，像团体工作的整体业绩，很难在个人业绩评定时还原成个人的业绩，而日本的工作形态就是以团体工作为主的。这样的制度用在公务员身上也是一样，对公务员能力与行政效率上的伤害也是不容忽视。虽然不可否认，在欧美国家，业绩、成果主义叙薪制度对降低企业成本、提升企业竞争力与员工表现确实有一定的帮助，不过并非所有的日本企业都适用这样的制度，虽然部分产业（汽车制造业）有成功的例子，但这不表示该制度是灵丹妙药。一个制度的变迁，若是不思考清楚文化与价值观念上的差异，当然容易招致失败。同为日本组织的行政单位，实行该制度时恰恰忽视了这一点。

制度合法性的内涵说到根本处就是公平与正义，而能力与实绩评价的公正性则又是另一个存在重大争议的问题。管理者是否具有客观、公平、公正地评价下属业绩与能力的技能与素质，令人质疑，但却又被要求一定要做到。在企业中，到底要以达成经营计划或是扩大利润为基准就已经是问题了，更遑论公务人员的业绩目标与企业员工完全不同，是要服务国民、保持中立公正的守法态度与公务行为，毕竟公务人员并不负有降低成本、增加股价、让政府组织获利的责任。质与量相异的工作要如何界定业绩就相当困难，要建立测量该业绩的共同基准则基本上是不可能的。而功绩制要求将评价绝对化，使贡献与报酬成比例，两倍的贡献就给予两倍的报酬。但是在行政单位整体人事预算不变的情形下，有人升格加薪，就一定得有人降格减薪，这样反而无法达成奖励的效果，只是变成弱肉强食的零和游戏。因此不可能有公正的绝对化评价。由于这种前提上的不可能，导致评价流于主观的恣意妄为，更不用说管理者们是否具备评价人的资质。公平性与说服力不够的能力、成果、实绩的评价，严重影响了业绩、成果叙薪制度实际推行的可行性，而欠缺公平性与说服力的制度，自然得不到成员的积极支持与认同，其制度规范的正当性自然也就不存在，也就是说，这一制度的合法性由此缺失。

信赏必罚的人事制度，若只是继续限制劳动基本权，而能够提升行政效率，大概也不会有这样大的争议，可能仅仅只是左派势力的反对。但是业绩、成果薪酬制度对日本组织文化的伤害已经是不争的事实，更不用说效果实在有限，甚至还增加了更多的问题。如果把这个制度推向公务员制度，那么日本政府的行政效率将受到不小的冲击，而且将逐渐往负面、失败的方向推进。

现实情况表明，完全的功绩制不适应日本的文化土壤，在日本企业的实施尚遇到困难和阻力，在政府组织中的实施更是一个相当大的难题。

（三）对现行地方公务员制度现实性的批判

制度的现实性要求，任何制度都必须与它的历史发展阶段相适应。在21世纪的今天，根据战后占领军总司令部命令创设的公务员制度，已存续了半个多世纪，正陷入了所谓的“制度疲劳”，[①] 引起了对其不适应时代要求的批判。长期以来，围绕公务员制度的讨论，主要集中于公务员的劳动基本权和人事院颁布的具体人事行政方针、政策等问题，对战后公务员制度所确立的基本原则和以此为依据的制度的再讨论却没有涉及。1990年以后，客观形势发生了急速变化，《国家公务员法》和《地方公务员法》虽没有进行大幅的改动，但各类《特例法》《特别法》已根据形势发展，对一部分人事规制进行了简化。

现在，规制简化、地方分权、省厅再编等行政改革已告一段落，下一步改革的主题自然落在公务员制度上。但是，公务员制度改革急速呈现的背景，是近年来不断发生的中央省厅高级公务员的各种丑闻。以对过去各省厅和地方公共团体的政策结果进行批判为契机，社会舆论对公务员伦理道德的沦丧、中央官厅国家公务员晋级考试制度的弊端、层级制行政的非效率性、退职公务员在民间企业等的再就职等，进行了严厉、强烈的抨击。在声讨公务人员的风潮中，对与民间企业雇用方式和人事管理体系大相径庭的公务员制度进行根本性的改革，以保障公务员特权地位的呼声日益高涨，这也是制度的现实性，即制度必须适应社会历史条件变化而变迁

① 李和中、陈广胜编著：《西方国家行政机构与人事制度改革》，社会科学文献出版社2005年版，第257—260页。

这一规律作用的必然结果。

2000 年（平成 12 年）12 月 1 日的日本内阁会议通过了《行政改革大纲》，其中，为确保国民对公务员的信任，对公务员制度进行根本性改革被提上了议事日程，并将其作为实现中央省厅再编后行政改革的纲领性课题之一。

在这次内阁会议作出改革公务员制度的决定之前，1996 年（平成 8 年）对国家公务员制度，1997 年（平成 9 年）对地方公务员制度，各自设置了研究会进行了讨论。一方面针对对公务员的严厉批判，谋求恢复国民对公务员的信任；另一方面面对高龄少子化进一步凸显、民间劳动雇用方式变化等社会经济形势，谋求建立新型的公务员制度，即公务员应具有高度道德伦理水准，保持亲民意识，专业能力高超，具备国际化素质，公共团体组织结构灵活开放，公务员管理重视实绩、尊重公务员个人人格。国家设置的公务员人事管理研究会，在 1999 年（平成 10 年 3 月 26 日）发布了题为《公务员人事管理改革：以建立灵活开放的体系为目标》的研究报告，而在自治省设置的地方公务员制度调查研究会，在 2000 年（平成 11 年）4 月 27 日以《地方自治新时代的地方公务员制度》为题进行了研究总结。前者，不仅针对国家公务员制度，也包括地方公务员制度；后者，只限于地方公务员法。两者都是以不否定现代公务员制度的基本原则，维持其基本结构，适应新时代的要求为共同出发点，只是分别就地方公务员制度，以及地方自治体行政服务的特殊性和实现地方自治宗旨等发表了各自的观点。在这两项研究报告基础上形成的《行政改革大纲》，对公务员制度改革的主张有如下内容：奖赏分明的人事制度；再就职制度的合理调整；行政机关间、行政机关与民间的人才交流的促进；公务员的充实和政策目标的明确表达；人事管理系统的根本转变；法令预算的计划立案和执行相分离等。

当前，日本政府及执政党正进一步沿此方向推动改革，国家、地方一元化的统一的公务员法正在讨论、制定中，对除警察、自卫队员外的公务员的身份保障的废止和争议权的赋予、公务员再就职的禁止等为内容的根本改革方案也在探讨中。

三　人与社会的维度：共同演化的趋势

人（社会）的维度兼具两重性——物性和心性。人（社会）的两重性通过建立个体认知、行为与制度发生关系，制度不仅仅是客观、外在约束，而且还是充分认知内涵的主观、内在约束。或许可以说制度是一种内在和外在的约束，当这两种约束交织在一起时，制度变迁成为内外约束共同演化的结果。如果将日本整体的公务员制度视为对日本地方公务员制度改革的外部约束的话，日本地方公务员制度的改革就是自我认知的内部约束，其总体改革趋势就是这种物性与心性的共同演化，具体表现就是其改革的原则性受外部约束与内部约束的共同限定。

（一）根据《地方公务员法》第五条第一款的规定，除法律有特别规定外，地方公共团体必须遵守地方公务员的录用、工资、工作时间及其他工作条件，以及资格、奖惩、服务、公务员团体等的基准，根据此基准来制定具体规定，不得违反。

（二）各地方公共团体中，人事委员会或公平委员会仍是制定包括公务员录用、工资、资格和奖惩、公务员团体等管理规则和条例的人事行政机构。

（三）中央政府的总务省（原为自治省）有权对地方公务员制度的运行进行协助以及技术指导。总务省协助和技术指导的内容为：根据法令制定有关条例、规则等修改的标准，提供法律解释或者行政案例，举办为地方公务员制度改革提供建议和交流信息为目的的会议，进行有关地方公共团体人事行政的实地调查，为地方公共团体提供作为人事行政参考的调查报告。

（四）地方公务员制度的基本框架如下：身份保障、服务、奖惩、公务员团体等的基本事项由国家立法规定，人事行政具体实施事项由各地方公共团体自主立法，以条例、规则的方式予以规定。此框架的出发点在于，一是保障宪法规定的地方自治宗旨具体化，二是保障地方公共团体的人事行政自主权。这样形成的制度基本框架，在地方分权的进程中，针对人事行政这一地方公共团体的运行中枢，地方公共团体也能运用灵活条例、规则等的自主立法权，建立各自的人事管理结构，应对各种形势下的微观变化。因此，法律所规定的事项仅限于地方公务员制度的基本框架，对于其他事项的处理有必要进一步扩大地方公共团体自主的范围。另外，有关地方公务员身份的事项，则既要有法律来保持全国一致的基准，也要有地方公共团体的独立判断。这也是心性与物性交织作用、共同演进的最优解决方式。

（五）中央政府在地方公务员制度中的作用，主要是支援地方公共团体的人事行政运行，给居民提供资讯信息，就这两个方面的事项为地方公共团体提供协助和建议，即法律所规定的事项与地方公共团体自主决定的事项。对于地方公共团体自主决定的事项，其创造性的发挥是否符合基本原则，中央政府更要作为相关信息的提供者。总务省除了收集全国地方公务员人事管理状况的信息之外，还要注意对各国和民间动向等的调查和借鉴，研究新的人事管理手段，积极提供研究成果。

第二节　日本地方公务员制度改革的内容

经过三十多年的发展，日本公务员制度已日渐完备，但随着政府职能的滞后、机关效率的低下、官僚作风的蔓延以及经济的低迷，日本社会要求进行公务员制度改革的呼声越来越高，为了适应政治经济和社会的发展变化，20 世纪 80 年代以来历届日本政府都陆续采取了一些措施，开始进行包括公务员制度在内的一系列政府改革举措。

日本这一轮改革的目标是：确立与国内国际形势相称的行政体制。尽管政局变幻不定，但其改革一直持续进行，而且，日本历届政府在改革中始终持谨慎的态度，采取了渐次推进的策略，注重与政府行政其他改革的配套协调，故而得以稳步推进。[①]

一　人力资源规划制度的改革

（一）建立新的人事管理方式

地方公共团体为应对居民的要求，适应急速变化的社会经济状况，重新制定了能够使作为行政运营具体实施者的地方公务员更加发挥其能力的人事管理方式，即从年功序列转向重视能力和实际业绩。

正确地评价能力和工作成绩，根据评价结果进行人事管理，是提高公共事务的效率、提高公务员士气的重要因素。由此，对于地方公务员，《地方公务员法》虽规定了成绩主义、职务工资等原则，并对工作成绩做出了相关规定，但在实际的晋升管理和工资等方面，长期以来仍是实行重

① 李和中：《比较公务员制度》，中共中央党校出版社 2003 年版，第 215 页。

视年功的人事管理。

还有，对于地方公共团体的领导职务公务员的选拔，分类考试的制度没有得到充分重视和普遍采用，相反，对于公务员的晋升，重视年龄、工作年限、录用时间等年功的因素。因此，伴随公务员年龄构成的高龄化，晋升年龄推迟，并带来士气低下等问题。

在行政事务日趋复杂化、专业化，公务员高龄化的进程中，从提高公务效率、保持公务员的士气出发，地方公共团体人事管理开始考虑公务员劳动的特性，对公务员的包括积累的经验和知识在内的公务员能力和工作实际成绩做出公正客观的评价，向更加重视能力和实际成绩的人事管理转变。为此，推出了一系列改革举措。

对于现行的工资制度，特别加薪和工作津贴要参照公务员的实际业绩，多数的地方公共团体以条例等方式设置了制度，并按照制度的本来宗旨，进行工作评定和运用工作评定的结果，这对于公务员起到了直接激励的作用。

国家公务员在 1997 年（平成 9 年）从根据个人的能力和实际成绩来适当分配收入的观点出发，在发放参照业绩的比例增加工作津贴的同时，加大了对于领导职务公务员年末工作津贴的比例。

（二）人事委员会与公平委员会制度的改革

日本地方公务员制度的改革，在强化地方公共团体人事管理的自主性的同时，对作为中立的专业人事行政机关的人事委员会及公平委员会的有关制度也进行了必要的调整。

根据日本《地方公务员法》，各地方公共团体根据团体区分、人口规模，各任命权者有义务设置作为独立的人事委员会或公平委员会。人事委员会是都道府县及政令指定的都市有义务设置外，人口 15 万人以上的市、特别区也能够设置，其中已设置人事委员会的特别区只有熊本市。和歌山市已通过设置人事委员会的条例，进一步的设置工作正在准备中。

人事委员会和公平委员会由三位委员组成，人事委员会的委员为常勤或非常勤，公平委员会的委员是非常勤。委员不能兼任该团体的地方公务员的职务。行政权限较多的人事委员会设置有事务局，事务局长以下的配置专职公务员，公平委员会一般没有配置专职公务员。

伴随地方分权，地方公共团体的行政自主性不断扩大，行政事务日趋多样化、复杂化，地方公务员制度和人事管理转向重视能力和实绩。在此背景下，人事委员会和公平委员会作为中立、公正的专业人事行政机关谋求运转更加有效，正着眼于培养优秀的专业人才，保障工作效率的提高。人事委员会的设置基准及所管辖事务也趋向弹性化，公平委员会所管辖事务的范围则有所扩大。并且，人事委员会和公平委员会委员在人员的挑选上，简化或放宽了现行的兼职限制，允许该团体中特别职的审议会委员等兼职担任。

同时，事务局职能进一步得到充实，着重通过共同研修培养和强化事务局公务员的专业能力，不同团体的事务局间的人才信息的交流等协力体制也在进一步完善充实。

（三）工资制度的改革

对于公务员的待遇，首先贯彻职务工资的原则，改进了各级别职务工资标准，以及晋升、加薪的标准等。还有，根据现行的工资制度，对于反映公务员工作实际成绩的特别加薪、津贴制度，地方公共团体在参考国家公务员相关制度改革经验的基础上，制定出了更能反映工作实际成绩的规章，并正在操作层面进行完善。

另外，对建立减少年功因素的工资制度的探索亦正在进行，具体而言，正建立新的晋升的工资表结构，并借鉴民间企业定期加薪制度建立普通加薪制度。

引入专业职和任期内录用公务员等新的录用方式，对特别显著的工作成绩给予特别的处理等，探讨针对各种职务、职责的个性化的工资体系。

（四）公务员就职环境的改善

从 1999 年（平成 11 年）之后，进行了就业环境的整顿，包括建立育儿休假中的替代人员保障，整顿防止性骚扰的申诉咨询体制，以及在设施方面也继续促进建立便于女性就业的工作环境。

日本地方公务员每年法定劳动时间是 1800 小时，为了缩短总劳动时间，地方公共团体减少了有计划地组织加班的时间，实行带薪休假制度。

另外，根据《男女雇用机会均等法》，解除了对女性劳动者的加班时间限制，充实了母性保护措施，限制有育儿、陪护家庭责任的公务员的深夜工作时间，强化加班时间的管理。

依照《地方公务员法》，地方公共团体必须建立并实施公务员保健、体力恢复等福利事业计划。根据《劳动安全卫生法》，地方公共团体必须进行公务员健康增进讲座，形成舒适明快的工作环境。通过这些，地方公共团体实施了健康检查和精神卫生对策等富有创意的福利政策。还有，通过这些政策的实施，促进了地方公务员的共济基金发展。另外，根据促进残疾者就业的法律，制定了推进残疾者就业的政策措施。

二　人力资源获取制度的改革

（一）人事交流制度的推进及民间人才的活用

日本地方公共团体为了有效地运用有限的财力和人力，通过与民间分担责任，建立了各种各样新型协作关系。

1. 与民间的人事交流

伴随地方分权的推进，对于地方公共团体，保证优秀人才的录用和公务员素质的提高是一个重要的课题，因此，除了原有的举措外，与民间的人事交流也不失为一种有效的方法。

为此，日本地方公共团体以研修为目的，向本地企业派遣公务员学习研修的事例不断增多，这种研修方式一般从几天到三个月的短期时间，也有超过一年的长期研修。派遣公务员到民间企业研修，是为了感受民间组织的经营和培养成本意识，谋求公务员理念的更新。

另外，民间企业的人员也在一定时期内被派往地方公共团体作为研修生，这样做的目的是希望培养民间企业经营人士承担公共事务的意识，并能从他们的角度提出对政策规划新的设想和提案，在与公务人员的日常交流中取得组织活性化的效果。

为了振兴地区经济，地方公共团体在地方分权的推进中，不仅仅是需要培养人才使行政运行更加灵活，更重要的是通过与民间人事的交流，使地方企业人士能积极参与政府的决策。所以，如何看待地方公共团体和民间的人事交流，如何根据地方的实际情况，促进制度的完善，成为日本地方人事制度改革的新课题。

2. 与民间人事交流制度的类型

与民间的人事交流，一般分为不同行业经验的地方公务员的研修和以相互间人才交换使用为目的的人事交流两种类型。

以研修为主的人事交流，在现行法律下，由各地方公共团体自主施行，基本是根据研修命令，按照公务员职务来实施的。同时，为了使公务员更加安心地研修，取得更大的效果，必须进一步探讨派遣的宗旨，明确目的，优选派遣企业，确定研修期间和内容，确定派遣人员的身份、工作条件、待遇，以及派遣结束后的研修成果的运用等。

以人才活用为目的的人事交流，在地方公务员制度中尚缺乏明确的规范，尽早完善地方公共团体和民间相互之间人才积极的交换，以及官民人事交流协作体系的基本结构是必要的。

根据这些问题，从适应地方公共团体的实际情况出发，采取了以下应对措施：

（1）充分考虑地方公共团体公务员派遣的必要性和民间的需求。

（2）及早建立有关派遣目的、派遣企业选择、派遣公务员身份等的实施细则，调整向第三部门（包括股份公司）派遣公务员和民间的长期研修制度的关系。

（3）与民间的人事交流，也必须保持公共事务的公正性和中立性，注意交流对象企业的选择，以及派遣人员的身份、服务、职务范围等的选择。

（4）处理好民间企业人员向公共组织派遣人员的程序，处理好与中途录用外部人才的任期内录用制度的关系。

（5）探讨有关被派遣公务员的选定事宜，慎重考虑是否应获得被派遣公务员同意的问题。

3. 向第三部门的公务员派遣

地方公共团体要有效地运用有限的财源、人力，提高行政服务质量，推进地区产业的发展，对于充实福利、医疗、文化、教育等的政策措施，可不由行政部门直接实施，而是灵活运用民间资金、能力、技能，设立地方公共团体出资的公益法人、非营利法人等所谓的第三部门。从灵活运用公务员的专业知识，顺利地推进地方公共事业发展出发，向第三部门派遣公务员的事例很多。地方公共团体希望通过向第三部门派遣公务员，给予公务员获得民间经营经验的机会，回到公共部门后，对地方公共团体的公共事务的运营发挥作用。在改革中，日本地方政府将公共性较高的事业从政府中剥离出去，设立特殊法人、认定法人等，并有可能根据法令设立退职津贴，规定受派遣者的共济年金按在职情况处理，为此种人事交流搭建平台。

地方公共团体向第三部门派遣公务员时，应该从第三部门的业务内容与地方公共团体的行政关系，以及派遣公务员从事的业务与其行政关系等出发，来判断派遣的公共利益性。目前存在的问题是，派遣公务员的收入、年金等的处理还有待进一步厘清。

另外，现行的地方公务员制度中缺乏对第三部门派遣公务员的明确规范，各地方公共团体在派遣目的、派遣团体的性质和业务内容、派遣期限和形式呈现出多样化；对被派遣的公务员有必要在工资、退职津贴、灾害补偿、共济等方面谋求与部内公务员的平衡。

（二）多种工作形式的引进

对地方公共团体而言，随着地方分权的进展，为了对应行政高度专业化和行政需求多样化的要求，应谋求引入灵活弹性的工作形式。

1. 任期内录用

对于一般职地方公务员的任期录用，例如，为水库建设录用的公务员或完成特定调查研究而录用的公务员，有可能从录用时明确预定任期，以任期录用的方式录用。现行的公务员法中，对一般职的公务员设立了任期录用制度的，主要是国立实验研究机关的从事研究的公务员和国立公立大学的教员。

1999 年（平成 10 年）的人事院报告中，讨论了在行政复杂化、高度化的进程中，对拥有特定专业知识技能的民间专家，在必要情况下，给予任期录用，并在待遇上给予与其高级专业能力相符的工资。另外，有关中央省厅等的改革，内阁官方及各府省从行政组织外部，以任期录用方式录用有特定专业知识的人才，并给予工资等适当的待遇，这些举措加快了新的任期录用制度的调整。

地方分权进程中，地方公共团体在有效地适应高度化、专业化的同时，还必须对应大量的人员退职、少子化带来的新进毕业人数减少等问题，这些问题促使日本地方政府在一些专门化程度高的部门亦引入了任期录用制度。这种灵活弹性的录用形式，不仅在一定程度上缓解了地方政府人力资源缺乏的问题，而且标志着人力资源录用制度改革的方向。

2. 非常勤、临时职员

地方公共团体为了精减人员，根据事务的种类和性质，采用了非常勤职员和临时职员等多种工作形式。

对于一般职的非常勤职员，应考虑录用的实际状态，对其录用根据、录用方法、服务等要比照常勤职员建立制度或设立特例。目前，非常勤职员的工资，以报酬和费用报销方式支给，今后，要进一步对非常勤职员工资制度予以完善。

此外，地方公共团体为谋求提供适应多样化需要的有效细致的优质行政服务，应对就业意识的多样化，有效运用地区人力，建立了临时工作职员制度，有关待遇与常勤职员对照权衡确定，应采用定量管理方法并可以在部门间转任。

3. 中途录用

地方公共团体根据人事委员会承认的职务，经选拔考试予以中途录用，用于补充医疗和专业技术等部门的职员。根据传统，一般行政部门职员作为例外处理。伴随地方公共团体的行政高度复杂化、信息化、国际化的发展，职员需要高度的专业的知识能力。为了在职员中确保人才，在以定期录用考试录用新毕业者的同时，地方公共团体的人事部门打破传统，开始采用部门内培训和适当录用多种社会经验的人才进入公共部门。

地方公共团体的中途录用，应该公开录用对象的职务位置，积极地向规定的范围内提供相关职务信息，保证客观性和公正性。中途录用者的待遇有必要通过资格、学位和实际工作经验等具有的专业能力等的评价结构，决定配置的职务和初上任的工资。

三　人力资源开发制度的改革

地方公共团体为了更好地服务于当地居民，有必要激发职员的潜在能力，提高其素质能力、专业性政策形成能力。因此，地方公共团体积极促进职员的能力开发越来越重要。

近年来，地方公共团体有关自主开发的各种支援政策，工作场所的培训计划，职务外培训的实习和讨论方式得到了广泛的推进。

首先，在人才培养的方式上实行多样化。目前，日本各地方公共团体主要采用自主开发、工作场所进修以及工作场所外的进修三大类方式，谋求进修方式的多样化，创造职员自主学习的工作环境。

其次，促进职员主体自主开发的内在欲望，职员推进自我开发越来越关键。鼓励职员自发地到大学和研究所进行研究，并建立了可以在一定时间内脱离公务的制度。同时，都道府县职员和市町村职员，加上地区的居民和民间企业经营者一起共同进修等，实际上是都道府县和市町村从新的视角来相互协助，积极培养人才。

再次，人才培养的国家支援。中央政府在财政上大力支持地方政府人才研修计划的同时，还运用互联网等远程教育方式推进市町村职员的研修。还有，根据地方公共团体的要求派遣专家，在人才培养的计划上提供咨询制度并对具体的人才研修工作进行指导。自治大学、市町村职员中央研修所等全国进修机关，以地方公共团体的政策评价、外部监督调查、危机管理等专项内容为题目，组织对地方职员进行专门培训。

最后，日本地方公共团体在人才培养上进行了广泛的协作。从都道府县到市町村，日本各级地方政府组织了广泛的协作网络，尤其是对基层市町村专业人才的培养上，地方公共团体相互协助。例如，保健、福利、土木、建筑等专业领域人才的培养，由于基层缺乏研修师资，都道府县及相应事业团体通过派遣相关专业的职员定期到市町村工作，并在当地组织培训，向当地有关专业人士传授知识，使他们不必离家脱产即可提高自己的专业能力。

四　纪律与惩戒制度的改革

（一）地方公务员服务纪律的改革

对于日本地方公务员，除地方公务员法对公务员所制定的服务基准外，还规定了遵守法令，职务命令，保守秘密，专心本职的义务，丧失信用行为，争议行为的禁止，政治行为，到营利企业的限制等相关规则。

地方公共团体一直在努力进行对职员纪律的整顿及服务规则的保障，但违反事件仍然不断，居民对此提出了强烈的批判。

还有，国家公务员道德伦理法案目前已向国会提出，其中地方公共团体也必须按照国家标准的伦理要求，制定相应政策的义务。

为确保居民对公务的信赖，维系公务员道德伦理、严肃的服务纪律及政治中立原则，针对公务员服务纪律及伦理方面存在的问题，日本地方政府根据实际，制定了一系列改革措施。例如，建立规范的居民的投诉渠道、在固定的时间（如每周周日）召开公开的听证会议、加大纪律制裁的力度、根据国家公务员伦理法的制定动向，制定相应的地方公务员伦理措施政策等。

（二）单纯劳务职员[①]的劳资关系的改革

日本地方政府认为，地方公务员制度发展至今，有必要考虑根据劳动基本法的弹性进展，探讨《劳动基本法》的适用方式。

---

① 日本地方公务员分为一般职和特别职，一般职职员又分为从事具有权力的工作内容的非现业职员和从事非权力工作内容的现业职员，现业职员又包括单纯劳务职员和公营企业职员，其中单纯劳务职员类似中国的行政机构的后勤工勤人员。坂弘二：《地方公務員制度》，学陽書房，平成16年1月25日第7次改訂，平成8年10月15日第5次改訂，第8页。

修改地方公务员的《劳动基准法》的适用方式，应考虑到为公共部门工作与民间劳动性质的不同，应该根据公共部门的特殊性，探讨劳动基本权的处理和整合的方向。

单纯劳务职员是探讨劳动基本法适用方式的最好例证。单纯劳务职员的范围在昭和26年制定的单纯劳动雇用的一般职属于地方公务员的范围的政令中曾作出明文规定，现在这个政令已自动失效，从而应做出新的关系规范。日本地方政府对单纯劳务职员的概念和法制上的特例的方式、称呼进行了综合探讨：作为单纯劳务职员的特例，一是根据劳动组合法能够组织劳动组合。二是关于工资、其他工作条件等可以进行团体交涉，缔结劳动协约。三是劳动委员会有调停，仲裁制度。四是对工资的种类及基准以条例规定，具体额度和支给方法根据劳动协约或地方公共团体的长期规则决定。五是他们不适用有关政治行为限制的规定，在职中可以成为公职的候选者。六是劳动基准监督署长成为劳动基准监督机关。

特例以外的事项地方公务员法可以全面适用。

（三）劳资纠纷处理体系的改革

职员在受到不利处分时，能够对人事委员会或公平委员会提出不服申述（《地方公务员法》第四十九条第二款）。人事委员会应进行这个事案的审理调查活动，根据调查结果判断处分的违法性、不当性的有无。这个制度是在违法或不当处分的情况下，保护职员的权利和利益，保障职员的身份，以确保对公务员的公正为目的的。

职员在工资、工作时间、休假及其他工作条件发生劳资纠纷时，可通过人事委员会对地方公共团体当局要求适当的行政处置（《地方公务员法》第四十六条），人事委员会等在必要审查的基础上进行判定，或者根据要求内容进行劝告来解决事案。不利处分的审查仅限于对受到惩罚处分是否取消。

还有，对企业职员及单纯职员设立了问题处理的调整会议。

对这些既存制度不涉及的，或者还没有达到这一地步的职员（例如，虽然没有明确地受到处分，但个人明显感受到了不公正对待）提出的问题，人事委员会及各任命权者应根据问题的内容进行讨论与商量，并及时给予答复。

另外，围绕民间的劳动条件个别纠纷增加的倾向，根据平成10年的《劳动基准法》的修改，创设个别纠纷解决援助体系。

为了更好地落实职员申诉制度，维护职员的应有权利，还进一步整顿充实了职员咨询制度和访谈制度（例如设置职员咨询室等）。

第三节　日本地方公务员制度改革特点分析

一　日本地方公务员制度的发展趋势

首先，坚持现代公务员制度的基本原则。

当前日本围绕公务员制度的改革，存在着基本趋势完全不同的两种思考方式。其一是维持现代公务员制度的基本原则，根据新时代的要求及对现行制度运行的反省，构建灵活、开放的公务员管理法制化框架。其二是基于国民对公务员的不信任已成为政治不信任的最大要因的现状，改变在强有力的政治主导下相对弱化的官僚组织，创建与现行制度基本原则完全不同的公务员制度。

近年来，在日本国内对公务员的严厉批判和政治主导的强化下，政治与公务员制度的关系发生了极大的变化。在这种形势下，在与政治的关系中，对于公务员制度应具有新的作用的认识是不容否定的。但是，政策层面的政治主导性越来越高，公务员担负了三权分立之一的行政权，以及地方自治的垂直权力，为公正履行职务必须确保政治中立性；而为确保公务员人事的自律性，成绩主义也是不可或缺的。因此，必须维持和强化公务员身份保障，并使政治中立、能力主义的基本原则与实际制度安排表里一致。破坏了这些现代公务员制度的基本原则，其结果不仅可能导致政治家对公务员人事行政和其他行政业务的不当政治介入，使分肥制和人情任用的横行造成对行政公正性的损害，还会使公务员队伍萎缩和停滞。另外，现行日本《宪法》第十五条第二款对公务员作为全体国民服务者的定位，虽然对于一般职公务员没有作具体规定，但现行的公务员法律、条例、规则的基本原则都是符合这一宪法规定的宗旨的。如果根本修改这些原则，宪法也必须进行修改。

日本地方公务员制度改革所面对的社会形势正发生着巨大而急速的变化，国际化、高度信息化、高龄少子化等日益凸显；在行政领域，省厅再编、规制简化，《行政手续法》和《情报公开法》的制定，财政体制改革，政策评价体系的导入等，以国民为本位的改革如火如荼。在这种潮流中，公务员制度的改革不可避免，完善《特别法》和《特例法》体系，对《地方公务员法》进行大幅度修改是必要的。但是，不能也不会破坏现行法律的基本原则。

其次，地方公务员制度改革既应维持与国家公务员制度一致的基本原则，也要适应实现地方自治宗旨的要求。

对于《地方公务员法》的修订，应维持与《国家公务员法》通用的现代公务员制度的基本原则。但对于《地方公务员法》，特别附加了《国家公务员法》没有的实现地方自治宗旨的立法目的。伴随地方分权的一系列法规的实施，地方公共团体自主决策、自负责任的范围不断扩大，并拥有公务员人事管理的自主权，包含人事的最高决定权。因此，《地方公务员法》的修订，应从优先考虑与《国家公务员法》的均衡性，建立具有统一性的公务员制度，向优先考虑适应地方公共团体多样性和地方自治行政特殊性，建立灵活的地方公务员制度转换。其具体修订思路应该是，在一定程度上考虑与《国家公务员法》的均衡制定基本框架，运用与之相同的基准，对具体实施细则大幅度委托给地方自治团体，由其行使准立法权以条例、规则的形式予以规范。对于小规模的市町村等，要考虑在统一的原则和基准下设置例外。对于在居民身边、离居民最近、为居民生活提供不可欠缺的服务的市町村公务员，有必要引进多样的人才，人事管理的方法也应根据各自治体的具体情况因地制宜，扩大自由度。简言之，修订后的《地方公务员法》应只是作为规定必要的、最小限度的事项的大纲法。

总之，从2006年起，日本对公务员制度的改革，不仅要关注对个别事项的改革，更重要的是必须从整体性上把握改革的方向。

最后，地方公务员制度将在地方自治、市町村合并、三位一体分权改革下持续调适。

日本地方公务员制度的运行过程中，在提供行政服务的同时，实际上起着调节中央、地方政府财政的作用。1952年根据都道府县要求，制定了《义务教育费国库负担法》，鉴于都道府县难以承担教育公务员的工资等负担，由中央财政承担一半经费；1954年将属于市町村编制的警察转为都道府县编制，减轻地方政府的财政负担和提高工作效率，警视正官衔以上的警察变为国家公务员身份。20世纪70年代，日本经济高速增长带来了全国性的地区综合开发，义务教育的普及、地方税制的修改、生活的改善，以及重视卫生保健等新的行政需要，使得地方公务员的队伍壮大起来。进入 20 世纪 80 年代以来，面临社会高龄少子化、国际化以及女性就业观变化等，引入了成绩主义，放宽了录用外籍公务员的国籍限制等制度改革。20 世纪 90 年代，特别是中期以来，在经济不景气、政府内阁更迭频繁，以及要求放宽规制、改革特殊法人、地方分权、改善中央地方财政状况、适应经济全球化等形势下，对地方公务员制度改革更是提出了新的要求。

在今后日本地方分权的进程中，地方公共团体如何运用有限的财政资源，中央与地方政府如何处理相互间的财政关系来保证人力资源，随着三位一体分权改革下的地方公务员制度改革的持续进行，这些问题的处理也将随之浮现出答案。

二　日本地方公务员制度变迁模式分析

日本属于单一制国家，特别是在行政方面一直采取的是实际上的集权制，随着世界政治的变化，地方政府的领导意识和作用逐渐加强，旧的集权—融合型体制无法适应新形势的需要，因此从桥本时代开始进行了体制改革。日本结合自己国内情况，既未走英国式的集权—分离型制度，也未走美国式的分权—分离型制度，而是走了一条分权—融合型的道路。日本地方公务员制度模式正是分权—融合型体制的产物。

日本地方公务员制度变迁模式首先是从“心性”的维度的变化开始的。“心性”的维度的变化是指精神和价值发生了变化，日本“心性”的维度的裂变是外力移植的结果。

日本从明治维新开始形成了中央集权的国家。明治政府为了中央集权的需要，于明治四年（1871 年）实行了废藩置县的政策，设置了府和县以取代旧有的藩，由中央政府任命府和县的知事，在这种制度环境下产生的明治官吏制度具有以下几个特征：官吏是天皇的官吏，从中央到地方的官吏都由中央任命，官吏对君主负责；严格的官等制；精英官僚优先；官僚社会具有封闭性；以授勋来强调官吏的特权。

明治官吏制度在加强日本中央集权、抑制国内藩阀争斗、扩展国内市场从而发展资本主义经济等推进日本逐步工业化和现代化方面发挥了重要作用，但由于一方面该制度带有日本封建社会和封闭经济的特征，另一方面在理论和实践上集中体现了普鲁士绝对专制的精神，因此，随着这一制度的演变发展，日本最终走上了军事法西斯国家的道路。

但从总体的政府体制而言，它属于中央集权下的地方分治，随着日本走上了法西斯集权的道路，地方分治因被置于中央政府的强大统治下、国家的统制直接贯彻到了基层而形同虚设。

战后初期，面对战败与被占领状况，一方面，日本战前的军国主义的意识与信仰坍塌了，同时，日本国民普遍对传统文化和道德观念失去了信心，甚至被认为是国家的弱点和羞耻的根源，这使日本发生了传统文化和道德观念的危机。另一方面，第二次世界大战后的美军占领时期，推进民主化成为最重要的课题。美国人依靠“占领”的外力，将“自由与分权”的美式民主价值观灌输于日本的政治生活中，强力要求日本效仿欧美，接受自由的价值和制度。包括按照美国的要求和模式制定的日本新宪法和地方自治制度。特别是新宪法所具备的诸多精神，譬如天皇只是国家的象征、国家主权归于国民、法律面前人人平等、公务员的任免权掌握在国民手中、所有的国家公务员都要为全体国民服务等，这些都成为包括地方自治制度在内的日本所有的政治制度的思想基础。

其制度变革的措施之一就是对作为其基础的地方自治制度进行了改革。1946 年，修改了东京都、市及町村的管理制度，规定达到成年的公民均具有同等的参政权，知事、市町村长官及议会议员由中央政府派选改为由居民直接选举产生等，以加强地方自治制度的自主性、自律性，扩大居民的权利并确保各自治体执政的公正。同年 11 月颁布的新的《日本国宪法》把地方自治作为民主主义不可缺少的部分，特别制定了一章使地方自治作为一个制度得到保障。依照宪法的有关条例，为了将改革进一步贯彻，1947 年，制定了《地方自治法》，与宪法一并实施，确立了现行地方自治制度的基础。日本公务员制度亦分为国家公务员和地方公务员制度，日本在 1947 年制定了《国家公务员法》，1950 年 12 月 13 日，以日本宪法和地方自治法（地方六法：《地方公营企业法》《公职选举法》《地方税法》《地方财政法》《地方公务员法》《地方自治法》）为根据，制定了《地方公务员法》，作为在地方公共团体工作的全体职员的统一的基本法，成为地方政府自治的法律依据之一。至此，在新价值的坐标内形成了日本地方公务员制度，并对日本地方社会政治、经济关系的变迁产生了积极的影响。

其次，物性的维度的变化直接影响了日本地方公务员制度模式的两次变迁。

20 世纪 50 年代以后，随着社会经济的发展，对地方公务员制度及其相关法规进行了一系列的改革。1952 年，制定了《地方公营企业法》及《地方公营企业劳动关系法》，确立企业职员制度，决定单纯劳务职员的暂定使用。1954 年，根据警察法的制定，改革警察职员的制度。1956 年，制定有关地方教育行政的组织和运行的法律，改革教育委员会制度。1965 年，根据地方公务员法的一部分改动，调整了职员团体的规定。

随着行政改革持续、行政政策的再建、减少公营化、推进民营化、独立法人化等措施出台。日本地方公务员制度在体制上完成了一个根本的转变，即实行了一种“官僚主导型”的政府管理体制。所谓“官僚主导”，主要表现在以下两点：一方面官僚通过对行政资源和行政信息的垄断，实际上控制着政府政策形成过程，另一方面行政官僚还凭借其在权力结构中的优势地位，经常调整着政党政治家与各种利益集团之间相互关系。应当承认，这种官僚主导型的政府管理体制，在战后日本的经济恢复和其后的经济高速增长时期，对于动员和集中各种社会资源、协调政府与社会以及中央与地方之间的相互关系、培育和完善国内市场、保护和扶植重点企业、促进设备更新和技术进步等方面，确实起到了极为重要的组织和引导作用，因此，日本的行政官僚形成一支高素质、讲效率的政府管理队伍，长期以来在国际上受到相当高的评价。从这个意义上认识，“官僚主导型”体制的产生是顺应了日本经济发展的结果。

然而，日本经济自 70 年代末石油危机以后，出现了经济增长缓慢、财政巨额赤字的形势。官僚主导型的政府管理体制随着泡沫经济的崩溃而日趋面临严峻挑战，从 1991 年至 1996 年的 5 年间，日本经济连续处于零增长与贫增长的徘徊中。尽管日本政府采取了一系列措施，但却是药不对症，频频失误，不仅未能换回颓势，反而进一步加剧了经济衰退。在这种情况下，人们开始对官僚主导型政府管理体制的有效性提出了疑问。代表大资产阶级利益的财经界各大团体也逐渐意识到：曾经为战后日本“繁荣”和“辉煌”立下汗马功劳的现行官僚体制，现今已陷入了严重的“制度疲劳”之中，其管理和协调社会的能力已经达到了“极限”。继续依靠这一体制，已难以再使日本的经济走出低谷，恢复元气，因此，它们也相继发出了要求对现行政府体制进行“结构性改革”的强烈呼声。“物”的变化对日本地方公务员制度模式提出了新的变迁要求，这就是日本第三次“行政改革”（包括公务员制度改革）的“物”的动因。

此次行政改革与前两次一样，仍然是围绕机构调整展开的，这也是第二次世界大战以后日本行政改革的基本走向。日本地方政府精简了近一半的机构和人员。日本地方政府的机构调整并非单纯地精简机构和压缩人员，而是依据地方社会经济、政治发展的总体格局，应对社会经济发展的具体进程来不断调整政府职能，在职能转变的基础上改革政府机构。职能的转变又是以职能定位为基本前提。以职能定位为前提，职能转变为核心，机构调整为表现形式是日本第二次世界大战以后历次行政改革一以贯之的逻辑线路。这一逻辑线路充分体现了日本行政改革的基本底蕴。

正是依据这一底蕴，地方政府的职能被重新定位，据此划分新的职能底线。在整个20世纪60年代乃至70年代，中央政府为了主导经济发展，在其产业政策的支配下，必须集中更多的财政资源，并以此为后盾干预地方事务，从而束缚了“地方的自主性和自立性”。① 随着市场经济的成熟与社会化程度的提高，中央政府的权力职能已不可能包揽和控制一切行政事务，尤其是各种具体事务；另一方面，地方政府则要直接应对日趋复杂的行政事务，但却缺乏相应的职能资源。随着社会多元化程度的提高，整齐划一的中央政策已无法满足各个地区、各个阶层的多样化需求，地方政府必须依据本地区社会经济发展的个性特征及本地公民的特殊需要，做出自主性的管理决策与相应的管理举措，而且，随着社会的发展，地方政府管理文化在整体上有了质的提高，其政策能力与实施技术水平都足以自立应对地方各种行政事务，而不必由中央政府的行政指令来包办代替。为此，从第二届桥本内阁（1996年）开始，将“推进地方分权为总体原则，实施权限委让、放宽或废除某些国家干预，改革机关委任事务（指中央机关向地方政府委派的事务），充实和强化地方财源”作为其改革的方向之一。②

再次，重新配置行政事务，变革地方政府的职能范围，实现某些职能“由官向民转移”的定位，以适应当前和未来复杂多变的经济社会环境。通过地方政府职能的合理化配置，达到行政管理效率化的目标。在日本经济刚刚起飞的年代，地方政府为了推动经济的持续发展，不得不承担社会

① 今村都南雄、武藤博己等：《HORN BOOK 行政学》，北树出版社1997年版，第38—39页。

② 21世纪公务员管理国际研讨会背景材料：《国外公务员制度发展、改革趋势》，2000年版，第6页。

无力营运的公共性很强的经济活动，确保国民经济的正常维持和发展，这使得政府的职能逐步增多，行政服务的范围不断延伸。日本在经历了高速经济增长期并成为世界第二大经济强国后，随着社会经济条件的变化，社会与民营企业已有足够的能力承担应由其自身承担的公共事务。同时，在市场机制的作用下，民营企业的运营方式决定了其能更有效地提供廉价和高质量的服务。应对变化的客观环境，政府有必要对公共事务管理的指导思想予以转变：从传统的政府第一、私人第二转向私人第一、政府第二。为此，桥本内阁将重新划分政府与社会的职能分工作为行政改革的重要内容。在对现有行政体系进行全面审查的基础上，明确“政府可以取消哪些对私有领域活动的干预；公有领域中哪些服务不能转移给私有领域从事”[①]后，将原有政府职能中能够由社会承担的事务交给企业、社会完成，政府重点处理只有政府才能解决的问题。基于这一策略，日本地方政府在行政改革的运作中，实行了职能剥离。一是对原由政府直接经营管理的公用事业，如公共建设、邮政、交通运输、林业等领域的国有企业实行简政放权，引进现代企业机制，政府不再直接插手管理，由其自主经营。同时对这些领域完全向社会开放，引入民间企业进行竞争，将国家的干预减少到最低限度，政府的相关部门只承担法规管理，实施监控职能。二是引入独立行政法人制度，为进一步民营化奠定基础。独立行政法人从事不能完全由民间部门完成的公共性很强的、且必须由中央政府直接实施的事务（主要是在科研、文教、医疗卫生领域）。与此同时，经过审议评估，撤销了一批认为不必要的公共事业机构；对一批机构实行民营化或移交给地方管理（一大批医院、疗养所和文教进修机构）。这样，在科研、文教卫领域，随着大量职能被剥离，政府直接插手管理的事务被大大削减，地方政府已没有必要维系原有的管理机构。

最后，通过转变管理方式，由传统的规制管理方式向控制管理方式转化，在新的管理方式上对地方政府职能（主要是政府直接管理社会的职能）进行新的定位。规制（Regulation）是政府直接的、强制性的一种活动，它一般是指政府部门用有关规定来限制人们（或企业）活动的行为。日本被称为“规制大国”，且大多数规制由地方政府把握。开始，地方政

① 21世纪公务员管理国际研讨会背景材料：《国外公务员制度发展、改革趋势》，2000年版，第7页。

府为扶持或保护与国民生活密切相关、国家经济正常运行所必不可少的公共性很强的领域得以正常运营，采取了一系列限制性规制，这本是不可非议的。但随着政府干预力度的加大，干预面的拓宽，新的规制不断产生，因而在经济、社会活动中，尤其是与公共服务有关的经济社会活动大量充斥着规制。规制的大量存在限制了其他社会部门对这些领域的参与，从而取消了竞争，保护了垄断。当日本步入高度发达国家的行列中后，规制的负面效应则日益突出。一方面，过度的规制使享受规制保护的企业过分地依赖政府，失去了竞争活力，难以提供低成本、高质量的服务，使日本的物价远远高于其他发达国家，影响了国民生活成本的降低和生活质量的提高。另一方面，规制限制了市场的开放，当今经济体系正走向世界一体化，各国经济日益相互依存、融为一体。过度的规制直接妨碍了日本经济与别国的合作与交流，日本与美国的贸易摩擦即来源于此。所以，从 80 年代初开始，日本政府即提出了“原则上实行自由化而仅把规制作为一种例外”的规制缓和（deregulation）改革原则。进入 20 世纪 90 年代以后，日本的历届政府建立了推动规制缓和的运行机制，使规制缓和步入实质阶段。① 1996 年，第二届桥本内阁明确提出：“行政改革的中心内容是不断放宽行政规制，缩小例外规制及社会规制，防止这些规制成为保护个别部门或企业利益的手段。”② 规制缓和的改革意味着，日本政府在管理手段上从微观调控向宏观调控提升，在管理方式上从直接干预向间接管理改变。它表明“政府事务中竞争规则和社会公共控制与管理新原则被广泛采纳。这种转型可被视作由福利国家政府向竞争性契约政府的转变”③。规制缓和的改革只是放松规制，而非放弃规则，简言之是建立新的规则体制。新的规则必然对职能（主要是职能行使方式）提出新的要求，要求其转换原有行使职能的视角。④ 同时，也必将导致部分政府部门权力的消

① 增岛俊之：《日本的行政改革》，熊达云、张健等译，天津社会科学出版社 1998 年版，第 24 页。

② 21 世纪公务员管理国际研讨会背景材料：《国外公务员制度发展、改革趋势》，2000 年版，第 6 页。

③ ［挪威］安妮·博格：《通过规则实践建立责任与信任》，《国家行政学院学报》2000 年第 5 期。

④ 例如，污染控制部门为了监督和控制工业污染，按照传统的规制管理方式，则是依据设置的限制性规制直接检查工厂中排出的污染水平，看其是否超过了有关规制确定的标准；新的管理方式则转换为检查该工厂是否有完善的程序与规则以及系统控制。

退和职位的撤销。相应的，日本地方政府必须按照新的职能行使方式调整原有机构，这本身就促进了政府作用的自我变革，削减了政府职能，缩小了行政事务量，它既是精简机构的必要前提，机构的精简也成为其必然的结果。

最后，从人（社会）的维度的变化来认识日本地方公务员制度模式的变迁，它属于渐变模式的变迁。这种渐变模式保障了日本地方公务员制度在改革中始终保持谨慎的态度，采取了渐次推进的策略，注重与政府行政其他改革的配套协调，故而反应平稳。

三 日本地方公务员制度改革的特点

日本地方公务员制度的种种特征是在其现代公务员制度建立后，在历次改革中逐步形成的，其制度特征中既有传统因子的成分，又大量吸收了外来的公务员文化，特别是美国的公务员制度对其影响至深，它较为成功地将国外经验（特别是美国经验）与本国的现实国情和文化传统相结合，形成了一整套较为完备的制度体系，从而能够适应并促进本国政治、经济、社会与文化的发展。具体来说，日本地方公务员制度改革的特点可概括为如下几方面：

第一，注重公务员管理的规范化、法治化。为推行公务员制度，日本地方政府除必须遵循的多达90种以上的有关公务员法规，如《国家公务员法》《一般职员报酬法》《关于国家公务员职阶制的法律》《国家行政组织法》《地方公务员法》等系列法规制度，使公务员的录用、考核、晋升、奖惩、福利待遇等都有明确规定。不仅如此，日本地方政府还根据各地区的实际制定了大量的“特例”性法规。为了贯彻落实相关的法律规范，人事委员会负责就具体问题进行指导操作，从制度上保证了公务员管理的有章可循、有法可依。

第二，日本地方公务员制度中的一个重要特点就是实行“大办公室”。“大办公室”制就是几个部门集中在一个办公室工作；条例上有关工作职责的划分只分到处、科为止；有关职责的划分采用概括列举的方式，纵向分工也不明确强调授权。这有利于办公室人员的自律，提高工作效率，同时，能够增强工作的灵活性，有利于对工作的灵活处理。非职阶制的实行在某种意义上有利于发挥团队工作精神，从注重个人工作考核转向侧重于团队工作考核和激励，这能够满足行政管理日益复杂化、多样化的发展特点，单靠个人和强调控制无法很好完成行政管理工作，这从某种意义上说也比较符合当前西方行政改革中强调放松内部管制和发挥团队工作精神的改革特点。

第三，注重公务员的知识化和专业化。日本地方政府建立了健全和系统的公务员培训制度和培训体系，其培训制度的健全程度在西方国家中位于前列，这种健全的培训制度为日本公务员的高素质和知识化提供了重要的保障。不仅如此，在现代日本社会里，日本官僚拥有无与伦比的权威地位，与这种通过培训而形成的能人政治有着不可分割的联系，他们在某种意义上是能人统治理想在一定境界的实现。

第四，公务员制度的兼容性。众所周知，日本的公务员制度受西方国家影响，特别是美国的影响较大，但它不是简单对西方公务员制度的全盘照搬，而是根据本地区的具体实际与民族传统、心理特点，兼收并蓄、博采众长，建立起具有各地特点的公务员制度。日本地方公务员制度既是其本民族特色的体现，也是其学习借鉴西方国家公务员制度的结果，具有封建主义与现代民主相融合的异质性，一方面具有完善的法规体系，如重考试与实际能力相结合的能力主义原则、强调民主与效率的高度统一；另一方面则在其精神上体现了强烈的民族特色，注重责任感、团队精神、下级对上级的绝对服从，强调共性，重视群体，忽视个性发展等。

第五，严格的定员编制与定员的组织管理。现行的编制定员管理，主要着眼于抑制编制定员的膨胀，并根据政府各部门行政任务的增减，对编制定员进行强制再分配。对行政任务衰减的部门，按业务工作的合理需要，削减编制定员；对行政任务明显增加的部门，给予必要的最低限度的增加编制定员。为此编制定员的基本组织工作，首先就是根据总定员法，制订编制定员削减计划，按年度组织实施，并严格审查和控制增编要求，从而在社会经济形势不断变化、行政任务复杂多变的情况下使政府公务员总体上实现编制定员的逐年缩减。

总定员法即关于国家公务员编制定员的基本法，是各级政府机关职员的编制定员的法律。它规定了各地区所必需的编制定员的最高限额。各地区的编制定员数，在总定员法制定以前，是由各地区的设置法来确定的，总定员法制定以后，由总定员法规定各地区编制定员的最高限额，在这个最高限额内，由地方议会负责用政令方式确定各部门的编制定员数。因此，地方政府可以根据各部门行政任务的增减，机动地在总额内调整各单位的编制数，这就为各部门有弹性地配置编制定员准备了前提条件，也为由地方政府制定编制定员计划提供了条件。各单位都要重新认识本部门的行政任务，并进行认真的分析，通过简化办事手续，提高工作效率，合理调整行政事务，并对减少行政事务的部门，制订削减编制定员计划，经过计划期内几年的努力，达到削减编制定员的目标。

第六，日本地方公务员的职业导向。日本地方公务员的职业导向主要表现在两个方面：其一，使命感和对公共利益的认知。提高地方公共产品的供给质量，从而促进地方社会的发展，有赖于公务员自身的使命感和他们对公共利益的认知。日本地方公务员把造福一方作为自己的使命，而不是单纯地服务于地方政府与其他自治体或特定的选民。尽管这些看起来比较抽象，但却又是不可忽略的，它是日本地方公务员制度中的一个重要特征，它有助于公务员对特殊利益集团的要求的抵制。其二，对地方发展战略的认同。地方公务员对地方发展战略的认同使得地方公务员在带动当地居民发展经济、促进社会发展等方面起到了模范作用。

第五章

日本地方公务员制度的启示

中日两国虽然在国家制度性质上有根本区别，但在许多具体的制度上，如企业管理制度、家庭制度、教育制度、公务员制度、医疗制度等都有诸多相近之处，可以通过借鉴，使原有的制度或者机制更加完善。

日本公务员制度建立于 1947 年，是日本政府对美国公务员制度的移植。但在六十多年的运行实践中，这一制度逐渐与日本本土文化、社会、政府行政管理体制相结合，形成了具有日本特点的国家公务员和地方公务员制度。而中国公务员制度确立较晚，是以 1993 年《国家公务员暂行条例》的颁布为标志。该制度运行十多年后，直至 2005 年 4 月，第十届全国人民代表大会常务委员会第十五次会议通过了首部《中华人民共和国公务员法》，并于 2006 年 1 月 1 日正式实施。这才标志着中国公务员制度进入了真正意义上的法制化轨道。中国公务员制度是延安时期党的干部制度、新中国建立初期借鉴苏联的国家干部制度、改革开放后借鉴西方发达国家的公务员制度，以及中国共产党在长期革命斗争和社会主义实践中的干部管理经验总结的基础上建立的。因此，这一制度建立之初就带有明显的中国特色。从年龄上来看，中国公务员制度无疑比日本要年轻得多，在这一制度的运行和完善中，如何与中国文化、社会以及现代政府行政管理相结合，还有相当长的路要走，日本公务员制度的本土化过程及经验有可资借鉴和参考之处。

在了解日本地方公务员制度的制度变迁、历史渊源、产生背景和演化过程，以及日本地方公务员制度的内容和日本地方公务员制度改革的内容和特点后，本章将从日本国家公务员和地方公务员体系设置、日本地方公务员制度对公务员的影响以及日本地方公务员具体的运行制度三个方面，从宏观到微观深入探讨日本地方公务员制度对中国的启示和借鉴意义。

第一节　日本央地关系与公务员体系设置

二战之后，日本建立了地方自治制度，这使其集权型的中央与地方关系注入了更多地包含地方分权的内容。作为实行地方自治的日本，其在公务员体系的设置上采用地方公务员体系相对独立于国家公务员体系的方式。这种设置为地方自治提供了较好的保障，促进了地方自治的发展。在国家公务员和地方公务员相对分离的同时，也存在将它们联结起来的机制，即国家公务员的地方任职，这一人事安排使中央政府仍然对地方政府保留着相当的控制力，是单一制地方分权国家加强中央集权控制的一个典范。本节内容将对日本中央与地方的关系（以下简称“央地关系”）及公务员体系设置进行详细介绍。

一　现代国家中央与地方政府关系

日本公务员体系的设置是其中央与地方政府关系的一个重要的构成方面，是中央与地方政府关系在人事方面的重要体现。因此，了解日本央地关系对深入理解其公务员体系设置具有重要意义。日本的中央与地方政府关系既体现了现代国家央地关系的共性，同时也具有其自身的独特性。根据国家结构形式的不同，可将各国划分为单一制国家和联邦制国家两种类型。这两种类型的国家在央地关系上存在一些根本性的区别。然而，随着现代福利国家的形成，单一制国家和联邦制国家开始共同面临地方行政事务量的膨胀这样一些共同的课题，使得单一制国家和联邦制国家在央地关系上出现了某些趋同的方面。

（一）现代国家中的单一制和联邦制

单一制国家和联邦制国家的根本区别在于：主权权力是由中央政府独占还是由其与地方政府分享；由中央政府独占主权权力的是单一制，由中央政府同地方政府分享主权权力的是联邦制。主权权力说到底，就是在国家生活中一定的国家机关对某一方面公共事务的最终的决定权。一个联邦制国家的地方构成单位在或多或少的公共事务上拥有这种决定权，是该国能称为联邦制国家的原因所在，也是其与单一制国家最根本的不同。正因如此，美国研究联邦制的权威学者——威廉·H·利克尔才将联邦制度定义为："将政府活动分成地区和中央两大部分，彼此各有某些专司，并负责其最后决定之政治组织体。"即是说，作为联邦制，不仅中央政府与地方政府之间应存在权力分配关系，且必须存在着主权权力的分享关系，否则就是单一制。

在统治结构方面，联邦制国家普遍实行地方自治，中央政府和地方政府各自有自身独立的决策－执行体系。单一制国家有的推行地方自治，有的则不是。是否推行地方自治成为判断单一制国家不同类型的标准。按照这一标准，凡是推行地方自治的属于地方自治单一制国家，反之则是中央集权单一制国家。中央集权单一制的特点，一是地方自治权（或自主权）很小，或宪法虽笼统地规定了广泛的自治权，但若无中央国家机关的允许，地方实际无法行使这些权力；二是中央行政机关往往直接指挥控制地方各级行政机关并监督地方代议机关，地方行政长官不对本级议会负政治责任而对上级行政机关负责。在发达国家中，1982 年权力下放改革前的法国是比较典型的中央集权单一制。

本章所要讨论的日本就属于典型的地方自治单一制国家，它们的主要特征是地方自治权比较广泛，地方政权机关虽然不享有主权权力，得接受中央国家机关监督，但处理本地事务不受上级行政机关指挥、命令，而是直接对法律负责，甚至地方自治还受到一定程度的宪法保障，如有些国家用宪法直接规定地方自治的原则和基本内容等做法即是其例。这种类型被认为是当代大多数中央集权单一制国家的未来发展方向。

（二）单一制与联邦制国家央地关系的共性

虽然联邦制国家和单一制国家存在根本性的区别，但是在现代社会，联邦制国家和单一制国家在中央地方关系上开始出现明显的趋同，这些趋同特性包括以下几个方面。

第一，集权与分权同时进行。在现代社会，随着福利国家的形成，享受医疗、社保等福利已经成为公民的权利，而向公民提供福利成为国家的责任。因此，国家不仅只是有效地提供市场经济所需要的制度和规则，而且还直接提供公共物品、劳务和社会服务。在这种情况下，各国地方的行政事务不断膨胀。由于中央政府在处理地方事务上效率低下，因此不得不将大量行政服务的生产、供给交给地方，以求依靠地方政府向公民输送福利，这使地方政府成为更有效率和更具回应性的福利国家的"引擎"。因此，地方政府职能不断扩大、地方分权化是现代福利国家中央与地方关系的基本趋势。① 但在中央政府向地方政府分权的同时，也需要监督地方政府的公共服务提供是否符合国家设定的标准和要求，因此，国家便通过种种手段来监督和诱导自治体的行为，这又使中央政府在某些方面出现了一些集权的倾向。

第二，中央政府通过法律手段和财政手段控制地方。在地方分权和地方自治的条件下，地方在政治上和行政上具有较大的独立性。因此，在西方各国，中央对地方的政治控制和行政控制，已逐步被法律控制和财政控制所代替。中央不能任命地方官员，直接干涉地方事务。但是，中央可以通过法律手段和财政上的“制约和推动机制”来调控地方政府的政策目标和行政活动。西方各国中央政府都建立一套比较完整的中央地方政府的“财政制约和推动机制”，并以此来调控地方的财政和行政，引导地方政府的政策。这一机制以中央政府控制大部分财政收入为基础。

这种现状使得在西方各国，中央政府的财政收入总额要高于地方政府，约占总收入的60%以上。但由于中央政府将这收入的一部分以财政补助的形式拨给地方，中央政府的财政支出总额往往低于地方政府，大约占总支出的40%左右。这种掌控大部分的财源的财政补助的形式，形成了中央控制地方，地方依赖中央的财政基础，而返回给地方的财政补助则是中央政府推动地方政府执行国家政策和宏观协调社会发展的重要手段。

第三，中央与地方相互依存。在相互依存的关系中，中央与地方各级政府都各自具有互不干涉的领域，但同时又具有共同关心、共同负责的领域，并在共同的领域中进行合作。这是因为，一方面，对于大部分公共福利事业的实施，中央政府在必不可少的组织资源和信息资源的占有方面不如自治体，因此产生了中央对地方的依赖；另一方面，在集权化的条件下，地方自治体不得不依赖中央政府的财政补助及其他的行政资源，所以地方政府也必须依靠中央政府。此外，在现代福利国家中，中央和地方的信息流向是双向的，双方都掌握着对方需要的信息。并且，中央和地方的作用力也是双向的，不仅中央依靠财政等作用于地方，地方也会为了从中央手中获得更多的资源而想方设法影响中央。

---

① 林尚立：《西方国家中央与地方关系的特点及其发展趋势》，《松辽论坛》（社会科学版）1992年第4期。

第四，中央与地方关系协调的法制化、规范化和制度化。从具体内容来看，现代国家中央与地方关系的协调机制包括立法协调、行政协调和司法协调等。但无论采取哪一种协调机制，都采取了较为规范化和制度化的形式，其中“依法而治”成为现代国家处理中央与地方关系的核心原则。中央与地方的博弈，主要是围绕着相关法律法规的制定、执行和司法裁决来进行的。法制原则是西方各国在协调中央与地方关系中所奉行的基本原则。现代西方各国的中央与地方关系，不仅都确立在明确而广泛的宪法和法律基础之上，而且都努力通过法律化，制度化和程序化的手段进行协调。大多数现代国家都在法律中有规范中央与地方关系的相关内容，有的是在国家的根本大法——宪法中加以明文规定；有的则是制定专门的关于中央与地方关系的法律，如“地方自治法”或“中央与地方关系法”。德国的宪法《基本法》对联邦和地方的关系做了专门的论述，尤其是对联邦和各州的立法权限做了详细区分，将其划分为“联邦专有立法、竞争性立法、联邦框架法、共同职责、州专有立法”五大领域。在法制原则下，中央政府不论是集权还是分权，也不论是向地方政府增加财政拨款还是减少财政拨款，都必须通过法律和制度的程序进行。中央政府即使有再大的权力，也不能随意行事，地方虽有自己明确的活动范围和在这范围内的自主权，但也必须完全执行国家的法律和法令。地方的权力受法律保护，它的行为和活动则受法律的规范和限制。因此，法制原则使得中央与地方之间相互尊重，中央不能随意侵犯地方的利益，地方也不能随意违背中央，破坏中央政府发出的国家法令和政策。中央与地方之间的矛盾和冲突可通过法律和制度的手段予以消除和解决。这样中央与地方关系就能保持一种相对稳定状态。一旦中央与地方产生纷争，一般由专门的机构按照现有相关法律进行仲裁，司法体系常在其中起着关键的作用。全球有 50 多个国家设立了以监督和保障宪法实施为宗旨、以违宪审查为主要职能的宪法法院，不少中央与地方之间的纠纷是由其宪法法院来进行裁决的，例如德国的联邦宪法法院具有作为独立宪法机构的宪法保护职责（《基本法》第93、94、98条），并且它也拥有自身的管理机构，与其他类型法院相比，它具有高高在上的地位。法国设有宪法委员会，作为违宪审查机构，它对法国立法机构、行政机构和司法机构均有约束力，被认为是法国所有公权力的最高机构，负责裁决中央与地方产生纠纷时的宪法问题。与此同时，对于中央与地方在行政事务领域的争端，法国一般由相应的行政法院进行处理。法国的行政法院名义上属于行政系统，实则是独立于行政系统和司法系统之外的行政司法机构，可以受理包括中央与地方问题在内的行政纠纷。

二　战后日本中央与地方关系

战后日本的中央与地方关系，总体上兼具备集权与分权同时进行，中央与地方相互依存，中央通过财政和法律手段控制地方，是央地关系的法制化、规范化等各国共有的特征。但其央地关系的具体发展过程及中央与地方相互作用的具体方式体现了其自身的独特性。

（一）战后日本地方自治的建立与发展

1. 战后日本地方自治的制度框架

（1）宪法对地方自治的原则性规定

日本是地方分权型单一制国家，实行地方自治，都道府县和市町村两级行政区域都属于地方政府，被称作“地方公共团体”或“地方自治体”。二战以后，日本开始真正建立起地方自治制度。1947 年 5 月，《日本国宪法》和《地方自治法》同时施行，日本地方自治得到制度性的保障。根据宪法和地方自治法的规定，地方公共团体遵照法律的规定自主决定自身的组织和运营事项。为将这一规定所包含的“居民自治”这一要素具体化，宪法第 93 条规定了地方公共团体的首长和议会由居民直接选举产生。此外，宪法还对地方公共团体拥有的权能做出了规定，“地方公共团体具有管理财产、处理事务以及执行行政的权能，可在法律范围内制定条例”，这些涉及到除司法权以外的自治立法权、自治行政权、自治财政权。为保障地方公共团体的自治权力，宪法还对国家对有关地方事务的立法权力作了一定的限制，第 95 条规定“仅适用某一地方公共团体的特别法，根据法律规定，非经该地方公共团体居民半数以上同意，国会不得制定”。

（2）地方公共团体的事务

日本的中央政府主要负责“国家的事务”①，主要包括：法律、司法、外交、国防与货币发行等国家在国际社会上存在所必需的事务；需要全国

① 魏加宁、李桂林：《日本政府间事权划分的考察报告》，《经济社会体制比较》2007 年第 2 期。

统一处理的事务；需要站在全国的角度制定计划和方案的事务；需要高技术或者需要巨额财政资金的事务。具体包括：司法；刑罚以及国家的惩戒；国家的运输、通信；邮政；国立教育及研究设施；国立医院及疗养设施；国家的航空、气象及水路设施；国立博物馆及图书馆。与之相对，日本地方自治体的处理的各种事务包括自治事务和来自国家的机关委任事务。自治事务是指普通地方公共团体以其自身的责任和义务而推行的各种事务，可分为都道府县的自治事务和市町村的自治事务。其中都道府县作为包括市町村在内的广域自治体，负责处理以下事务：①“广域事务”：超越市町村行政辖区范围，涉及广泛地域（跨地区）的事务（如制定地方综合开发计划、治山·治水事业等）；②“统一事务”：需要统一处理的事务（如维持义务教育以及其他教育水平、警察的管理及运用等）；③“联络调整事务”：有关中央政府与市町村之间的联络事务，以及对市町村的行政工作进行提议、指导（如对市町村的组织及其运营的合理化提供建议、劝告、指导等）；④“补充事务”：不适于由一般的（单个）市町村来处理的大规模事务（如高中、医院、研究所和美术馆等）。而市町村作为和居民关系最为紧密的基础自治体，承担着与居民日常生活最直接相关的行政工作，负责处理除都道府县所负责的行政事务以外的所有事务，主要有：与居民生活相关的基础性事务（例如办理户籍、居民登记、开具各种证明等）；有关居民安全、保健以及环境保护等的事务（例如消防、垃圾和粪便的处理以及上水道、下水道、公园等的修建）；有关街区建设的事务（例如城市规划以及道路、河川和其他公共设施的建设、管理）；有关各种设施的建设、管理事务（例如公民会馆、市民会馆、保育所、中小学校、图书馆的建设与管理）。

在 2000 年 4 月 1 日《地方分权总法》正式实施之前，日本地方公共团体承担着中央政府机关的委任事务。机关委任事务是指依照法律或基于法律的政令委任地方公共团体的首长及其他机关处理的国家、地方公共团体及其他公共团体的事务，如由知事、市长等实施的生活保护等。

（3）地方公共团体的权限

根据法律的规定，地方公共团体拥有自主财政权、自主行政权和自主立法权以及基于行使这三项权力推导出的自主组织权。关于自主行政权，即在法律框架内自主地处理上述地方公共团体的事务。

自治财政权是地方公共团体为行使行政自治权而筹措、支出经费的权能，它是地方自治的基础，也是衡量其自治程度的客观尺度。一般而言，处理事务的权限即使得到保障，如果与其相适应的财源得不到保障，就谈不上真正的保障。日本宪法通过保障地方公共团体的财产管理权、事务处理权以及行政执行权，同时也保证了地方公共团体行使权能的财源。日本分别设置中央、都道府县、市町村三级财政预算，地方公共团体的财政收入可分为自主财源和依赖国库的财源两大部分。自主财源包括地方税、杂项收入、分担金、地方债和财产收入等。而依赖国库的财源则包括地方交付税、地方让与税、国库补助金等。地方公共团体自主财源的最大收入项目是地方税，地方税约占全国税收总额的三分之一，另外三分之二为国税，而与此同时，地方公共团体的支出却占到全国公共支出的三分之二左右，因而日本地方公共团体的自主财源并不够充实，这也使地方公共团体的自主财政权受到一定的限制。

自治立法权是地方公共团体为了行使行政自治权而依法制定必要条例的权能。如上文所述，宪法对地方公共团体的条例制定权做了保障。该规定中的条例意味着一般地方公共团体的自主法。自主法的形式除地方议会制定的条例之外，还有地方首长的制定的规则、各种委员会的规则及其他规程。当然，地方自治条例属于地方公共团体的自主性规则，不得与国家的宪法、法律、法令相抵触。自主组织权势地方公共团体为行使行政自治行政权而依法组织决议机关和行政执行机关所定的权能。日本宪法第 93 条以决议机关和行政执行机关的分离为前提，规定议员和行政机关的首长必须由居民直接公选的制度。宪法第 92 条在上述基本构造和法律的范围内，保障地方自治组织权。据此规定，都道府县设立局、部机构，市町村依据条例规定设置必要的部、课机构。

（4）地方公共团体的政治机构和行政机构

日本地方公共团体在政治机构上采用首长和议会都由居民选举产生的“二元代表制”，“二元代表制”重视权力的分立和均衡，因而地方首长和议会是相互牵制和对抗的关系。与此同时，首长被赋予了更大的权限，拥有相对于议会的优势，因此日本地方公共团体的政治机制是一种“二元代表制”下充分发挥以“首长”为核心的强力领导的机制①。

在行政机构上，日本地方公共团体采用了“执行机构多元主义”，一

① ［日］金井利之、伊藤正次：《日本地方自治》，三联出版社 2007 年版。

方面，首长拥有广泛的职权，包括条例案、预算案等的提案权、人事权、组织编制权等广泛的权限。另一方面，首长并非唯一的执行机构，根据法律规定设置的委员会等也作为地方的执行机构存在。其具体表现就是行政委员会制度。行政委员会是由许多委员构成的合议制行政组织，被定位于相对独立于行政首长的执行机构，拥有规则制定权等“准立法”机能，同时兼有行政审判等“准司法性”职能。地方公共团体的行政委员会有“教育委员会”等，行政委员会的制度是19世纪末至20世纪初在美国发展起来的，战后通过占领改革引进日本。与国家一样，自治体也导入了这种行政委员会制度。之所以采用执行机构多元主义，通常的解释是为防止拥有广泛和强大权力的行政首长过分介入并干预教育、选举管理、人事行政等需要确保“政治中立性”的领域。通过将负责这些政策领域的行政委员会设定为与首长并行的执行机构，可以起到牵制行政首长权力的效果，并确保在该政策领域的政治中立性。

（5）地方自治的居民参与

地方自治是以居民自治为核心要素的。自治体与国家最大的区别就在于与居民的密切性。日本的“居民自治”作为地方自治的构成要素，处在一个不断发展和强化的过程之中。从日本现行行政制度来看，居民自治制度是有居民选举、投票、请愿、陈情、提案、居民诉讼和居民监察请求等方式组成的。

通过一系列的原则规定和制度设计，日本地方自治制度的框架被构建起来。日本在传统上属于集权型国家，二战之后，随着地方自治制度的建立和发展，日本的中央地方关系由战前的集权型向分权型转变。

2. 战后地方自治的发展历程

日本地方自治的发展不仅体现在相应制度的建立和完善上，也体现在地方自治的实际运行之中。随着战后日本地方自治体所面临的政治、经济、社会环境的转变，地方自治也经历了一个发展的过程。这个过程体现了自治体作为利益主体意识的觉醒和政策水平的提高，显示了自治体走向成熟的事实。

20世纪60年代，中央政府为了解决高速经济增长带来的都市人口、产业集中，农村人口减少问题，缩小地区差距，实现日本经济的平衡稳定发展，开始推行地域开发政策，指定地区开发的核心区域为新产业都市，促进产业基础，都市设施的完备。各地方政府积极回应中央政府的政策，为了被指定为新产业都市，各地方政府通过选出代表地区利益的国会议员，向中央政府施加压力，开展了请愿大战。这表明，地方政府作为获得地域开发有关的财源和权限而竞争的政治主体已经成熟，同时也意味着，与地域开发有关的行政资源由中央政府掌控。

20 世纪 60 年代到 70 年代，伴随着经济增长下的地域开发和工业化，环境公害问题日益严重，因此各地要求国家和地方政府、企业采取公害对策的居民运动风起云涌，受到这些活动的影响，横滨市、大阪府等诞生了一些新的自治体，这些自治体被称作“革新自治体”，革新自治体积极推动高于国家规定基准的公害防止政策同时将重点置于福利政策，实施老人医疗免费化和支付儿童补贴等措施。

20 世纪 70 年代到 80 年代，以创造地区文化、充实市民自治、实现地域经济自立为目标的各种措施更加丰富。神奈川县长洲一二知事根据革新自治体的实践提出的“地方的时代”成为流行语。大分县平松守彦知事推动的“一村一品运动”，作为活跃地区经济的刺激策略，受到广泛关注。

（二）中央政府对地方政府的集权和控制

如上文所说，随着地方自治制度的建立和展开，战后日本的中央地方关系由集权型向分权型转变，但这种转变仍然是相对的，战后日本的中央地方关系还是残存着集权型的特点，中央仍然通过种种手段保持着对地方的控制力，地方事务的实质决定权仍然高度地保留在国家手中，国家对地方的控制主要包括如下几个方面。

一是机关委任事务制度，即中央政府委任地方政府办理相关事务。在各级地方公共团体中的行政业务中，大部分的业务属于“机关委任事务”。根据日本学者的推算，机关委任事务占到都道府县事务的 70%—80%，市町村事务的 30%—40%。对于这些事务，中央有权进行指挥、控制和监督，机关委任事务的内容不允许地方议会干预，并且对于拒绝执行机关委任事务的地方首长还可以用“职务执行命令诉讼制度”加以制约。因此，对于占据地方公共团体行政事务很大比例的机关委任事务的处理，地方公共团体需要听命于中央的决定和指挥，中央可说在实际上控制了很大部分地方行政事务的决定权。

二是组织控制。国家对地方公共团体内部组织的种类和数量进行管理。都道府县的局、处级机构的数量、名称由中央政府决定，地方政府如超过规定设置则须得到自治大臣批准。市町村的行政机构虽可自主设置，但它们与都道府县一样会受到中央行政部门迫其设置“对口机构”的压力。中央行政部门还常用“定员模型”对各地方政府的定员管理进行“行政指导”。

三是财政控制。日本采用分税制确定中央与地方的总体财源结构，国家收中央税，地方公共团体则收地方税，并使其相对稳定；然后通过国家收入的再分配对地方财政进行调控，从而既可以调整地区间发展不平衡，又可以实现控制地方财政的目的。具体而言，财政控制主要是通过以下几种途径实现的。①分配地方交付税。从表面上看，地方交付税似乎是严格按照公平、科学的办法进行分配的。其大致作法是：国家把法人税、酒税、所得税和消费税等国税按一定比例划出作为交付税原资，将其中的96%作为普通交付税、4%作为特别交付税向有财政“缺口”的地方政府拨放。这种“缺口”是按照固定的计算方法算出来的。但事实上，由于地方交付税的原资有限，不可能堵上各个地方政府的所有缺口，于是便需自治省官员出面“指导”。结果，普通交付税最后多是按自治省预定数额发放的，特别交付税是用来应付天灾人祸等特殊情况的，更由中央政府官员执掌分配大权。因此，当地方政府不肯俯首听从中央政府部门指挥时，便可能受到“减少交付税”的威胁[①]。②划拨国库支出金。国库支出金明显体现了中央政府对地方的干预。国库支出金主要分为国库委托金、国库负担金和奖励性补助金3种。其中又以奖励性补助金的干预程度为最大。因为国库委托金（用于选举等事务）和国库负担金（用于义务教育等事务）的数额和用途都相对固定，而奖励性补助金的发放则随意性较大，因而是地方政府官员挖空心思向中央政府争取的财源。③掌管地方公债发放的许可权。按日本地方自治法的有关规定，地方财政在得到地方税和交付税、国库支出金后仍入不敷出时，可以发行地方公债。在投资、救灾、筹措公共设施建设资金方面，也可自行发行公债。地方债虽不由中央直接向地方支付，但其受中央控制的程度却不亚于地方交付税。这是因为，如果地方政府借地方债后无力偿还，最后还是要由中央政府来收场。因此，地方政府每借一笔地方债都要经过自治省严格审批。自治省每年都要制定

① 韩铁英：《团体自治的虚像与实像——日本中央与地方的关系浅析》，《日本学刊》1997年第4期。

详细具体的“地方债审批方针”。地方政府的财政赤字过大、税收征收率过低、政府官员的工资或退职金过高等都可能成为中央政府拒批借债的理由。由此可见，审批地方债也是中央控制地方的重要手段。由于地方交付税和补助金的发放受制于中央政府官员特别是自治省官员的分配权，因此地方财政平衡金交付制度从财政上强化了中央对地方的干预，同时也使战后地方政府自主的财政来源未能得以充实和发展，因而加大了地方对中央财政的依赖程度。

除此之外，中央政府还通过设置地区性机构的方式加强对地方事务的组织和协调。1965 年，日本通过法律，把全国按自然区划分为 9 片，分别设立“地方行政联络会议”。联络会议由自治省组织，成员为都道府县知事、政令指定市市长及中央省厅的有关官员。行政联络会议的主要任务是协调各府县之间的行政，讨论、研究地区性的中长期发展规划。会议结果必须报告自治大臣和有关大臣。这样，中央便可以透过这个窗口了解地方的情况和动向，并给予指导、进行协调。

三　日本公务员体系的设置

如上文所述，二战后日本央地关系的独特性体现在一方面地方政府作为利益主体和权利主体走向成熟，而另一方面中央政府仍保留着对地方政府较强控制力。日本公务员体系的设置对其中央与地方之间的这种相互关系产生了重要的作用。

（一）日本的公务员体系划分

由于日本实行地方自治，因此在法律层面，各层级政府不是相互隶属的关系，而是在“依法行政”的原理下具有一定的独立性和自主性。这客观上要求与国家公务员相对独立的公务员体系来承担地方的行政活动并使其符合地方居民的意愿。

日本采取了国家公务员和地方公务员相互分离、相对独立的公务员体系设计。在职务领域方面，国家公务员主要在中央省厅及其隶属的机构中工作，其工作的内容也主要是全国性的行政事务，涉及的政策领域也是全国性的。而地方公务员则在地方的行政机构中任职，负责本地方的行政事务。国家公务员和地方公务员分别有其各自的人事体系，其录用、晋升、工资、退职等互不相同，且国家公务员和地方公务员的身份相对固定，不能随意相互转任，职务升降只能改变公务员在各自所属的国家公务员或地方公务员体系中的位置，不能改变其本身的国家公务员或地方公务员身份。而不是地方公务员和中央公务员同属一根链条的不同位置，两者的身份都是国家公务员，且可以通过职务的升降和交流改变中央公务员和地方公务员的所属。

在国家公务员体系与地方公务员体系相互分离、相对独立的同时，国家公务员与地方公务员也存在将它们联结起来的机制，这一机制就是国家公务员被派遣到地方行政机构中任职，任职一段时间后再返回中央任职。

（二）日本公务员体系对地方自治的作用

地方自治的实现，一方面要依靠宪法给予的原则性保障和一系列的制度设计，另一方面作为相对独立于国家的一套决策—执行体系，地方政府政策制定和政策执行的水平也对地方自治的程度产生重要作用。而作为组成这套体系重要组成部分的日本地方公务员自身素质，一定程度上决定了地方自治水平的高低。日本地方公务员在政策制定中具有重要作用。日本学者寄本胜美将日本地方自治体的政治结构看成是四级结构，即首长、议会、居民和地方公务员。寄本胜美对盛行于20世纪70年代的“革新自治体”研究认为，地方公务员对“革新自治体”的发展具有重要影响，“革新自治体”常面临着有“革新”之名而无“革新”之实的窘境，在很大程度上与主导地方行政的地方公务员的抵抗有着密切的关系。她的研究说明了日本地方公务员在地方自治体政策制定和日常行政中的重要作用。的确，地方公务员不仅主导和较高程度地参与地方自治体的政策，而且也是政策的执行者。因此，对地方公务员进行合适的激励和诱导，以提高他们的热情、技能，并使其符合地方自治的需要是十分重要的。

地方公务员体系相对独立于国家公务员体系，两者之间相互分离，不能随意转任具有重要意义。这一设置给了地方公务员明确的预期，使其了解到其职业生涯就是在地方公务员这个体系内走完的，其录用、工资、培训、晋升等都最终归于在本地方的工作，从而使其能够专注于本地方的工作。这种相对独立性是与地方自治相适应的。

其次，日本地方公务员体系具有相对独立性的这种设计，可以适应不同于注重制定全国性的宏观政策国家公务员的工作特性，并且能够满足地方公务员不同于国家公务员的各种待遇上的期望以及注意国家公务员和地方公务员的均衡，由此能够充分地调动地方公务员的工作积极性，从而有助于地方自治体治理能力的提高。

（三）日本公务员体系对中央集权的作用

除了委任国家事务、限制组织和编制权以及财政控制之外，中央省厅也通过人事手段控制地方自治体，人事手段主要表现为中央与地方的人事交流，被称作“地方出向”，“地方出向”也对日本中央与地方的关系产生了重要的影响。“地方出向”是指地方自治体接收身份为国家公务员的中央省厅官员到本地方任职，这些来自中央省厅的官员过一段时间之后会再返回中央，在地方任职期间，这些官员的本籍仍然存留于中央，其身份仍为国家公务员，并听从中央的指挥。因此，地方出向是联结和沟通国家公务员和地方公务员这两个相对独立的人事体系的一种方式和机制。一般来说，中央省厅的官员是到与本省厅相对应的地方部、局任职，例如国土交通省以及农水省的官员通常会到地方的公共事业有关部、局任职，厚生劳动省的官僚则到地方卫生相关的部、局，而总务省的官员则在地方担任被称为都道府县“四大首脑”的知事、副知事、总务部长、财政课长等职务①。

之所以进行这种人事交流，中央省厅和地方自治体都有各自的动机。从中央省厅的角度来看，将国家公务员派到地方任职，是出于：（1）加强对地方的控制。（2）促进与地方的相互理解。（3）通过地方任职的经历达到锻炼职员的目的。　（4）扩大在地方自治体的人际关系网络。（5）地方任职官员期望通过地方任职为今后的职业生涯增加资本等。② 这些原因可以总结成出于控制的目的和出于控制以外的目的。在具体的人事安排上，如果中央省厅更加重视对地方的控制，那么则会要求自治体提供对于达到控制目的所必要的职位，并要求地方将派出的官员在地方出向期间固定在这一职位上。而如果中央省厅更为重视非控制的目的，那么在就地方出向与地方自治体进行交涉时，便不会表示出这样的倾向。而中央达到对地方的控制来说所需要的职位，大致上可分为掌握与中央省厅的权限相关联的信息的职位、主导地方自治体决策的职位、促进中央和地方共同利益的职位这三类。

---

① ［日］金井利之、伊藤正次：《日本地方自治》，三联出版社2007年版。

② 喜多見富太郎：《地方出向を通じた国によるガバナンス》，《東京大学行政学会研究書4》2007年。

而从地方自治体的角度来看，接收中央省厅的官员是由于：（1）通过中央省厅的高素质人才来弥补自身的人才不足。（2）将地方任职者作为自治体与中央省厅的牵线人，比如成为获取补助金的渠道。（3）通过地方任职者有不同于自治体任职经历的中央省厅任职经验，来加强地方自治体的活力。（4）让无地方政界关联的中央省厅地方任职者担任大胆的行政、财政改革的顾问或苦差等。这些可以总结为活用人才的目的和加强与中央政府关系的目的。与中央省厅相对，在具体的人事安排中，如果地方自治体更注重利用来自中央省厅的官员的能力，那么就会为其配置能够发挥其能力的职位，并且，为了更加充分、多方面地利用其能力，还会在出向期间对其进行频繁的人事调动，使其在更多职位上发挥他的水平。相反，如果地方自治体更为重视通过出向者加强与中央的关系，那么就会为出向者安排符合中央省厅意向的职位，并且在出向期间不会将出向者从此职位上调离。

地方出向人事之所以能够发挥中央对地方的控制作用，首先是在于日本国家公务员和地方公务员是相对独立的两个人事体系。由于国家公务员和地方公务员相对独立，而不是属于同一体系，其身份是相对固定的，国家公务员和地方公务员相互之间不能随意转任，地方公务员不能通过升迁进入到国家公务员体系，国家公务员也不因为到地方任职而改变其隶属于中央政府机构的国家公务员身份，这样的制度设计给了出向到地方的中央省厅官员非常明确的预期，即他们在地方出向之后仍然会回到中央省厅工作，适用于他们的激励规则如晋升也是在国家公务员这个体系内进行的，因此，他们会忠实地听从其所属省厅的指挥而不是被地方利益俘获，从而帮助隐瞒对中央省厅不利的信息或是帮助做出不利于中央省厅的决策。

其次，中央省厅还会采用“指定席”和“准组织”这样的策略来掌握地方自治体的信息和决策权以保证对地方的控制，在地方出向的过程中，出向者会随着任职经验增加而获得任职职位的隐性知识，人脉以及一些特定的信息。为了掌握这些资源，中央省厅会长期、持续地通过安排地方出向者来占据这个特定职位。这样，中央省厅掌握的信息和资源会积累得越来越多，而信息的实际管理权限也由于掌握信息职位被听命于中央省厅的任职者长期占有而有地方自治体转移到相应的中央省厅。这种自治体的特定职位被中央省厅的出向官员长期、持续占有的现象，被日本学者称作“指定席”。

并且，为了控制地方自治体的决策，中央省厅不只会设法占据某个指定席，还会占据在自治体组织图中“决定路线”上的其他职位，将他们也作为指定席，从而将出向者之间的决策转化为自治体组织的决策。这样，自治体的相应部、局便成为了自治体的“派出机关”，这种现象被称作“准组织”。既然自治体的决策是通过自治体的政治机构和行政机构作出的，那么除去拥有最终决定权的知事以外的职位，如果和居于上位的决策者没有一体性，就不能有效形成组织的决策。并且，考虑到组织运营的实际形态，即使可以通过地方出向占据副知事、部长等职位，如果没有听命于自己的、可以依靠的课长等部下，那么只凭职位权力也很难调度整个组织。而如果只通过出向占据课长职位，那么如果缺乏居于上位的部长和知事等决策者的支持和委任，那么也难以在组织的“决定路线”上贯彻自己的想法。反过来，如果在“决定路线”上能够同时占据多个拥有决定权的指定席，那么就能够通过战术性的人事配置增强对“决定路线”上反对者的对抗，并防止重视协调人际关系的自治体职场对来自中央省厅的拥有决策权的出向者的孤立，从而将少数出向者的决策转变为整个组织的决策。中央省厅通过准组织这一机制，将自治体的决策权转移到了出向者或者中央省厅的手中。

通过地方出向的人事安排，中央省厅掌握了地方自治体的信息和地方行政事务的实质决定权，这有助于中央省厅了解地方自治体在实际工作中的信息，并依据这些信息有效地调控地方的活动。比如在有关福利关系的政策的执行检查方面，负责监督的省厅通过地方出向将中央省厅的官员安排在地方自治体福利部门的指定席上，以了解福利政策执行的有关信息，并依据这些信息作出改善自治体福利政策执行的对策，从而使福利政策的整个制定、执行和修正过程更加顺利。同时，对拥有决策权的职位的控制能使地方自治体的决定符合中央省厅的目的。地方出向人事能够使中央省厅在立法权限和财源上占据优势的同时，减少其信息不完全的问题和在地方事务决定权方面的不足，从而更有效地控制和监督地方。这一人事制度使中央政府比前章节所述的中央向地方政府的派出机构更能深入有效地把握地方政府的动态。

四　日本公务员体系的设置对中国的启示

日本公务员体系的设置，对于其形成良性的央地关系，在保证地方自治和保证中央对地方一定的控制两方面发挥了重要的作用。在我国，改善中央与地方的关系也是一个重要的课题。日本公务员体系的设置，对于我国具有一定的借鉴价值。

改革开放以后，我国中央政府陆续出台了一系列以分权让利为主线的调整中央地方权力配置关系的重要措施，这使我国中央与地方的关系开始出现分权化的倾向。中央政府一方面进行经济上的分权，给予地方政府在经济上的自主性，另一方面实行以人事控制为核心的政治集权。

改革之初，为了迅速推动经济社会发展，针对改革前中央过度集权、过于僵化的体制，中央启动了分权放权的经济改革进程。从20世纪70年代到90年代，我国经济领域分权放权的改革大体经历了直接的放权让利、分灶吃饭的财政包干、分税制改革三个进程，贯穿此进程的主线就是中央向地方政府的经济分权。经济分权最重要的积极意义就在于地方政府、企业和社会获得了经济发展的强大激励。中国各地方政府拥有了相当的自主权，特别是地方政府成为事实上的地方产权拥有者。因为在分权放权的经济改革中，地方政府获得了中央政府所下放的企业控制权和管理权并且地方政府开始能够实际管辖和独立经营大部分国有企业，同时，改革后蓬勃发展的集体所有制企业的集体产权，实际上也控制在地方政府手中，于是地方经济资源和财富可由地方政府自由支配。地方政府就是在央地政府间分权和政企间分权中获得了自由支配本辖区的经济权力，这种经济发展的进程其实是中国市场经济改革中产权地方化的一种模式。从改革初期到年代中期的经济分权中，大量经济决策权力被下放给地方政府，各主要的经济职能部门，如计委、工商、税务、银行等划归同级地方政府管理不受上级职能部门控制。1994年的分税制以制度化的方式确立的中央与地方各自财政权力的领域，地方政府从此获得了规范性的制度化的税收权力。地方政府在强大的政治压力和经济激励下拼命发展经济。这样，地方政府逐步成为相对独立的权力和利益主体，其经济增长的主动性和积极性迅速提高，于是刺激经济增长、GDP大力扩张就成为地方政府的内在诉求和原始动力。

改革开放后我国政府间权力配置的另一个关键特点在于带有中央集权性质的政治调控，核心是组织人事的控制①。改革后，地方政府拥有相当

① 徐晨光、王海峰：《中央与地方关系视阈下地方政府治理模式重塑的政治逻辑》，《政治学研究》2013年第4期。

大的自主权，但在政治上，央地关系仍然保留了中央集权的结构，中央对地方官员有相当强的控制力，控制的核心机制就是中国共产党的干部人事制度，一定意义上，干部制度是支撑和维系中国党和国家制度体系的基础性制度，中央依靠此制度掌握地方政府和地方官员的核心信息监督地方政府的政策执行，并决定、制约、影响地方官员的政治升迁，主要的机制包括干部多头任职、异地任命、干部交流、晋升等，这样就能够尽可能地把合适的干部选拔上来，保证了干部队伍的一体化和执行力，从而保证足够的中央权威的政治调控和统一的行政管理。这其中的关键是中央政府始终坚持着政治结构中的核心组织原则，即党管干部。在党管干部的绝对原则下，对地方政府干部的任免、提拔、调动、审查和干部问题的处理，都必须由中央集体讨论决定并由主管党组织批准。这样，中央政府有足够权威去奖惩地方官员，推行自己的政策。比如，自改革开放以来，中共中央进一步加快了干部交流制度的建设，特别是20世纪90年代以来，干部交流工作被正式制度化。1990年中共中央颁布了《关于实行党和国家机关领导干部交流制度的决定》；1994年党的十四届四中全会进一步强调，要认真推行领导干部交流制度，加大省部级干部交流的力度，继续推进地市县级干部交流；1999年中共中央办公厅印发了《党政领导干部交流工作暂行规定》。2006年8月6日，中共中央颁布了《党政领导干部交流工作规定》，此前的《暂行规定》同时废止。90年代建立起来的干部交流一方面有利于减少腐败，促进了官员在地区（或部门）间的交流任职，而且客观上限制了官员在同一地区（或部门）的任期，这都将有助于破除官员因长时间在同一地区（或部门）任职而结成的“利益型关系网络”，进而减少腐败现象。显然，干部交流制度由于破除了官员之间的“利益型关系网络”，相应减少了处于这个关系网络中官员的腐败机会和腐败收益，进而具有反腐败效应。另一方面，干部交流可能搭建了一个沟通中央和地方（或部门）之间信息交流的桥梁，弱化了中央与地方之间的信息不对称，有助于提高中央反腐败工作的效率。具体来说，由于地方官员与中央的利益在很多情况下并非完全一致，因此，地方官员可能会为了维护自身的利益而向中央隐瞒当地的不利信息。而交流官员不会隐瞒交流地之前已经存在的不利信息，因此，他们会将交流地的真实信息传递给中央，从而降低中央与地方之间的信息不对称[①]。显然，中央逐渐掌握地方的真实信息，将有助于中央有针对性地采取相应措施和实施相应政策，以解决地方经济社会发展过程中存在的不良问题，其中可能就包括地方政府的廉政建设问题。此外，将地方官员的政绩作为进一步提拔其依据的“晋升锦标赛”也有利于加强对地方官员的控制，使他们更忠实地执行中央的政策。地方官员之间围绕增长而进行的“晋升锦标赛”模式是理解政府激励与增长的关键线索之一。事实上，在政绩考核激励体制下，无论是官员目标责任制还是官员服务体系，中央政府对地方官员的政绩考核主要是集中于对经济绩效的考核而社会民生、文化发展、人口控制等基础性的指标并没有被置于考核的重要位置。一定程度上地方政府的经济绩效成为中央政府考核评价干部单一的和最有威力的指挥棒。“没有这样一个强有力的中央控制，各地的地方主义倾向会大增，而这仅靠经济和财政政策是很难解决的。”

中央通过掌控地方政府领导干部的任免、晋升以及异地交流等增强了中央对高级官员的控制能力，遏制了省级势力，对于促进省级地方领导机构服从中央的领导权威具有积极的作用。尽管如此，改革开放后我国地方政府自利性的膨胀、行为的非规范性以及中央政策执行不力等由地方主义产生的问题仍然比较严重。对于此，日本处理中央与地方关系的人事手段具有一定的借鉴和参照价值，有助于帮助改善我国的中央与地方政府关系。

（一）使中央公务员与地方公务员两个体系相对分离。如前文所说，日本的地方出向人事之所以能够实现地方信息管理权限和行政事务的决策权限向中央的转移，达到中央控制地方的目的，是基于中央与地方两个相对分离的人事体系的，没有这样一种制度设计作为基础，在中央政府工作的公务员和在地方政府工作的公务员便会缺乏明确的预期。比如在我国，由中央被调到地方的公务员，可能由于年龄等因素会认为自己不会再回到中央获得进一步的晋升，因此便可能导致被地方精英集团俘获的可能性的滋长，从而导致中央对这一地区控制力的下降。而如果能够使中央公务员和地方公务员成为两个相互独立的人事体系，使中央公务员的工资、晋升、退职等都归于与地方政府“不相干”的体系之中，就可以给公务员明确的预期，从而避免上述问题的产生。目前为止，我国公务员只是进行

---

① 陈刚、李树：《官员交流、任期与反腐败》，《世界经济》2012 年第 2 期。

了横向的分类和纵向的分级，而没有将中央公务员和地方公务员分成相对独立的体系，地方公务员和中央公务员是属于同一“链条”上的，地方公务员是出于整个国家公务员体系中相对基层的位置而中央公务员则处于相对高层的位置。这种设置可以使公务员的调动更加灵活，有利于中央公务员和地方公务员的交流，但是会对公务员的预期造成影响，从而滋长他们的地方主义行为。因此，设置相对独立的人事体系可以促进良性的中央地方关系的形式。

（二）借鉴日本地方出向人事中使用的“指定席”和“准组织”策略。首先，根据制度经济学的观点，大型组织中的控制难题之一就是信息不完全的问题，要意识到中央政府派遣到地方任职的官员在掌握地方政府信息、沟通中央与地方上的重要作用，将中央政府派遣的官员放到信息管理的关键职位上，以解决中央政府在政策执行等方面与地方政府信息不对称的问题。其次，注意利用地方政府在决策方面的机制，对此可以借鉴日本中央省厅的“准组织”策略，在某一时期内，派遣中央政府的官员担任地方政府上的决策要职，并且派遣的要职可以不局限于省长、省委书记等上位职务，在某些关键的政策领域，还可以将中央官员派遣到相应的省级职能部门的厅长乃至更下面的处长，从而使派遣官员形成一个完整的“决策系列”，以影响甚至主导地方政府的决策，使决策的结果符合中央政府的目的。最后，为了使派遣的官员自身能够自主地承担起中央政府和地方政府的纽带和桥梁功能，可以将地方任职的经历作为中央政府官员向上的一种资本，将其地方任职工作的经历、优异与好坏作为其升迁时的一个重要考量标准。

第二节　日本地方公务员制度与地方公务员

日本和中国同为亚洲国家，社会文化和风俗较为接近。然而，在相近的社会文化中，日本和中国的有关地方公务员制度、地方公务员在公务员系统中的地位有本质区别。战后日本对公务员制度进行改革后，地方公务员制度有了《地方公务员法》的保障，使得地方公务员能更为自主地处理地方事务。其次，地方政府对地方公务员的分类与国家公务员的分类一样细致，并有独立的人事管理制度。这从很多方面影响了地方公务员在公务员体系中的地位。本节通过分析这些问题，结合中日地方公务员制度的不同，试图找出能够解决中国地方基层公务员现存问题的方法。

一　日本地方公务员制度与地方公务员的特点

公务员制度始于十九世纪的英国，日本的公务员制度是在二战后由美国人帮助建立的。日本以《日本国宪法》为根本大法，以《国家公务员法》《地方公务员法》及人事院规则、指令和地方有关条例等为基本法规，以刑法、民法、教育法、外务法、劳动法等为相关法域，形成了一套较为完整的公务员法体系。前文已经详述了地方公务员的定义和类别，本章将详细阐述日本地方公务员制度与地方公务员的特点。

（一）日本地方公务员制度的特点

日本于1946年10月颁布了《国家公务员法》、1949年12月颁布了《地方公务员法》，经过对公务员法的数十次修订补充，日本现已形成了比较科学完善的公务员制度。相较于其他国家的地方公务员制度，日本地方公务员制度有《地方公务员法》的保障，存在着自身的特点。

1. 较为细化的人员分类管理

日本地方公务员队伍的定位非常明确，凡由地方公共财政承担经费开支的人员都属于地方公务员范畴。除行政机关外，其它地方公立机构如学校、医院，公有企业的从业人员均为地方公务员①。其管理依据《地方公务员法》。

如前章节所述，日本公务员队伍在纵向上分为国家公务员和地方公务员，在横向上分为特别职公务员和一般职公务员。特别职公务员主要是由选举产生，随党派而进退，在竞选上台后成为公务人员，下台后又恢复其原本的民间身份；一般职公务员则通过公开考试录用，职务晋升必须通过考核，以业绩为衡量标准。一般职公务员又按行政事务、警察（消防）、公营企业、教育公务员四个种类进一步细化。这种分门别类并且条理清晰的管理充分体现出不同类别公务员的职业特征，使整个人事管理更具有针对性和实效性。

2. 相对独立的人事管理体制

日本地方政府人事管理机构的主要职能是，制定地方公务员管理的各

---

① ［日］横井秀明：《図解：による法律用语辞典》，自由国民社2003年版。

种实施规则，维护地方公务员的合法权益，推行保障地方公务员队伍的稳定的政策措施，审议仲裁地方公务员与其使用机关的各类纠纷等。在其机构设置上，地方级的人事委员会，相对游离于各级行政体系之外。设置这样的人事管理体制，主要目的是为了使人事管理能排除行政长官意志等人为因素的干扰，更加超脱地按照人事行政规律开展业务。特别是由于日本地方政府选取的各级行政长官均由党派竞争选举产生，人事机构的相对独立，可最大限度避免公务员队伍因党派轮流执政而无所适从，保持政策延续和队伍稳定。

其次，地方政府的自治，意味着地方政府公务员的管理体制相对独立于国家公务员的管理体制。从公务员的录用、选拔到管理，日本地方政府对于公务员制度的把控力度很大，遵从自身的需求选择，更适合于地方行政环境的公务员。对于地方公务员职级、待遇的确定，也是由地方政府自行判定。虽然从国家公务员和地方公务员各方面的差别来看，国家公务员比地方公务员拥有的各方面权限更大、受到的惩罚力度更小，但地方公务员在自治的行政环境下，有着独立的人事管理体制，这对于公务员晋升、管理方面都有着比较深远的作用。

（二）日本地方公务员的特点

公务员制度，奠定了公务员是人民公仆的基调。在地方政府的实际运作过程中，所处地位最低的地方公务员占据了十分重要的位置。

1. 地方公务员的功能概述

所谓地方公务员，是指地方公共团体的所有公务员。具体的判定标准可归纳为以下三点：一是其所从事的是地方公共团体的事务；二是具有地方公共团体作为公务员的任命行为；三是从地方公共团体接受等价报酬①。

（1）地方公务员的功能定位

从结构的角度说，基层是指在一个严密的组织形态中，相对于中层与高层的层级。在整个组织的层级中，基层不仅是指组织结构的基础，也是中层与高层的支持力量。从整个政府体制的角度来看，基层的内涵则是除了形成个别机关的要素以外，代表着不同的政府层级，如县乡两级在整个政府架构中，是相对于中央省市政府的基层。所以，地方公务员同时具有以下两个意义：

---

①［日］《地方公务员法》第2条。

第一，单一政府机关或机构中，位于较低层级的公务员；第二，中央与地方政府体系中的下级地方政府中的公务员。

在此着重叙述的主要是基于后一定义的地方公务员，即中央与地方政府体系中的下级地方政府中的公务员的功能特质，及其与政府运作的互动关系。需要注意的是，无论是基于何种角度，地方公务员代表的是一种相对而非绝对的概念，比如中央政府和省级政府相比，省级政府属于基层，但省级政府相对于市级或县级政府，又是领导者。

（2）地方公务员的职能作用

地方公务员在权责功能及职位定位上都有其特殊性。首先，基于职位性质，地方公务员位处底层，但在身份上与其他公务员得到同等保障，行使各项职权也须具有法定依据。在公务员系统中，地方公务员日常工作基本取决于法定权责，而非上级的安排和规划，只要不触及法令规定，与其他层级公务员一样，均有权代表政府履行特定职责。在必要的情形下，由于自由裁量权的适当扩大，地方公务员在紧急情况下可先行做出决定，再向上级汇报。

其次，地方公务员在履行自己的原有职责时，是政府与公民直接接触的中介，高层或中层公务员需要借助地方公务员的行为，来实现各种政策的目标，同时，公民向地方公务员反馈公民对上级政府的意见和对政策的反应。他们既是民众信息的接收者，也是政府政策的诠释者。无论是国家政府组织或是地方政府制定的决策，地方公务员是各项政策与决定的最终执行者，他们需要采取措施落实特定施政目标，更需要将该施政内容详细地向公民加以诠释。

概括地说，在政府运作过程中，地方公务员接受来自于上层政府的政策要求，也负责处理政府与公民的关系，基本可以断定：地方公务员本身是整个政府运作过程中的重要变数。他们的行为决定了公民对政府的印象，也决定了上级政府制定政策的目标实现程度。切实来说，在此处，地方政府的公务员素质直接决定了中央政府的政策目标实现程度，也可间接决定公民可以获得的地方公共服务的质量，以及基于此产生的对政府的满意程度和认可程度。

2. 日本国家公务员与地方公务员的区别

从形式上看，国家公务员与地方公务员在横向分类上，在诸如考试、任用、工资、培训、考核等管理制度上所实行的原则、方法基本相同。由于中央政府与地方政府的不同地位，国家公务员和地方公务员在人员构成、人事管理以及政治活动的限制方面均有一些差异存在。由于上一部分已经详述了中央与地方政府的差别，本节重点阐述国家与地方公务员在人事管理、政治活动限制等方面的不同。

（1）公务员构成不同

就国家公务员和地方公务员的工作层级和职务领域而言，两者之间的差别是实际存在的。如掌握国家政策、司法、外交等重大事务的国务大臣、最高法院的法官、驻外大使等，均为特别职国家公务员，其政治影响力、社会阅历等方面有着较大的优势；同时，职权重大、地位较高的出入境管理、造币、国立大学等部门和机构的人员虽为一般职国家公务员，一般来说，对他们的准入条件比地方公务员要求更高。

（2）人事管理不同

在人事管理方面，管理国家公务员的中央人事行政机关有人事院和总务省人事局，地方亦设有与中央相应的公务员管理机构独立进行管理。但是，根据《地方自治法》第十一章的各项规定，中央政府的人事管理机构可以对地方公务员的人事管理进行“技术性的指导或劝告”，以此达到上行下效、地方与中央保持一致的目的。这实际上使得地方公务员的人事管理置于了中央人事管理部门的领导之下。因此，即便是在实行地方自治的日本，国家公务员比地方公务员在职权范围、涉及领域、政治影响、行政地位、综合素质等方面仍存在相对的差异。

（3）对政治活动限制程度的不同

关于一般公务员政治行为的限制，日本的《国家公务员法》第一百零二条和《地方公务员法》之间是有所不同的。具体差异有以下几点：①国家公务员法规定对一定政治目的下进行的政治行为不仅应作为“惩戒处分”的对象，还可使用“罚则”（《国家公务员法》第一百零二条、一百一十条），而《地方公务员法》仅仅停留在“惩戒处分”的范围内（《地方公务员法》第三十六条）；②《人事院规则》对国家公务员“一定政治目的下进行的一定的政治行为”的禁止范围，要比《地方公务员法》第三十六条第二项所规定的范围更加宽泛；③地方公务员政治行为的限制仅限于一定的区域（即该自治体范围内），而国家公务员政治活动的限制区域遍及全国。这几点中最大的不同在于，“罚则”是一种法律处罚，“惩戒”是一种行政处分。日本一些学者认为，在政治活动自由方面，法律对特别职公务员甚至一般国民也广泛加以类似的限制，因而在没有“罚则”规定的情况下，惩戒条款对地方公务员“并没有特别的实效性”。因此，相对而言国家公务员受到的限制不仅更加严格，违反规定时受到的法律制裁也更加严苛。

放大来看，日本国家公务员和地方公务员在构成和人事管理制度存在一定的差别，但相较于中国来说，日本国家和地方公务员的构成、人事管理制度差别非常小，日本地方公务员有《地方公务员法》保障公务员的构成成分，保障人事晋升、培训、薪酬等的独立性，使得地方公务员能够独立在地方政府的体系制度中生存，不依赖于中央政府。在政治活动的限制方面，中国中央与地方公务员的区别十分显著，相比之下，日本的活动差距则很小。

二　日本地方公务员制度对地方公务员的影响

地方公务员制度有《地方公务员法》的保障，这使得日本地方政府拥有较多的自治权，地方公务员的地位发生了明显的变化，无论是对地方公务员的职业发展方面，还是职责履行都产生了极大的影响。

（一）对地方公务员职业发展的影响

富有特色的日本公务员录用选拔机制，把好了公务员队伍的入口，为高效率的行政管理奠定了基础；同时，有效独立的地方公务员晋升机制，把好了公务员职位提升的楼梯口，从而极大地调动了全体公务员的积极性，使得其有可能在发达的资本主义国家里，以低比率的公务员人数实现高效率管理。

在《地方自治法》中，作为构建新日本地方自治的关键法律，成功实现了日本国家与地方的新关系。其中，最重要的改变就是国家与地方的作用分担、对地方自治权的扩大，这使地方公务员制度自成体系，地方政府已经成为一个完整的政府生态系统。地方公务员不会再将晋升至国家公务员作为最终的职业发展目标，从根本上改变了地方公务员的职业发展态度。地方公务员可以在地方政府生态系统中实现自身的职业发展目标。

1. 高级精英地方公务员的职业发展路径

在地方公务员招聘录用考试结束过后，各部门即开始对考试合格者进行综合评定，最后确定录用名单，一旦被正式录用后，其人事管理就交由各部门人事部门负责管理。录用者将会被分为高级精英公务员和普通公务员。被录用后的高级精英公务员的职业发展路径，类似于企业管理中的管培生职业发展路径。高级精英地方公务员，在参加了人事管理机制举办的新录用人员研修班后，就被分配到各个部门接受在职培训。他们从收发、复印等最简单的文秘工作开始，奔波于办公大楼的走廊内外，故被称为“走廊之鹫”。遇到国会召开期间，他们频繁穿梭来往于国会议员和上司之间，将收集到的国会议员的意见和提问呈报给上司。这期间，他们耳闻目睹亲身感受并学会了政治上和官场中的策略和手腕。随着对各部门基本工作的熟悉了解，在工作的第三年时，这类公务员会分成“海外留学组”和“国内进修组”继续接受训练。“海外留学组”主要去欧美知名大学或研究机构学习深造两年；“国内进修组”则在国内分别交替参加一年的工作相关的专业理论研修。经过两年的深造后，从被录入的第五年起，这类公务员将会晋升到主任系长（相当于我国的科长）级别。从被录入第七年起，他们将会被下放到下一级政府出任更高级别的职务。在日本，只有年过 50 岁后的一般公务员才能晋升到此职务。而对高级精英地方公务员来说，这只是他们 30 岁前后的一次工作经历。完成了这次下放基层单位的体验后回到部门内，再升一级之后，就沿着正常的晋升职级逐级晋升。

采取这样的人事政策是为了避免同期录用的人占据了各地方各层次的职务形成一张关系网；同时，又能使新鲜血液不断地源源输入，为后面的优秀年青人提拔晋升铺平道路。严格的选拔淘汰赛，客观上形成了一种竞争机制，让那些高级精英公务员们从进入地方公务员系统的那天起，就处在这种角逐竞争状态下。夜以继日地拼命工作，保证了政府行政的高效率运作。

2. 普通地方公务员的职业发展路径

与高级精英地方公务员相比，普通地方公务员的晋升要慢得多。他们晋升到系长（科长）要到 30 岁以后，晋升到课长辅佐（副处级）最快也要过了 40 岁后才有可能。至于再晋升的公务员则是凤毛麟角，即使个别人能晋升到这一职务，也是要年过 50 以后的事了。

综上所述，不论是高级精英公务员和还是普通公务员，在各自的圈子内到一定的级别为止都是同期就职、同步晋升，在此之后就要通过金字塔型的激烈竞争。所不同的是，高级精英公务员上不去就要走人，而普通公务员则可以在原有的公务员位置上干到退休。两者实施的都是金字塔型的晋升管理，合在一起形成了一个分隔开来竞争，分隔开来缓慢晋升的二重金字塔型的管理模式。

3. 日本地方公务员制度改革后对地方公务员职业发展的影响

前文所述的两种不同地方公务员的职业发展路径并不一致，但在地方公务员制度改革以前，地方公务员的职业发展目标是想要晋升至国家公务员。在地方公务员制度改革以后，除了高级精英公务员的晋升和普通公务员的晋升区别之外，国家与地方公务员的晋升渠道也分开了。类似于上述两者的晋升管理方式，国家与地方公务员的晋升，实施的也是金字塔型的晋升管理，合在一起形成了一个分隔开来竞争，分隔开来缓慢晋升的二重金字塔型的管理模式。由于地方分权改革的推进，使得这种二重金字塔的管理模式更为稳固。地方公务员的五大制度已经开始形成一个健康的生态系统，地方公务员不再执着晋升至中央政府，而是关注眼前的地方政府晋升途径，发自内心地为地方政府出谋划策，成为地方政府的中流砥柱。

（二）对地方公务员职责履行的影响

地方自治被普遍认为是民主主义社会的基础，可以避免权力过分集中带来的弊端和危害，并最大限度地保障与丰富居民的权益。从国家与地方公共团体的关系上来讲，日本采用的是国家与地方公共团体作用分担原则，国家与地方公共团体之间是对等、协作关系，国家对地方公共团体的干预实行法定主义原则。而且，地方分权有利于优化行政服务，更好的满足地方居民的需求，提高他们的生活质量，增强地方的活力。因此，地方分权改革影响了一些默认的社会与行政文化。

1. 地方自治改革对地方政府的影响

第一，明确了国家与地方作用分担的方向。政府认为国家事务应当将与国家存亡相关联的政策类事务、制定民事活动与地方自治全国性统一的基本规则事务放在重心，具体限定在外交、国防、安全保障、货币、公定利率、确保国民交易等事务范围内。

第二，地方行政的综合性与效率性得以实现。21 世纪初的地方分权改革废止了中央集权型行政体制的核心制度——机关委任事务与职务执行命令诉讼制度，废止或者缓和了必置规则、缓和规制。在此之后，机关委任事务的绝大部分转变成了地方公共团体的事务，这使得地方公共团体事务由原来的委任事务、行政事务、公共事务改为自治事务与法定委托事务，中央与地方的权力界限得到明确合理的确定。分权的非制度性和非稳定性是导致地方政府治理失效的重要原因，中央政府的分权力度的加大规避了地方政府的短期行为。

第三，普通地方公共团体自主性与自立性得以最大发挥。从本质上改变了国家或者都道府县的干预，创设了国家或者都道府县干预的基本原则——法定主义原则、干预的范围、干预基准、干预类型、干预程序、国家干预诉讼等制度，强化了国家或者都道府县干预的达到目的的必要性与最小限度性，以利于普通地方公共团体自主性与自立性的最大发挥。

2. 日本地方公务员制度改革对地方公务员职责履行的影响

地方分权改革使得地方政府在社会文化中的地位增强，公民对地方政府的认同度更高，有利于地方政府自主解决地方事务。同时，在地方政府工作的地方公务员在社会文化中的地位也有了显著提升。这使得地方公务员在职责履行过程中有了更多的自由裁量权，可以更好地为公民提供公共服务。

（1）地方公务员自由裁量权的增多

地方分权使地方公务员的自由裁量权权限增大。改革前，地方公务员在执行公务时受财权等的限制，只能极小地使用自由裁量权。因而在社会文化中，地方公务员的权限小于国家公务员，并且受制于国家公务员，行政地位较低。随着分权改革的推进，地方政府能够更为自主地决定，如何在地方特有的环境下，更有效地执行中央政策。这直接增强了地方公务员的自由裁量权，他们能够依据公民的即时反应决定采用何种方式去行动，以更有效地执行中央政府的政策命令。自由裁量权的增多，使得地方公务员在与公民的行政行为中提升了形象，社会地位显著提升。

（2）地方公务员工作满意度的提升

地方分权改革的推进，使得地方行政的综合性与效率性得以提升，也使地方公务员的地位得到加强。地方公务员可以自主处理大量重复的行政事务，掌握一定的财政权限，地方公务员行政事务自主处理权和财权的加强以及地位的提升。都可以显著提升他们的工作满意度，使他们更乐于留在地方政府这个单独的生态行政环境中，不再一心向着中央政府晋升。同时，工作满意度的增加，还能增强地方公务员的工作积极性。

（3）地方公务员责任感的增强

随着地方公务员的自由裁量权增多，地方公务员对自身为公民服务的意识会显著增强。改革前地方公务员在直面公民的行政执行行为中，因为其社会地位并不高，原本的行为动机仅仅是满足自己的生存需要，从事行政工作也是为了得到经济上的报酬，受到尊重的更多为国家公务员。随着自由裁量权的增多，地方公务员的价值观发生改变，在地方政府这样一个行政生态中，他们得到了尊重地位得以提升，可以更多更自主地决定自身的行为动作，更多地意识到自己身上“为公民服务”的责任，并且随着工作满意度的提升，想要更好地完成任务。社会对地方公务员的重视，只会引导地方公务员内心对公民更负责任。

三 日本地方公务员制度对中国的启示

日本地方公务员制度改革以后对地方公务员的影响较大，中国的地方自治以及地方公务员的独立性并不如日本强，通过中日地方公务员制度的比较，找出中国在地方公务员制度建设上的不足，并通过对日本经验的借鉴，寻找出可改进的问题，并提出具体的实施对策。

（一）中日地方公务员制度的比较

日本地方公务员制度的特点在上文中已经做出了阐述。中国和日本是不同政治体制的国家，法律制度也有所不同，但行政文化和大部分行政环境存在一定相似性。通过对比中日地方公务员制度，可以从中寻找出能帮助完善我国的公务员制度的启示。

1. 中日地方公务员制度的差异

（1）中央与地方的关系不同

地方政府的层级，决定了中央政府与地方政府之间的关系会存在一定的问题。如何平衡中央与地方政府之间的关系，是每个国家公务员制度都需要解决的问题。虽然日本的行政运行具有“财权集中、事权分散”的特点；但在近几年中央政府财权下放，地方公务员在资金分配上拥有了更加广泛的权限，地方公务员不仅可以办理中央政府委托的事务，还能独立自主地处理大量地方事务，在很大程度上提升了地方政府工作的积极性和主动性。但在中国的中央集权体制下，财权依旧集中于中央政府，五层级的政府制度使得地方自治权极少，地方政府只能依附于中央政府处理地方事务，并一直在寻求增加地方自治权，以平衡中央和地方的关系。

（2）国家和地方公务员的独立性不同

日本国家公务员和地方公务员在公务员构成、人事管理制度等方面都有很明显的区别，日本地方公务员在一定程度上是可以由地方政府独立执行的制度法规。地方自治改革更推动了这种独立性。而中国公务员都统一称作“国家公务员”，不管是中央还是地方都是国家公务员，具体才分为中央国家机关公务员和地方国家公务员。但是地方公务员和国家公务员在考试录用、晋升考核等都遵循统一的原则。中国地方政府自治程度决定了地方公务员的独立性较小，更多地听从中央的指令。

（3）人员分类管理细化程度不同

日本对地方公务员的分类管理十分具体，不仅划分了特别职公务员和一般职公务员两大类。在特别职和一般职下面又具体划分了很多具体的岗位，并且都有法律规定，具有法律依据。但中国地方公务员的分为综合管理类、专业技术类和行政执法类，若有其他分类需要另外规定。在这三类下面没有像日本那样又划分了十几种甚至二十几种具体的分类，这种大而不细的分类方式不利于地方公务员的招录、晋升、考核等。而且中国各地的公务员在规格、级别、基本待遇上无统一的标准，造成中央和地方、地方和地方之间的公务员因身份待遇难以参照、套用而无法正常交流。这在一定程度上助长了地方主义的倾向。而各地方也存在保护本地方利益的心态，不愿意在人才交流、地方合作各方面进行交流。中央对地方的管理也会由于不统一而造成管理混乱。

2. 地方公务员制度改革对中日地方政府公务员的影响

通过了解地方基层公务员制度的不足，促进地方政府公务员制度改革，给予基层公务员更多的自由裁量权，达到为公民提供更好的公共服务，提升政府的工作效率的目的。

（1）下放的权力不足

在中国地方公务员制度的改革过程中，地方公务员本身的思想转变形成了一种困境：由于并没有进行大量的“下放权力”，上层决策者制定了各种改变政府功能的决策，当地方公务员执行上级要求时，其原有思维、既得利益也将会随之而改变，如果基层人员的思维与利益调整到和改革的要求与步伐相一致，那么改革将会十分顺利，但会损害地方公务员的既得利益。因此，即使改革内容十分明确，地方公务员也不愿意配合，特别是改革涉及利益冲突时，更是如此。在改革过程中，政府还应当注意与建设“服务型政府”的严格要求应当与中央政府的“放权”相匹配。正如日本政府的分权改革一般，在要求地方公务员提升自身效率的基础上，应当给予他们相应的权力，提升他们对自己利益的认知程度，这样才能进行有效地改革。

（2）职业发展路径并未改变

由于我国中央政府公务员和地方政府公务员在公务员构成、权力权限以及名声地位、人事管理制度等各方面差别较大，前者明显比后者优越很多，因此，大部分地方公务员不愿意留在地方政府，而紧紧盯着中央政府的晋升渠道。

根据我国《公务员法》，公务员晋升包括职务晋升和职级晋升两个方面，其中前者是指公务员在职务上的晋升，意味着公务员的权力、地位等的上升，后者是指公务员级别上的晋升，意味着公务员的薪金、待遇等的上升。我国选拔干部一贯坚持德才兼备、公开、平等、竞争、择优的原则，贯彻革命化、知识化、年轻化、专业化的方针。对于拟晋升的人员，除了要符合一定的基本条件外，还应当达到一定的资格条件，晋升领导职务的，还必须具备升任领导工作的理论政策水平和组织领导能力，并符合领导集体在年龄等方面的要求。

我国现行的公务员晋升程序，基本是依据2006年第十届全国人大常委会第十五次会议通过的《中华人民共和国公务员法》设置的，结合具体操作实践，我国公务员的晋升一般由以下程序构成：①空缺职位公布。②确定考察对象。③用人单位的组织、人事部门对预选对象进行组织考察、研究提出任职建议方案。④根据公务员管理权限，有关部门在年度考核的基础上，进行晋升考核。⑤由任免机关的领导集体讨论决定晋升人选。⑥进行任前公示、培训和试用，向有关部门备案。

《公务员法》第14条明确规定："国家实行公务员职位分类制度，公务员职位类别按照公务员职位的性质、特点和管理需要，划分为综合管理类、专业技术类、行政执法类等类别。"我国采用的是职位分类三分法，实际是对西方公务员分类制度的一种变通。以实行职位分类的美国为例，一个行政部门有多少事与设立多少岗位都要经过比较精确的测算，在此基础上再来确定岗位人员设置编制数，然后将所有职位最后编制成"职位规范"，规范的内容极为详尽，包括职务名称、特征、责任、权限、待遇、考核等等。我国的职位分类制度与之相比则显得较为粗陋。在这种分类模式下实行的晋升，存在着很多问题。

第一，划分方法过于简单，没有统一规定，实施情况混乱。《公务员法》对公务员分类模式只作了极为简单的原则性规定，而下位的法规未及时跟进。与之相关的下位法只有十年前颁布的《国家公务员职位分类工作实施办法》，这部办法规定简单且年代久远，明显落后于时代的步伐，操作性差，与现时代的情况完全不相符合。导致的后果是各地区、各部门对法律、法规进行无边界的扩张解释，或者按照自己的理解进行职位设置以及选拔人才，造成各地区选拔规范不一、标准不一、区域不同和部门不同的公务员在晋升渠道上造成极大差异。

第二，配套法规不完善导致不同职位之间选拔、晋升规定缺失，无章可循，无法衔接。例如，会计人员在职位分类上属于专业技术类，如果其晋升为领导职务时，他就并非仅是执行决策，而且获得了一定的领导、决策权力，这在职位分类上则属于综合管理类。这个晋职的过程尚无相应法律规范加以规制，公务员转职无法可依，加大了晋升提拔的主观随意性，造成不公平的现象时有发生，严重挫伤公务员的工作积极性。这在专业技术类、行政执法类公务员中表现得比较突出。

第三，基层机关晋升压力大，上级机关晋升压力小的问题并非想象得那么严重。据调查显示，来自大中城市的大学生有70%以上表示不能接受去小城镇或乡镇工作，只有30%的下到了基层，基层人才缺乏状况窥见一斑。相对基层而言，上级看似晋升比较容易，但是优秀人才更多，人才竞争激烈程度更甚；相对上级而言，基层看似晋升比较难，但是优秀人才相对要少，人才竞争激烈程度弱。解决这一问题，远非仅依靠地方公务员的“低职高配”可以解决，而是缩小城乡差距、东西差距，增强基层机关工作的吸引力所要解决的课题。其次，中央政府对地方政府的绝对权力把控，导致地方公务员都想流向中央政府，无法形成地方政府公务员的晋升生态环境。

因此，中国地方公务员存在着想要晋升却无法晋升，职业生涯规划无法被满足的窘境，这需要转变地方公务员的晋升观念，既能够增强公务员的工作满意度，又能够为地方政府减少人才流失。

（二）日本地方公务员制度对中国地方公务员制度改革的启示

日本地方公务员制度的独特性对中国地方公务员制度改革有着重要的启示作用。针对比较得出的结论，通过以下几个方面的改革，将会使中国地方公务员制度改革发生实质的改变。

1. 细化公务员的分类管理

《公务员法》在职位分类方面前进了一步，把公务员划分为综合管理类、专业技术类和行政执法类。然而，究竟哪些公务员属于综合管理类、哪些为专业技术类、哪些属于行政执法类，以及每一类下面包括哪些职组、职系、纵向的职级如何划分等等问题都没有明确，不同类别公务员之间的关系如何调整，也没有明确的说明。这一分类框架在实际操作中也存在着现实的障碍，比如有人指出，人民警察的职务层次就不适应基层公安机关的实际需要，因为警察集中在机构规格较低的基层机关，人数众多，按现行定职办法，压职、压级的问题十分突出，很大程度上影响了基层警察的工作积极性。

与中国的职位分类不同，日本的分类体系更加细化，并有《地方公务员法》保障实施。《地方公务员法》明确规定，地方公务员的特别职，包括地方公共团体的议会职员，地方公营企业的管理者或者企业长，地方公共团体的长官、议会议长及其秘书，非常勤的消防队员与水防队员，以及特定地方独立行政法人的官员等。除了以上特别职外，其他地方公务员均为一般职位。无论是国家公务员还是地方公务员，特别职公务员大多都通过选举选出，或者由上级直接任命。一般职公务员需要通过公务员考试。一般职公务员可以区分为行政职、专门行政职、税务职、教育职、研究职、公安职等。职组、职系、纵向的职级如何划分等，规定得十分明确，极少出现模糊的职位分类和职务层次。

同时，职位分类制度清晰地勾画了不同类别公务员的职业发展阶梯，通过每一个职位的职责说明和资格说明，来指导公务员的招募、选录、培训和评估等活动。通过这一制度的建立，达到提高政府运作效率，客观公正地对待公务员、保障公务员权益、减少权力滥用等等目的。其实，我国也对职位分类制度进行改革过，2008 年 8 月 29 日，大部制改革之后亮相的国家人力资源和社会保障部国家公务员局印发了该局成立之后的首份工作要点《国家公务员局 2008 年下半年工作要点》（以下简称《要点》）。该《要点》明确提出建立健全公务员选拔与任用机制中一个重要环节就是推进分类管理。深圳已经成为全国首个获批的公务员职位分类管理改革试点城市，并有望出台精细化、专业化的公务员分类管理制度。可是如何对三大类公务员进行细化，并针对这些职务做出精准的岗位描述、职业生涯发展路径以及清晰的培训晋升通道，是以后改革的重点。

2. 增强地方公务员的自由裁量权

地方公务员是连接政府与公民的桥梁，地方公务员是直接为公民提供公共服务的公职人员，在中国对地方公务员的岗位职责和“权力清单”并非十分清晰的情况下，地方公务员需要根据实际情况对服务具体情况做出判断，但中央政府对地方公务员的权力限制，导致地方公务员的自由裁量权较少，行政效率低下。日本国家公务员和地方公务员在公务员构成、人事管理制度等都有很明显的区别，日本地方公务员在一定程度上是可以由地方政府独立执行的制度法规。地方自治改革更推动了这种独立性。中国政府只有一部《公务员法》，并没有在实际上十分清晰地区分国家公务员和地方公务员，地方公务员只能在中央法规之下细化其条例，并没有独立执行的制度法律，更没有针对本地方适宜的制度法规。在“新公共管理”的浪潮下，中国政府也在进行改革，想要下放权力，增强地方自治。在增强地方自治的过程中，加强地方公务员的自治程度，实现一定程度的放权，使地方公务员有适度的自由裁量权，对提升政府公共服务有着十分重要的作用。

3. 重视地方公务员的人事管理制度

日本地方政府人事管理机构的主要职能是，制定地方公务员管理的各种实施规则，维护地方公务员的合法权益，推行保障地方公务员队伍的稳定的政策措施，审议仲裁地方公务员与其使用机关的各类纠纷等。人事委员会是游离于各级行政体系之外，保证政策延续和队伍稳定。中国在共产党的领导下，政策延续和队伍稳定是一定的，但对公务员的监督和公务员的权力申诉等问题存在很大漏洞。例如，《公务员法》总则第六条规定“公务员管理，坚持监督约束与激励保障并重的原则”，并通过明确公务员的义务与纪律、加强考核、确立惩戒制度、回避制度、辞职或退休后的从业限制等环节构建了一个监督机制的框架，很多人注意到这一框架并没有把领导成员公务员的财产申报制度纳入其中。除了监督之外，如何保障公务员实际的权利，也是需要解决的问题。日本地方公务员制度提供了一个很好的模本，建立健全完善的公务员法律体系，将公务员人事管理制度重视起来，保障公务员应有的权利，监督好公务员的各项行政行为，奖惩分明并有法可依。

（三）日本地方公务员制度对中国地方公务员职业发展的启示

完善中国公务员制度改革以后，将会对地方公务员的职业发展路径产生质的改变。除了地方公务员自身的职业发展认识会发生改变，必须完善地方公务员的职业发展路径，使其与地方公务员已经转变的认识相适应。

1. 设置更为合理、细致、统一的职位，勾画不同类别公务员的职业发展阶梯

在上文中已经提到，没有相关的配套法规，没有合理、细致、统一的

职位分类，就不可能有良好的晋升通道，会引起地方公务员晋升通道的混乱，影响地方公务员的工作积极性。中国政府现在的首要工作，是立法的及时跟进，急需一部职位分类设置的详尽统一的法律文本并详细阐述各职位的公务员职业发展阶梯。国家质量监督总局开始进行行政执法类职位设置规范的尝试。公安部也在公安刑事科学技术、技术侦察队伍试行专业技术职位任职制度，设置类似日本高级精英类公务员晋升的“选调生”制度。我国在进行不同的尝试，试图设置不相交叉、不混乱的公务员分类制度，这需要借鉴的不仅仅是日本地方公务员制度，还有美英等国详尽的职位分类制度等，更应当在借鉴的基础上结合中国政府的行政环境做出最详尽且合法的职位分类制度辅之，以详尽的职业发展阶梯给予地方公务员努力的方向。

2. 为公务员建设职业发展规划

日本为了公务员职业生涯的发展，对晋升制度进行了持续不断的改进，实现了从封闭结构逐步向开放结构过渡使升迁不受限制，其他系列人员可以直接进入公务员的行列；行政长官的绝对权力地位在逐步弱化，晋升中程序和规定的作用日益强化，在实践中推行了晋升工作公开、各类组织进行监督、审查、把关，行政长官仅限于最后在已经确定的很小范围内的候选人名单上的选定权；由重学历、重资历逐步转为重功绩；特别是晋升不仅依据现任职位上的绩效表现，更侧重潜力。我国目前广泛推行了公开选拔和竞争上岗制度，坚持任人唯贤原则与社会化选拔机制的有机统一。同时，晋升方式实现了多元化，除晋升职务外开辟的第二通道，即晋升级别（非领导职级）。但这些远远不够，针对地方公务员的考核指标不够细化、晋升通道难等这些疑难问题的存在，凸显了中国体制内对地方公务员职业发展规划的不足。借鉴日本的具体措施，增强对地方公务员的职业生涯规划是提升地方公务员队伍素质的根本之道。

3. 晋升人选的选择应当侧重于绩效考核的结果

无论是在公务员的录用还是竞争上，都应当坚持公平、平等、竞争、择优的原则，关键的是和竞争规则都要统一，竞争程序要规范，内容与形式要有机结合，特别是要增大考核结果中客观依据的比例，减少主观因素的影响，从主观的定性考核向客观的定量考核方向转化，提高考核的科学性和竞争的公平性。制定了客观公平的规则，在评定人岗匹配时候更应当注重于针对岗位的绩效考核、性格测评等客观依据，不再是中国传统的晋升方式——“论资排辈”，也不再是传统的“德能勤绩廉”的主观判断。

4. 取消领导和非领导的职务划分方法，辅以更为合理的职务名称

我国设置领导职务和非领导职务，最初出于改革公务员制度的特殊情形考虑：在职位分类体系尚未完全建立起来的情况下，调动德才表现好、参加工作时间长而难以晋升的公务员的积极性，尤其稳定行政机关各类专业技术人员队伍。专业技术人员走上领导职务的比例较低，设置非领导职务便于各类专业技术人员在非领导职务上升迁而不影响个人待遇。《公务员法》已经设置了相应的专业技术职位，以满足各种专业技术人员的晋升需求。非领导职务存在的理由已经不充分，不同职位晋升的渠道也较为通畅，所以领导与非领导的职务设置已经不合时宜，取消迫在眉睫。取消领导职务和非领导职务的分类，直接规定不同职务以及在高低不同的职务之间晋升，这样有利于消除“官本位”的思想，有利于减少公务员对领导职务的过分热衷，转而注重提高自身素质、专业水平，以优化公务员的晋升环境。

（四）日本地方公务员制度对中国地方公务员职责履行的启示

日本地方公务员制度的改革还未结束，但是其成功地提升了地方公务员在社会文化中的地位，使得地方政府的政策能够被更好地执行。关于如何提升地方基层公务员在社会文化中的地位、间接激励地方公务员，日本公务员制度能对中国有些启示。

1. 增强地方自治权，提高地方基层公务员的社会地位

中国对政府工作人员管理由以前的下管两级过渡到现在的下管一级，这在一定程度上扩大了各级政府对本级公务员的管理权限，但管理权仍过度集中。许多政府工作部门仍然没有公务员的选、训、用、退的权力，不利于用人与治事的统一。这在一定程度上驱使公务员只对上级负责，降低了公务员为公民服务的积极性。国家提出建设服务型政府的战略目标，服务型政府要向下授权。通过下放管理权限，促使地方基层公务员积极为公民服务，是建设服务型政府的重要举措。日本地方公务员改革，对提升地方公务员社会地位的作用显著，中央政府向地方政府授权，国家公务员向地方公务员让权，不仅会增加地方公务员的自由裁量权，增强地方政府的威信和地方公务员的社会地位，并且最终能够达到更好地为地方公民提供公共服务的目的。

2. 建立分类分级的“责任清单”

现阶段地方公务员在《公务员法》规定的三大类公务员在基层的结

构和配置也需要进一步细化和完善。我国公务员共分为三类：综合管理类、专业技术类和行政执法类。有些地方政府在这三类的基础上又将地方公务员分为七大类人员，每一类人员的工作都有着极大的区别。针对不同类型的公务员制定出有针对性的考核标准，才能避免考核上的“吃大锅饭”。具体改进办法有：第一，分别按照七大类人员的工作性质、主要事务等，制定出各自的考核标准和问责制。第二，在七大类公务员内部分别制定出领导干部和一般工作人员的考核标准和问责制。第三，探索制定每个职位的考核标准和问责制。在考核过程中，改革以往“政绩观”和德、能、勤、绩、廉等笼统提法。引入相应规范性问责内容，由同行评议、公民评判和监督考核机构双线权衡，并从法律上规定各考核主体所占权重。当然，这些可以和近几年实施的“权力清单”相结合，细化地方公务员的权力和责任，让他们增强自己的责任感，并更多行使自己的权力。

3. 改革工资制度，扩大激励功能

把工资制度建立在科学的绩效考核基础上，引入工资谈判制度和年薪制，在一定范围内引进企业工资的计算方式，拉开不同岗位、不同级别之间不同工作绩效之间的待遇差距。让勇于开拓创新、踏实工作的人因为努力工作而得到应有的优待，最终实现工资的激励功能，从而避免现在的工资分配上存在的“见事不见人”的问题。同时，这种按劳分配薪资的制度将会刺激公务员的工作积极性，区别对待的情况能够扩大公务员制度的激励功能，使得高薪公务员更加努力地工作，并且提升工作满意度。同时，还会刺激低薪公务员努力工作，加强激励功能。

第三节　日本地方公务员运行制度及其启示

日本地方公务员运行制度由“五大制度”即职位分类管理制度、录用制度、培训制度、考核制度、福利制度和“三大机制”即激励机制、监控机制和退休养老机制构成，各类具体制度和机制均独具特色，很多方面对于中国公务员制度的完善都具有一定的启示作用，下面从微观视角分别对日本地方公务员运行制度及其对中国的启示进行详细阐述。

一　日本地方公务员的职位分类管理制度及其启示

日本具有完善的职位分类制度，对于细化我国国家公务员制度的职位分类，使我国的职位分类真正发挥国家公务员管理的“基石”作用具有重要的启示作用。

（一）日本地方公务员的职位分类管理制度

日本公务员的职位分类管理制度比较完善。1948 年后，日本人事院先后 7 次训练职位分类人员，从美国引进职阶制的职务分类办法。1950 年 5 月通过《关于国家公务员职阶制的法律》。所谓职阶制，就是把一般职公务员按其职务的性质、种类、复杂程度、责任大小及其每个职位所需资格条件进行分类整理，并据此制定职阶规范，作为公务员考试、晋升、工资、考核及人事行政管理的依据和标准。1951 年，日本政府颁布了 408 个职系的职位规范，规定职务与责任是职位分类的基础，并制定了职位分类的实施步骤，1952 年 10 月日本政府又公布了 13 个职群的基本薪金表，作为向职位分类过渡的办法。目前日本公务员设有行政职、税务职、公安职、海事职、教育职、研究职、医疗职、技术职等 8 个职组、126 个职种、71 个职系、6 个职等、561 个职级。尽管日本政府明确了公务员职位分类的原则、步骤和具体方案，但实际上，日本公务员管理只是在官员的任命和薪金问题上对照了职位分类方法进行，并没有真正严格执行职位分类制度，而是强调团体的协作：每个处室的职责任务是明确，而个人的分工则笼统含糊，任务的多寡均由领导指派，工作内容也不固定，仅仅是在形式上实行了国家与公务员关系的合同制，打破了以往官吏的身份等级特权。这说明，职阶制的推行还要与各国的文化传统、民族心理等多种条件相结合。值得注意的是，虽然日本只是在形式上实行了职位分类制，但公务员及政府工作的效率却丝毫没有降低，这与日本的具体国情不无关系。

（二）日本地方公务员的职位分类管理制度对中国的启示

我国完善国家公务员制度，首先必须细化国家公务员制度的职位分类。因为职位分类是现代国家人事管理的基础。它强调人事分类必须以“事”为中心，按照工作的性质、责任大小、难易程度以及从事该项工作所需要的资格条件，进行分门别类，为公务员的录用、考核、奖惩、晋升、培训、工资等具体管理环节提供客观依据。从而使国家行政机关的人事管理做到因事设职、因职求人、人尽其才、才尽其用。中国公务员没有事务官和政务官之分，而是分为领导职务和非领导职务。显然划分的依据不是录用的方式，而是工作性质，并且都适用《公务员法》。

人事分类的目的在于根据各自的特点采用不同的管理办法，那么，领导职务和非领导职务在任职条件、产生方式、工作评价依据、管理方法方面有何不同？从目前来看这些区别都没有体现出来，唯一的区别在于，他们分别是现行组织部门和人事部门的管理对象。因此这种分类是否合适，能否达到分类的目的？《公务员法》规定我国实行职位分类，但是我国公务员并没有职系、职组、职级、职等的划分，只设置了公务员的职务和等级序列，并规定了职务与级别的对应关系，同时规定“国家公务员的级别，按照所任职务及所在职位的责任大小、工作难易程度以及国家公务员的德才表现、工作实绩和工作经历确定”。从这些规定中可以看出，我国公务员的分类机制兼具职位分类和品味分类的特征。这些都与职位分类的要求与目的相去甚远。主要表现在：第一，我国各级行政组织机构在市场经济中的职能定位不准确，转变不彻底，导致了职能分解不科学，职位设置极具随意性，这就无法克服机构臃肿、冗员充斥的弊端；第二，我国各级行政组织在职能分类的具体实施过程中，过分强调了“人”的因素和品味传统。这就大大降低了职位分类的科学含金量，也就无法从根本上杜绝“因人设事、因人设职”的问题；第三，我国各级行政组织在非领导职务的设置上极不规范，某些地方政府仍然把设置非领导职务作为解决干部待遇的手段，想方设法突破职数限额或变相设置领导职位；第四，我国的职位分类至今没有立法，而现行的编制法规根据《公务员法》规定，我国公务员没有政务官事务官之分，而是分为领导职务和非领导职务。显然划分的依据不是录用的方式，而是工作性质，并且都适用《公务员法》。现行的编制法规又不健全，机构总是精简了又膨胀，人员“分流”了又“倒流”，始终是官多兵少、“十羊九牧”。“人头费”未见减少，反而逐年增加。

近年来，各地政府为了解决干部的待遇，任命了不少助理调研员以上的非领导职务，大大超出了任职限额。对这个“既成事实”各地也出台了不少“地方粮票”，如有的规定军转干部（副团职以上）安排非领导职务不占职数；有的规定从企事业单位调进政府机关具有高级职称的安排非领导职务不占职数；有的规定担任副处长满三年以上改任非领导职务不占职数；还有的规定接近退休年龄的现任非领导职务不占职数。

要解决上述这些问题，使我国的职位分类真正发挥国家公务员管理的“基石”作用，首先在指导思想上应明确：搞职位分类，就必须尊重职位分类的规律性，按照职位分类的原则和方法办事，不应借口“中国特色”

而迁就"兼顾"（实质上是照顾）人的因素（官阶），使我国的职位分类真正建立在以职能分解后所确定的"事"的基础上，有多少"事"就设多少"职"，真正做到一事一职、一职一人、人事相宜。从而克服"有一人则设一职，再去找一事干"的通病。其次，要采取切实有力的措施解决现任非领导职务与职位分类所设定的职数之间的矛盾。看似"合理"实则不合法的"各自为政"现象，全国应有一个统一的要求才能规范非领导职务的设置，使推行公务员制度走上正规。

二　日本地方公务员录用制度及其启示

日本地方公务员录用具有完善的准入机制、考评机制、管理机制和监督机制，有利于增强公务员考试录用的开放性和规范性，科学性和严密性、连续性和实效性以及公正性和严肃性。

（一）日本地方公务员录用制度

日本地方公务员录用考试和国家公务员招聘录用考试一样，根据报考者的学历也分为三种：（1）职员录用Ⅰ类考，也称为地方公务员招聘录用上级考试，报考者须有大学学历。（2）职员录用Ⅱ类考，也称为地方公务员招聘录用中级考试，报考者须有大专学历。（3）职员录用Ⅲ类考，也称为地方公务员招聘录用初级考试，报考者须有高中学历。地方公务员招聘录用考试分为"事务"和"技术"两大类。应聘行政、警察、学校行政管理职务的，须参加地方公务员招聘录用事务人员的考试。应聘电气、土木工程、农业等技术工作的，须参加地方公务员招聘录用技术人员的考试。考试形式和国家公务员招聘录用考试一样，也分为"初试"和"复试"。唯一有些不同的是，不少地方政府在复试的面试方式上进行了改革，由过去的单独面试改为集体面试。如将考生8人编成一组，给他们一个题目让他们集体讨论，考官则在一旁观察。采用这种集体面试的方式，主要是为了考察考生的领导资质、协调性和积极性。地方公务员招聘录用考试虽然不如国家公务员的录用Ⅰ种考试竞争那么激烈，但因为每年有很多年轻人前去报考，淘汰率也比较高。例如，2006年日本东京地方公务员招聘录用上级考试的报考人数为3690人，合格人数341人，竞争率1018倍。

日本实行中央与地方相对分权的地方自治管理形式。地方政府分为都道府县和市町村两个层次。两者具有平等的法律地位，不存在上下级、监督和被监督的关系。目前，日本地方政府为3279个，包括1都、1道、2府、43县、664市、1992町、576村。

日本地方公务员的管理体制和管理方法完全效仿国家公务员。地方公务员也分为特别职和一般职。

特别职地方公务员是经选举或任命而任职的，包括都道府县知事、市町村长、议会议员、副知事、出纳长、助役（副市长或副町长）、收入役、行政委员会委员、地方开发事业团理事长、理事、监事、部分事务组合的企事业长、地方自治体临时或非常勤顾问、参与、调查员等。特别职地方公务员在整个地方公务员中所占的比例一般不超过3%。

一般职地方公务员是指除特别职以外的在地方自治体或地方公营企业中从事公务的人员。按工作性质分，包括一般行政职员、教育职员、警察职员、消防职员、公营企业职员和单纯劳务职员。特别职公务员和一般职公务员虽然同为公务员，但实际上是有着明显区别的两大集团。一般说来，特别职公务员更多地代表统治阶级利益，掌握国家和地方大权。他们人数不多，却是公务员队伍中的特殊阶层。一般职公务员类似欧美国家的“文官”。他们主要从事具体工作，不参与政治活动，享有身分保障，不与行政首长共进退。日本《国家公务员法》和《地方公务员法》中对公务员的各种规定，主要适用于一般职公务员。

（二）日本地方公务员录用制度对中国的启示

1. 完善准入机制，增强公务员考试录用的开放性和规范性

打破地域、身份等限制，拓宽选人视野。面对人才竞争的日益社会化，考录工作必须突破地域、身份等限制，把“触角”延伸到各地方、各部门人员中去，让那些德才兼备的人才，都能通过公平竞争进入国家公务员队伍。从而达到优化公务员队伍结构，提高公务员队伍素质，增强公务员队伍活力的目的。

坚持德才兼备标准，突出政治素质考核。对于公务员，政治素质是自身素质的核心，知识素质是才能素质的基础。无论招考什么职位的公务员，都必须坚持德才兼备标准，既要有年龄、学历上的硬性规定，又要有政治思想素养上的要求。

实行分级分类考试。针对中国公务员考录职务较低的实际，可以参照国外的做法，实行分级分类考试。如英国分为行政级、执行级、文书级、助理文书级四个级别；德国分为高级、上级、中级、下级四种；日本则分

为上、中、下三级。不同职级，其考试方法、内容及报考资格应有所区别。今后可将某些领导岗位的公务员选拔列入考录制度中，将程序、方式、内容等以法律形式加以规范，以吸引更多的高级人才加入国家公务员行列。

2. 完善考评机制，增强公务员考试录用的科学性和严密性

一是完善考试方法，创新考试组织方式。在笔试时，要研究开发能力倾向测验及应试人员自适性测验、人机对话等方法，把静态测试搞“活”；在面试时，要针对招考职位的特点，运用心理测试、文件筐测验等方法，把动态测试做“真”。

应在职位分类基础上根据不同职位的不同要求，组织专家编制试题库，不应让报考不同职位的考生千篇一律地做同样题目。应由独立的国家公务员管理部门组织考试，公平地选拔合格人才。

二是合理确定计分权重，科学制定测评体系。要正确划分定量、定性的比值，合理确定计分权重。要注意防止重理论轻实践等不良倾向，以增强考录工作的准确性。

三是加强面试考官制度建设，提高考官素质。面试考官是面试环节的重要实施者，其素质如何，直接关系到面试结果的公正性。应加强面试考官的系统性培训，减少用人单位担任考官的人数，确保面试的公正。我们还有必要建立高质量的兼职命题队伍。命题工作是一项对个人素质要求极高的工作，尤其是客观试题。搞好客观考试的关键在于建立高质量的命题队伍，而搞好主观考试的关键则在于建立高质量的阅卷队伍。

3. 完善管理机制，增强公务员考试录用的连续性和实效性

建立相对独立的公务员考录机构。公务员管理机构的设置有部外制、部内制和折衷制三种基本类型。各国都根据本国具体情况采取相应类型。中国采取的是部内制，部内制缺点是行政长官集事权与用人权于一身，有碍于公正地选拔人才。所以根据中国的实际不应再实行部内制，而应坚决实行部外制。即在行政系统之外设立独立的公务员考录管理机构。这样有利于客观公正地选拔人才。

推行电子政务，降低考试成本，提高录用效率。在公务员考录中推行电子政务，应努力做到：利用计算机网络技术，实现各地公务员录用信息的互连。借鉴近期一些地区较成熟的计算机考试模式，运用网上答卷、网上阅卷等形式，减少误差和人为因素影响，提高考试效率。

4. 完善监督机制，增强公务员考试录用的公正性和严肃性

上级党组织的监督。考录工作是在上级党组织的领导下进行的，这是当前中国政治体制的一个特色。必须自觉接受上级党组织监督。考录工作机构应及时向上级党组织汇报考录进展情况和存在问题，上级党组织要加强检查监督，督促参与考录工作的人员严格按程序办事。

考录工作机构内部的监督。要强化对实施过程的监督，督促工作人员遵守各项规定，保障应试人员的合法权益不受侵害；强化对考场的监督，制止违反考场纪律的事情发生；强化对评分、记分和公布分数的监督。考试机构可邀请同级纪委，监察，新闻媒体等全程参与招考，坚持公示制度，对招考的每一个环节都要进行公示，让大家知道招考的每一个进度都受到人民群众的监督。群众的意见能有效防止考录中的错误行为。要建立完善群众监督制度，有效地发挥群众监督在考录中的特殊作用。要重视处理问题的时效性，也可奖励检举行为，多角度地完善群众对考录的监督。

三 日本地方公务员培训制度及其启示

日本地方公务员培训制度具有明确的法律依据，完善独立的培训机构、多元化的培训形式和特别重视公务员道德教育的培训内容，对于完善中国公务员培训相关法律法规、加强培训机构和师资力量的建设、健全培训网络、改进培训内容和方式等方面具有重要的启示作用。

（一）日本地方公务员培训制度

第一，日本地方公务员培训的法律依据。日本公务员的培训制度称为“研修”，基本上与我国的公务员培训制度等同，但在日语中“研修”一词含有实际能力开发和学习锻炼之意思，与“培训”相比，其所包含的内容和范围要宽的多。日本对公务员的管理是根据《国家公务员法》和《地方公务员法》来推行的，因此公务员的培训也分为两大系统，国家公务员培训制度和地方公务员培训制度，在这点上与我国不同。地方公务员是指在各地方（称为“自治体”，包括都、道、府、县，市，町、村）政府机关任职的公务员。国家公务员和地方公务员之间界限明确，很少交叉和交流。日本地方公务员制度的法律依据是《地方公务员法》，1950 年颁布，其中规定，地方政府为提高地方公务员的工作效率，必须进行公务员

的培训，还规定地方政府可以委托其他机构进行培训。①

第二，日本地方公务员培训的机构。日本拥有大量功能齐全，相对独立，专门的公务员培训基地，对公务员进行集中，固定的培训。日本国家公务员的培训按照其组织部门的不同，可以分为两类：一类是由各省厅自己组织的培训，负责专业方面能力的培训，如气象厅有气象大学校，运输省有航空保安大学校，国税厅有税务大学校等；另一类是人事院组织的培训，人事院对国家公务员的培训拥有很大的权力，负责公务员培训的全盘工作，主要职能是负责公务员公共行政能力的培训，制定和实行公务员进修培训计划，调查和监督各省厅进修培训计划的执行情况，同时组织跨省厅的进修培训；人事院下设的公务管理局专设公务员培训开发办，人事院在各地的事务局负责各地方机构公务员的进修培训工作。两类培训互相补充，互相促进。在人事院下设公务员研修所，负责全府省国家公务员合同初任研修，初任行政研修、系长级、课长级等行政研修和相关培训政策的研究。地方公务员则由地方各级自治体按行政区下设相应的培训机构进行培训。人事院对国家公务员的培训管理已形成较完善的体系，形成了人事院统筹指导、各部委参与的纵横交错的国家公务员培训体系。

第三，日本地方公务员培训的形式。日本的地方公务员培训形式多样，主要有自主研修、一般研修、特别研修、职场研修、派遣研修等。一般研修主要是行政类综合研修，指对地方公务员进行国家方针、政策的学习培训，开设的课程有法律与经济、公共政策、地方自治研究、行政管理、案例分析等，目的是为了提高地方公务员的理论水平和制定政策的能力，以及行政管理的实际能力。此外，他们还比较重视分阶层研修和不同类型的专业培训，如新任职员研修、主任研修、监督职研修、管理职研修、中坚女性职员研修，以及行政特别研修、税收和会计人员研修、秘书研修、行政法研修、民法研修，等等。这些研修主要是为了提高地方公务员的专业理论知识与技能，使各级公务员能够精通本行业务，有效地履行岗位职责，值得一提的是，日本还注意职员的更新知识培训，由于现代科技发展日新月异，知识急剧增长，一个人不能只受一次教育培训，而要经常不断接受教育培训。所以。日本规定，公务员每三年都要到相应的职员研修所培训一次。目前，日本对公务员的培训已经趋于经常化、制度化、

① 张昌玉：《日本公务员培训制度的改革及对我国的启示》，《现代日本经济》2003 年。

系统化、终身化。

第四，日本地方公务员培训的内容。日本非常重视地方公务员为公众服务应尽忠职守的道德教育，注意培训公务员的伦理感、责任感、荣誉感，解决好公务员的政治方向和思想道德问题。日本政府明确要求公务员“忠实的执行上级的命令”，“做全体国民的服务员”，“工作要竭尽全力，专心致志”，同时要做忠于国家、忠于政府、忠于职守的宣誓。正是基于政府的这一要求，各级研修所十分重视公务员为公众服务应尽忠职守的道德教育，如对新任职员的培训，首先是讲授如何关心他人、体贴他人、如何打电话、如何接人待物、如何尽忠职守、注意提高公务员的政治和思想道德素质。

（二）日本地方公务员培训制度对中国的启示

1. 必须完善公务员培训相关法律法规

公务员的管理是一种法制管理，如果法制不健全或无法可依，公务员的管理可能形式化，势必造成公务员培训的形式化。日本公务员推行的是培训法制化，日本把公务员培训看作是与经济和社会发展密切相关的一项重要任务，有着配套的法律和制度，日本国家公务员法明确规定，内阁总理大臣、人事院和有关政府首长为发挥和提高职员的工作效率，必须制定并努力实行职员进修培训等计划，在《国家公务员教育训练规则》上规定，公务员进修培训内容，必须是与现任官员职位或预计今后所任官职的职务有密切关系的知识和技能，这些规章为公务员提供了可靠的法律的依据。而我国，在实行公务员制度十几年来，到2006年才正式实行了《中华人民共和国公务员法》，相对于日本来说在立法上就慢了一步，并且《中华人民共和国公务员法》中对公务员培训有所规定外，还还没有其他相关的公务员培训的配套法规，这在一定程度上影响了公务员制度的完善，国家还没有制定有关培训的经费保障、施教机构资格认证、培训质量评估以及培训的具体办法和规定，关于公务员培训工作的单项法规和地方性法规制度不健全，必须尽快制定一整套公务员法规与实施细则，规范考试录用制度、考核制度、晋升制度，并把培训与这些制度联系在一起，确保公务员培训的法制化，只有这样才能不断增强公务员培训的针对性、时效性和科学性，从根本上改善公务员的素质结构，为行政管理提供高素质的人才。也只有制定了完善的法规制度，才能使我们的培训工作便于实施和操作。

2. 提高对公务员培训重要性的认识

市场经济成分、经济活动的多元化和复杂化，经济全球化进程中的经济管理国际化，高新技术革命带来的信息化和网络化，都对公务员的知识结构、文化水平、管理能力提出了全新的要求，需要培养一大批精通多方面专业知识，具有较强行政管理能力的高素质的行政专业人才。这就需要强化公务员培训，提高公务员素质。而许多单位和部门领导对公务员培训的重要性缺乏足够的认识，认为培训可搞可不搞，另一方面对受训人员来讲，他们自己也缺乏正确的认识，一开始心里就对培训存在抵触心里，认为培训浪费时间，工作干好了，任务完成了就可以了，没有意识到科技进步必须依靠全体劳动者素质的提高，尤其是公务员个人素质的提高，并且由于宣传教育不够，约束措施不足，对培训的重要性也认识不足，很多人感到培训作用不大，培训与不培训一个样。在这一点上日本政府始终把公务员的教育培训看作是“国政的根本”和“建立现代化经济的第一要素”，而供职于各级政府机关的公务员则把工作后的培训当成是“立身之本”二者都能够从不同的利益发展角度出发，充分认识到教育与培训是公务员队伍建设的决定性因素，因此能够主动把握机会，提高培训效果。针对这一情况，我们应该从中央到地方进一步明确培训目的，充分认识到培训的重要性，从上到下，认真贯彻培训制度，同时也要提高公务员自身对培训的认识程度，真正作到从自我作起，主动参与培训，提升参与培训的热情。

3. 加强培训机构和师资力量的建设

日本公务员培训办学规模不大，但效率和效益却较高。如日本人事院研修所，全体职员 30 人，所长下设副所长 1 人，机构有教务部和教授办公室，所有经费均由国家预算划拨，借助社会资源办学，常常从大学聘请教授进行培训。如政策立案能力培训，邀请早稻田大学，东京大学等教授主持；古典读书研修，邀请大阪大学，国际日本文化研究等单位的教授主持，政治中立性研修，邀请政策研究大学院教授主持。教师进行定期交流和轮换，在日本，以税务系统培训为例，税务大学校本校以及分校从事教学工作的教师均来自税务系统内部具有一定的学历，理论水平高，业务能力强的公务员。通常这些教师均在税务系统内的多个岗位上经受过锻炼，综合素质比较高。另外每年这些教师都要和税务系统内的其他公务员一道进行定期的交流和轮换，使教师队伍得到了不断地充实和更新。由于所有的教师均在一线从事过税的征收和管理工作，因此在教学上更具有目的性和针对性，也更容易与受训者进行沟通和交流。与日本不同的是我国税务系统各级国家公务员培训机构中的教师多数来自大专院校的教师，虽然他们有丰富的理论知识和课堂的教学经验，但他们均没有直接参加过税的征管工作，因此他们在教学中很难做到理论和实践的有效结合。另外，由于这些教师自身的知识得不到及时的更新，他们不知道在新的历史条件下对税务员新知识，新技能有何种要求，因此也很难真正作到按需施教。

我国大部分公务员培训任务是由地市级行政管理学院承担，地市以下行政学院多数是与当地党校合作办学，教师队伍是党校原有人员，以往党校教育的主要对象是党员和党的领导干部，内容着重于马克思主义理论和党的路线、方针、政策教育。而对公务员培训来说，培训的内容还应加上行政管理知识和业务知识，还要联系理论实际，此外公务员培训要求的层次性、多样性、地区性等特点，决定了承担公务员培训的组织机构不能是单一的，应该是多样化的，机构间互相联系，形成网络，以保障国家公务员培训制度得以很好的贯彻。目前我国建立的专门公务员培训机构并不能满足公务员培训的多层次性、多样性、地区性的要求，应该支持并鼓励社会所有部门参与，形成以国家行政学院为主体，包括各级地方行政学院、各类培训机构、高等院校以及各级党校等在内的国家公务员培训网络。在拓展国内培训渠道的同时，还要面向世界，开辟更高层次的培训途径。逐步形成培训机构的职业化、专业化、国际化。在我国高校，尤其是以社会科学为主的院校，聚集着一批法学、政治学、行政学、经济学、领导科学与公务员管理学等学科领域的优秀研究人才，他们有着深厚的理论功底和较高的研究水平。在国家公务员制度的研究上，取得了丰硕的成果。此外，高等院校在公务员培训方面还有着自身的优势：科研力量雄厚，参考书与资料丰富，从而为公务员培训提供基本的条件和保证；高等院校具有丰富的教学和管理经验，并能尽快吸收与利用世界各地最新的知识信息、教学方法与手段，以最快的速度达到政府规定的培训目标与要求。因此充分利用高等院校的现成条件来共同完成公务员的培训任务，是一条投资少、见效快、质量高的培训之路，此外还应该有一些私人或外国培训机构作为补充，适应国家和人才发展的需要。其次，在师资力量上，在日本教师大都是兼职，他们当中有学院教授、专家，各部门有较强工作能力和丰富实践经验的领导人参加授课，以避免空洞的说教，便于联系实际。在师资力量方面除了要搞好专职队伍建设外，还应该聘请一批具有丰富实践经验的专家学者作为相关专题的主讲者，使专家学者成为培训机构的兼职教授，从而稳定和壮大公务员培训的师资力量。

4. 健全有效的培训网络

日本公务员的培训教育已经形成了一个纵横交错开放的网络结构，即从纵向上看，人事院作为公务员教育培训的领导机构，负责制定和调整中央各省厅的进修计划，组织跨省厅的公务员进修。为此，日本政府于1979年成立了“国家公务员进修中心”并设有“公务研修协议会”，专门研究改进公务员的培训教育，以促进此项工作的顺利进行。中央各省厅在其指导下，均设有各自的公务员研修所，以培训本部门人员，制定实施自己的公务员进修计划。地方公务员的培训，则由人事院在各地的事务局和事务所负责组织实施，各地方自治省也相继成立了自治大学及培训中心，用于公务员的培训；从横向上看，可以说日本公务员的培训教育贯穿于公务员的整个职业生涯，不同职级、不同年龄、不同岗位的公务员在其工作的不同阶段均有相应的培训计划和培训措施，从初任培训到各省厅的课长助理、课长级别以上的人员的研修等，高、中、低不同层次的公务员根据各自的工作职责的具体要求，分别安排有形式内容不同的培训，并且上下衔接，达成一致。在充分利用政府系统内的公务员研修所的同时，还借助于大学、科研单位、民间企业等不同机构，发挥其优势，逐步增加其参加公务员培训的比例。

从我国目前来看，已经初步建立起了以国家行政学院和各级地方行政学院为主体的包括各级培训机构在内的公务员培训网络，但由于条块分割的工作体制把培训工作的整体业务分割成许多方面，各职能部门之间相互牵制、多头领导，造成了培训工作缺乏统一领导、各自为政、管理不一、标准多变的情况。因此针对这一情况，我国的人事部门要搞好协调，使不同的教育培训部门互相协调，互相交流培训发展的信息和教学经验，做到知识资源、硬件设施的共享，通过有效的联合，降低培训成本，扩大公务员培训数量，提高培训质量，真正建立起有效、功能强大的培训网络体系。

5. 改进培训的内容和方式

在培训内容方面，目前我国多注重的是受训者的思想政治理论教育，如马克思理论和党的路线、方针政策等。其中也包含对行政管理所需要的基本知识和岗位工作所要求的专业知识。在培训方式上大部分采用课堂讲授的方式。特别是县市区公务员培训，只是简单的课堂灌输，学员的积极性和创造性没有得到充分的调动和发挥，老师和学生之间缺乏必要的交流，理论与实际没有有效结合。培训内容跟不上形式要求，培训没有专门教程，基本上是组织人事部门临时制定内容，大多都跳不出党校教育的框子，存在着联系实际不密切，与飞速发展的市场经济不相适应，满足不了各层次公务员需求等问题。日本公务员培训非常重视公务员职业伦理研修，善于挖掘古典文化的精髓。我们可以借鉴其做法，首先在培训中大力加强公务员价值观、权利观、宗旨观为主要内容的公务员职业伦理教育，弘扬和创新我们思想政治工作的光荣传统，弘扬中国传统思想文化中的积极因素，促进广大公务员形成高尚的品德，真正做出符合中国实际情况的培训。例如；（1）增加有中国特色社会主义理论培训。我国的公务员制度是建立在社会主义制度之上的，因此必须认真学习中国特色的社会主义理论，用科学的理论指导实际工作。（2）加强法律方面的培训。我国实行的是依法治国，建设社会主义法制国家，公务员作为依法履行公职的人员，必须具有依法办事的意识和能力。因此首先要培养公务员严格遵守宪法和法律的意识，并严格按照法定权限和程序履行职责，其次要促使公务员理解法律法规的立法原则和精神实质，以便在实际工作中能够准确的执行和运用法律法规。（3）依照专业技能素质的需要进行培训。专业技能素质影响着公务员的知识素养和工作效率，应按照具体职位的要求，选择不同的侧重点，分级分类进行培训。此外可根据需要，开展一些旨在拓宽视野、丰富知识、提高技能的培训。其次，“能力本位教育和培训”已经成为世界的大趋势，在一些国家甚至成为公务员制度改革的核心之一。日本公务员培训能够积极回应社会发展对公务员能力的要求，非常重视政策研究与制定能力的形成。我们可以借鉴其做法，以（增强）执政能力为核心，改革和创新我国公务员培训内容和方式。

除此之外，还要从“理论”转变为“实践”，围绕经济社会发展中的重大现实和战略问题进行研究，以提高学员战略思维能力、驾驭市场经济的能力、制定政策和执行政策的能力、有效实施综合管理社会的能力、向公众提供高效服务的能力、迅速有效地解决当前紧迫问题和开创社会发展的新局面的能力。

四　日本地方公务员考核制度及其启示

日本地方公务员考核坚持客观公正、实绩主义和依法管理的原则，对公务员进行工作成绩、工作内容、个人性格、工作能力、工作适应力等多方面进行综合考核。对于完善我国公务员考核内容、提升公务员考核质量具有有益启示。

（一）日本地方公务员考核的基本原则和主要内容

日本地方公务员考核由以下三个基本原则构成：一是客观公正原则。这一原则要求考核部门在对公务员考核的时候要做到客观、公正，要实事求是，对公务员的日常表现做出正确的评断，不能有远近亲疏之分，不受公务员自身的种族特征、文化水平、所任职务以及个人人际关系的影响。由于考核的结果与公务员的奖励惩罚、职位升降、工资报酬的高低有着密切的联系，因此该结果必须与公务员的实际情况保持一致。为了使考核结果不会出现偏差，对考核人员的培训也是势在必行的。二是实绩主义原则。日本地方公务员考核制度是以公务员的实际工作成绩为关键核心，根据考核的结果决定公务员职位的升降、任免等，并对公务员的薪酬做到与工作绩效同步。这个原则是为了避免以公务员的资历、年龄和工龄等作为标准而带来的不公平。三是依法管理原则。日本地方公务员考核制度中有明确的法律法规对公务员的日常考核、日常工作的管理、职务的升降以及正当权益的做到了很有力的法律保障。公务员考核在日本被称勤务评定，公务员考核必须严格遵循相关法律规定执行①。1951 年，日本人事院根据《国家公务员法》制定了《勤务评定的根本基准》，随后发布了《关于勤务评定的手续与记录政令》和《关于勤务评定的手续与记录的总理府令》等政令。日本各地方、部门根据其实际地方公务员的不同情况，制定了符合各自情况的《勤务评定细则》。

根据日本《人事院规则》的有关规定，日本地方公务员考核不仅对公务员的工作成绩、工作内容进行例行考核，并且对他们的个人性格、工作能力、对工作的适应力等多方面进行综合考核。

1. “工作成绩”是指公务员平时工作的数量和完成的质量，是对目前工作状况的考核。其具体分为以下几个方面：第一，工作情形，指的是

① 娜琳：《中日公务员考核制度比较研究》，中央民族大学 2007 年版。

公务员在日常工作中是否可以做到充分掌握工作所需要的知识，处理工作遇到的问题是否得当，工作的成果是否符合要求，处理工作时是否有规划，报告是否及时等等。第二，工作速度，指的是公务员在遇到工作时，是否可以快速处理，是否有延迟公务的嫌疑等等。第三，工作态度，指的是公务员在处理公务时是否认真，是否有擅离职守，是否与他人闲谈等等。

2. “工作能力”是指公务员在工作时所需掌握的知识、技术水平，以及在遇到困难问题时所需要的领导、创造、表达、理解、判断、决断能力等等。

3. “工作适应力”，是指公务员是否适应当前的工作，并且通过考核发现哪类工作更适合其发挥。主要包括对事物的规划、对问题的研究、审查、对外来人员的接洽等等。

4. “个人性格”是指公务员在日常工作中所表现出来的心理特性。这里的性格主要是指公务员对待工作的积极或消极、在遇到困难时表现出来的意志坚定或薄弱、与人交谈时表现出来的善于言谈或沉默、面对突发事件表现出来的从容或急躁、与人相处时表现出来的善于交际或孤僻以及思想的保守或偏激等。这些内容的考核只针对与公务员职务相关的进行，与之无关的不在考核之列。由于对公务员性格的考核不太适应当前的情况，日本正在试点将新的公务员考核制度中的“性格”部分去掉。

（二）日本地方公务员考核制度对中国的启示

1. 完善公务员考核制度的方法，将量化与定性结合起来

现在中国公务员法以及相关规定中对公务员制度的内容的规定基本停滞在定性的层面之上，基本没有量化的成分存在，公务员的标准极不规范，也不科学。一些国家部门在公务员考核的过程中并没有花很大精力去调查研究有关问题，也没有结合本部门的实际情况进行量化考核并制定相对应的科学的考核体系，而是随便定制几条考核制度，使得考核依旧停留在定性的基础之上，这样做使得公务员年度考核的结果严重失真，公务员的真实的德才表现以及工作业绩难以得到客观公正的体现。

在日本公务员制度中，各机关将制度的内容详细划分为不同层次。从日本地方公务员制度的做法我们不难看出，要完善中国公务员制度的方法，就需要将公务员的内容继续细化，并且依据公务员从事岗位的职责和业务进行分解，使标准得以量化，从而提升公务员的科学化水平。

为此，建立一个定性分析与定量分析有机结合的体系是值得考虑的。德、能、勤、绩、廉五项作为公务员考核的内容，需要根据实际给予的组织、工作和任务的情况进行细化，用以达到容易操作的程度。德、能、勤的考核可以依据《国家公务员考核暂行规定》、《国家公务员行为规范》等法律法规的规定进行有效的利用和整合，并应该列出详尽的考核要素。例如将“德”、“能”两方面的考核实行计分制，可以以 100 分为基准，“能”占其中 50 分。并且可以划分详细的等级，获得一等等级的可以获得 40—50 分，获得二等等级的可获得 30—40 分，以此类推，每一级别还要以具体的标准要求；对于“勤”、“绩”的考核则可以将各个岗位上公务员的工作质量、数量以及结果等各方面给予一定的分值。在考核过程之中，审核人员根据被考核对象完成其工作的情况，根据评分标准进行评定，最后将所有结果进行综合分析，最终得出考核结果。

2. 强调公务员考核制度的依法性，努力提升考核质量

日本公务员地方考核制度，有《地方公务员法》作指导，还有国家公务员的《勤务评定的根本基准》人事院的规则、《关于勤务评定的手续与记录的政令》、《关于勤务评定的手续与记录的总理府令》及地方公务员的《关于职员勤务评定的规则》和各地区、部门的《勤务评定实施要领》等法律法规。不同部门与行业也有各自的更加具体细化的考核条例，如《关于职员勤务评定规程实施细则》、《关于学校职员的勤务评定的规则》等。另外，还有公务员作为“国民的服务者”监督保障公正执行职责的《国家公务员伦理法》，对行政处分可申请审查的《行政不服审查法》及各种救济、苦情处理的规则条例。日本的现代公务员制度经过了多年的发展，各种法律体系比较健全。这一点值得我们借鉴与学习。

中国公务员管理法制化的实施的重要步骤就是《公务员法》的制定实施。而依法考核则是公务员考核制度中的重中之重。《公务员法》中指出，相关部门在进行公务员考核时，如果不按照规定的程序进行，对应的领导机关或主管部门的负责人以及有直接关系的人员要承担相应的法律责任。中国公务员的绩效考核只有依法进行，现行考核中存在的种种问题，如对考核工作的重视程度不够、考核基本偏向形式化、考核工作的结果不能做到公正、客观等才能得到合理解决，考核的效果才能得到有效提升，这样才有可能出现真实可信的考核结果，公务员考核的激励功能才能得到有效发挥。依法考核的目的的实施，公务员的观念必须得以转变。改变公

务员的观念应从以下几个方面入手：

第一，公务员的观念不应该受旧的干部人事制度的影响，应该紧跟社会发展的步伐适应当前最新的人事制度和职位的要求。在对公务员进行考核时应抛弃过去单纯的以政治考核干部的观念，对公务员考核时应做到以德才兼备为标准，将定性分析和定量分析结合起来，这样才能保证公务员队伍的高素质、高效率。

第二，公务员在日常工作中要清楚的认识到，通过公务员考核的唯一方式就是严格按照公务员考核的标准要求做好自己的本职工作，别无他法。只有在平时工作中尽职尽力才会取得成绩，才能够得到广大人民群众的认可。只有自己做出的成绩得到了认可，才称得上是一名合格的公务员，才能顺利通过考核。

第三，在职公务员必须敢于接受失败，勇于接受挑战，这样的公务员才会公平、正义。现代社会发展日新月异，公共事务也变得越来越繁杂，这对公务员的心理素质与能力提出新的挑战。现代的公务员不能像过去一样，不求有功，但求无过，而是要努力的接受挑战，赋有创造性的完成党和人民赋予的重任。

第四，还应做到坚持事实真相，客观公正的对待考核。公务员考核是指评价公务员在日常工作中履行职务的能力，理应不该受到其他一些无关因素的影响，因此只有坚持事实真相、公平客观的进行考核被考核对象，才能做出真实的评价。这里所指出的"客观"，是指一定要坚持事实的真相，客观公平的对待每一个被考核人员，做出真实的评价。公务员考核的客观公正可以激励公务员积极向上、努力拼搏的精神。"公正"则是指考核部门对待每一个被考核者都是一视同仁，严格按照公务员考核的标准进行考核，不应因为其职务的高低或与相关领导的亲疏为标准，做出一些不符合实际情况的考核。

第五，监督制度方面，建立健全公务员考核的监督机制，要不断完善考核的相关法规。监督是为了保证考核的公正，减少随意性，日本已形成了一些行之有效的监督制度。加强公务员的立法工作，构筑公务员制度基础的法规体系，是公务员管理法制化，保证公务员制度高效、有序运转的首要环节。① 美国著名行政学家埃莉诺·奥斯特罗姆指出"在每一个群体

① 金太军：《法治——国家公务员制度建立的根本标尺》，《行政论坛》1997 年。

中，都有不顾道德规范、一有可能便采取机会主义行为的人也都存在这样的情况，其潜在收益是如此之高以至于极守信用的人也会违反规范。因此，有了行为规范也不可能完全消除机会主义行为。”① 因此，要加强对考核人员的监督，尤其要加强对负有考核责任的领导干部的监督，除了要建立和完善考核举报、考核申诉和考核结果反馈制度外，还要加强群众监督。只有建立行之有效的监督机制，对考核工作及时地跟踪评估，才能进一步切实加强对公务员考核工作的监督。过去公务员考核上出现的不少问题，都与公务员考核监督制度不完备不无关系。建立公务员考核责任制，就是要从制度上明确一个监督机制和责任机制，从而确保公务员考核工作正常、有序、健康地开展。

五　日本地方公务员福利制度及其启示

日本地方公务员工资、保险、福利制度与国家公务员基本相同，薪酬水平略有差别。日本地方公务员的福利制度在立法保障、管理机制、福利货币化和制度的可操作性等方面值得中国公务员福利制度的完善具有一定的启示作用。

（一）日本地方公务员福利制度

日本的公务员制度最早是形成于19世纪90年代，二战后，日本依据新宪法和公务员法修正案逐步确定并建立起了公务员制度的基本框架，此后日本公务员分为国家公务员和地方公务员，两者的工资、保险、福利制度基本相同，只是薪酬水平略有差别。

为了最大限度保障公务员的权益，政府一方面通过灵活安排工作时间和工作内容，来缓解公务员的身体疲劳，另一方面又为公务员提供了很多保健及安全的保证。日本公务员福利名目繁多，各种津贴和补偿较多。日本公务员的津贴主要包括：值班津贴、抚养津贴、住房津贴、加班津贴、夜班津贴、假日工资、期末津贴、特殊工作津贴、勤奋津贴、交通津贴、教育津贴等等多达20余种；主要补偿有：休业、疗养、伤病、残疾等，由政府给予补助金；其他福利有：健康保险、退休、因公伤亡补偿、福利待遇、休假、工作时间，日本政府规定每周工作42小时。

日本依据公务员法以及相关法律法规，对公务员可以享受到的各种保

---

① ［美］埃莉塔·奥斯特罗姆：《公共事物的治理》，三联出版社2000年版，第61页。

险、补助、休假、救济等福利待遇进行了明确的规定。此外，日本还有一种特色的福利制度，即实行公务员共济制度。所谓“共济”，就是公务员共济互惠。共济的经费来源由政府和公务员共同负担，制度的目的也是为了保障公务员的正常工作生活需要。这些措施很好地保障了公务员和其家庭成员的身心健康，并且增强了他们工作的积极性，提高了政府的工作效率。

（二）日本地方公务员福利制度对中国的启示

1. 加强福利制度立法保障

日本公务员福利制度有明确的法律依据，国家对公务员的福利待遇范围、水平以及补贴的发放标准等，都以法律的形式予以明确的规定，并且严格按照规定来执行。但在我国，还没有出台专门的法律对公务员福利标准与范围进行明确说明和规定。由于地域庞大、人口众多，各地区福利规定繁杂、标准不一，或沿袭旧制度，导致诸多福利措施问题重重。

2006 年 1 月 1 日起，我国《公务员法》正式实施，并提出了要科学制定和保证公务员的工资和福利待遇，解除公务员生活上的后顾之忧。但其仅对公务员福利制度做出了概述性的规定，缺乏单项法规和配套的实施细则，在实施过程中很难做到有法可依、有据可循。这就需要我们进一步加快立法建制、拓宽保障渠道。我们有必要在现行法律框架下建立和逐步完善有关公务员福利的相关规定，明确国家、单位和个人的权利义务关系，以确保公务员在退休、患病、工伤等情况下能够获得帮助和补偿，最大限度地保障公务员的合法权益。与此同时，我们还要注意加强福利法律法规在实施过程中的可操作性和权威性。

在市场经济条件下推进公务员福利制度的法制化建设，必须将公务员福利制度纳入法制化的轨道，规范公务员社会保障制度。我们要不断推进和加快公务员福利制度相关专门法律的出台，为公务员薪酬福利的制度化提供法律保障，为福利制度的实施和推行提供法律依据。另一方面，建立和完善我国公务员福利制度还要以健全的法律体系为基础，要以法律的形式明确规定公务员福利的目标、内涵、筹资渠道、保障水平、管理模式、资金来源等，使公务员社会保障制度在法律的指导下合理有序地进行，避免管理工作的混乱和交叉，实现国家公务员福利制度的法制化与规范化。公务员福利制度只有纳入法制化轨道，真正成为法定制度，才能进而得到全面落实，公务员福利才能得到确实的保障。

2. 规范公务员福利管理机制

规范公务员福利管理机制，首先要建立和完善福利管理机构，以保证公务人员福利制度的正确实施及福利事业的顺利开展。福利管理机构应该履行日常公务员法定福利事项的服务管理职能，对本级政府负责，接受上级劳动和社会保障部门的监督和业务指导。与此同时，福利管理机构也要实行分级管理制，如：中央级别的福利管理机构可以根据宪法、公务员法、社会保障立法等国家法律法规制定宏观福利政策及法规，或提出立法建议；省市级福利管理机构则负责执行中央级管理机构的政策，并指导下级对口部门工作；基层福利管理机构则要担负起具体的服务、咨询及协助工作。分层化与专门化相结合的福利机构管理模式有利于改变现行的福利管理多头化、不统一的混乱局面，也有利于福利事业管理的专业化和规范化。当然，公务员福利管理也要不断增强管理的科学性和公开性，提升管理的现代化水平。

其次，要规范公务员福利预算外资金的管理制度，建立一套规范的机制和完善的管理制度，形成一种制度坚决遏制职务消费的漏洞。如，明确职务消费范围，根据部门预算将消费支出具体到项目和个人，并通过这种途径把职务消费支出合理控制到一定范围内。同时，我们还要继续推进“收支两条线”改革，并采取以下措施：（1）将部门预算外收入全部纳入财政部门，实行内部管理，不允许任何单位部门擅自挪用公共财物；（2）提高部门预算支出的透明度，部门预算要综合反映所属单位预算内外资金收支状况；（3）财政部门要按标准足额提供资金支持，科学合理制定支出标准（分类、分档）；（4）完善账户管理，严防转移截留预算外资金，保障预算外资金的及时和足额上缴。此外，规范公务员福利管理要坚持标本兼治，在全国层次上统一福利补贴发放标准和发放办法。与此同时，要制定科学合理的福利补贴标准，对福利制度实行科学化、规范化管理，避免“制度外”不合法收入的产生，以确保福利制度改革的顺利进行。

3. 推动福利货币化

日本公务员经济类福利包括基本工资，补充性工资（津贴），保险等多种形式，这些福利形式也多趋向于货币化。就当前发展趋势来说，实现福利货币化将是一项长期且系统性工程，尤其是我国当前公务员福利有较大一部分是以实物的形式发放。实行福利货币化改革，我们首先要明确公务员货币化改革的范围及享受福利的标准，不能只是简单货币化。否则，容易导致“过货币化”，使很多不合法福利收入借此变成合法收入。此外，我国公务员福利的货币化改革主要是针对消耗性福利，由于历史原因，我国消耗性福利具有范围广、人员多、项目杂等特性，不易管理。因此，降低我国消耗性福利开支需要明确开支包括的项目及人员，消耗性福利必须控制在法定许可范围内。但需要注意的是，并非所有的消耗性福利支出都可以实行货币化改革，某种程度上，消耗性福利开支货币化是一把双刃剑，虽然其可以节约经费开支，但也可能导致某些人行政不作为。

对于完善福利制度，由于不同国家的政治、经济及文化背景不同，并没有统一的模式和标准。我们一方面要借鉴日本的成熟经验，另一方面我们又不能全盘照搬，如：当年日本在进行公务员制度改革的过程中，将带有浓厚个人主义色彩的业绩制等引入本国，结果与本土传统文化产生了冲突，我们应该引以为戒。完善公务员福利制度是为了向公务员提供更好便利和更全面的保障，以调动公务员的积极性，提高行政效率。因此，具体到我们国家来说，要根据我国的实际情况，逐步建立完善的适合国情福利制度。

4. 保证公务员福利制度的可操作性

保证公务员福利制度的可操作性，首先要做好公务员福利制度相关配套措施的完善和改革工作。由于公务员福利制度涉及范围广，实施的复杂性和难度都很大，为了在实践中能取得更好的效果，做好宣传工作非常关键。要提高相关人员对福利制度的目标、宗旨、内涵等的认识，树立公务员“以人为本”的服务理念，为福利制度的推行打下良好的群众基础。其次，也好做好相关公务员管理制度、社会保障制度等配套制度的完善，以形成联动机制，共同推动。第二，提高公务员福利制度的可操作性，还要逐步推动公务员福利工作社会化，发展多层次、多渠道的福利事业。一方面，要促进福利设施的社会化。可以对不同的福利设施可以采取不同的方法：例如，公车可以拍卖方式收回国有资产；幼儿园、学校等设施移交有关部门管理；食堂等可以通过公开招标转移经营权等等。另一方面，在保证公务员的物质文化生活水平有所提高的基础上，提倡集体福利设施要向社会开放，以提高福利的“社会化”程度，以此促进我国第三产业的发展和市场的发育，并带动整个国家的经济水平的提高。

六 日本地方公务员激励机制及其启示

完善的公务员激励机制是建立清明廉洁政治的重要一环，有利于发挥公务员的积极性、主动性和创造性，增强公务员的责任意识、服务意识和进取意识，促进廉政勤政，降低腐败风险。

（一）日本地方公务员激励机制的特点

日本地方公务员激励机制是一种功绩激励机制，以公务员自身利益最大化为目标，在了解人的生理、心理、安全、社交等不同层次需求的前提下，充分考虑公务员是否具备担当上一级职务的能力及其人生经历、工作业绩、社会适应性、岗位工作年限等因素，激发他们为完成预定目标而不懈努力。处于这种制度管理下的公务员要实现自身目标，必须最大限度发挥潜能，努力做出优异业绩。

1. 利益目标的多重设定

由于封闭型任用制的特点，日本公务员制度实行“年功序列制”、“终身雇佣制”，即到一定时期，高级公务员的晋升是依据其服务年限来确定的，这意味着“年功序列制”和“终身雇佣制”实质上是为满足公务员的基本需求、提高工作积极性、防止产生不满而设定的最低收益标准。在“年功序列制”和“终身雇佣制”的人事管理制度下，公务员只要遵纪守法、勤奋工作，即使晋升落后于同辈，后边的年轻人也不会走到自己前面，更不用担心被解雇，能力和奉献最终会在退休时得到回报。这种人事管理制度，可以使公务员队伍人心安定，易于进行人力资源规划。但在遇到环境剧变，要求组织及人力资源必须迅速调整时，这种人事管理制度往往成为变革的阻力。日本公务员激励机制还体现在实现目标直接与逐利行为挂钩。个人一旦进入公务员队伍，工作将由上级指派，升迁调动以及培训均有系统安排，晋升和各种机会是对勤奋工作、良好业绩的褒奖。这一做法将个人前途命运与努力工作、上级表扬和工作贡献紧密联系起来。各机构对承担关键性任务的竞争促进了机构内部忠诚度的形成，大家团结协作、共同努力以超过其他机构，有利于提高工作效率和工作质量。由于晋升关系到每名公务员的成长进步，使得竞争呈现出白热化的程度，这不仅有利于激发公务员的责任感和荣誉感，而且有利于培养集体精神、促进团队建设。

2. 强化工作评定结果运用

日本《国家公务员法》强调，国家公务员要提高工作效率，并规定对公务员实行工作业绩评定和提升、奖励。“公务员的效能必须得到充分的发挥和提高”。“首相应对公务员发挥和提高才干进行调查研究，并采取适当措施确保其实现”。该法同时规定，政府各机关的“长官应对其下属公务员的工作进行定期的勤务评定，并根据评定结果采取适当措施”。“当人事院认为有的在职者通过考试提升不适宜时，可以根据在职者的工作成绩进行提拔”。为实施这项制度，日本专门制定了《工作评定的根本标准》、《工作评定手续与记录的政令》。工作评定主要包括两大种类：一是定期评定，即每年在一定时期评定一次；二是特别评定，即对处在试用期的工作人员进行一次以上的评定，或者行政长官认为必要时，随时进行评定。工作评定主要包含四个项目：一是工作业绩，包括工作成果、态度和效率；二是工作能力，包括指导、规划、判断、创造、交涉、协调、研究等能力；三是性格，包括稳重、轻浮，积极、消极，坚强、脆弱，从容、急躁，机敏、迟钝，精细、粗心，好辩、沉默等；四是适应性，包括规划性、研究性、总务性、会计性、审查性、接洽性、秘书性等不同性质的业务。工作评定办法是上级给下级作评定，而不采取群众讨论的方式。事务次长给局长写评定，局长给课长、课长辅佐写评定，课长给股长写评定，股长给股员写评定。上级给下级写的评定内容，下级不知道。评定分为 ABCDE 五种，评为 A 级的，可以越级增加工资，但人数不得超过 10%；评为 BCD 级的，可以提级；评为 E 级的，不得提级，严重的还要给予处分。《国家公务员法》和《报酬法》规定，首相和政府各部门长官应采取措施表彰工作业绩优秀人员。表彰的种类分为：首相表彰、大臣表彰、长官赏词、业务成绩表彰、功劳勋章等，工作优异者，可以领取业绩奖，业绩特别优秀者可以得到不同等级的勋章和奖章，并相应地晋升职务和工资。工作评定结果要存档，是职务晋升的主要依据之一。主管行政长官应按照工作评定结果采取措施，对工作业绩好的公务员予以优待；对工作业绩差的公务员予以指导，或是有针对性地进行培养，或是变更职务分工，或是采取调动工作等其他适当措施。

由于日本官僚机构的体制特征和人事管理特征，使得公务员的竞争颇具特色。一个人从进入公务员队伍起，为保持职业稳定，并先于同等地位的同僚晋升，必须意志更坚强，工作更勤奋，业绩更突出，通过实力证明自己，从而使勤奋工作、努力奉献和积极竞争内化为日本公务员队伍的普遍价值观念和行为规范。

3. 考试成绩与职务晋升挂钩

日本政府机关每年招考一批新人，同批考试合格并进入机关服务者视为同期。同期人员的升迁速度、俸给待遇尽可能保持平衡，退离时间尽可能一致。但通过高级考试途径进入公务员队伍的，由于职位少而人员多，高级官僚为其升迁目标所迫，彼此竞争更加激烈。为此，日本官员的晋升办法除了根据每年的业务成绩进行评定以外，还要进行由人事院主持的选拔考试。为保证在功绩制度下的职位任命公正，课长以下官员的任职，可以由各个部门自己决定，但要经过人事院考核，课长和课长以上官员的任职，必须经人事院批准。近年，日本重新修订《国家公务员法》。增加了“职员采用以后的任用、薪俸以及其他人事管理，与该职员被采用的年次及录用考试种类无关，应该以人事评价为基准”的规定。按照新的规定，次官、局长和部长级别将被列为同一级，从同一批候选人中进行选拔，打破了以前公务员因参加考试种类不同而产生的身份差异和由此带来的晋升障碍，畅通了人才选拔晋升的渠道。日本的激励机制坚持成绩主义原则，充分考虑人性特点，有利于在公务员任用中排除政治因素或裙带关系影响，确保公务民主有效开展。“年功序列制”和“终身雇佣制”满足了人的基本需求，解决了公务员的后顾之忧，使他们能够集中精力、踏实工作。而工作业绩、考试成绩与工资收入、职务晋升挂钩，对于提高公务员工作效率，促进公务员勤勉敬业、争创佳绩，推动优秀人才脱颖而出，无疑具有积极的作用。特别是实行功绩晋升制，依据业绩优劣、贡献大小决定提升职位或薪酬等级，意味着一名公务员是否得到提升，不取决于他如何会搞“关系”，也不取决于他“跑官要官”是否得力，而是取决于他的工作业绩。只要努力工作，就能从股员开始，到股长、课长辅佐、课长、次长、局长，最后甚至可能担任较高职务，如事务次官。即使偶尔转到其他省厅工作，终其一生还是归属原来的省厅。如果升任到事务次官，就不再作为政治任用的对象，而是以资深官僚的身份作为政治性行政官辅佐政权。而一系列新晋升制度的实施，更为业绩突出、综合素质高的公务员提供了晋升机会，促进更多的低学历公务员奋发努力、争创佳绩。

（二）日本地方公务员激励机制对中国的启示

目前我国公务员的竞争激励机制不健全，对公务员的工作热情及身心健康造成了一定的影响，这是与我们所倡导的人本化的公务员管理理念所不相适应的。因此，要对公务员实施人本管理，就要将以人为本的核心精神贯彻到各个环节，完善公务员竞争激励机制也是这一过程的应有之义。从人本管理的角度来看，在公务员管理过程中建立竞争激励机制，其主要目的不是为了使公务员形成一种你争我抢、明争暗斗的消极局面，而是通过竞争这种手段，最大限度地激发人的潜能，充分调动人的积极性。从某种程度上说，竞争是生物优胜劣汰的手段，更是生物得以进化的工具。所以说，良好的竞争机制是有助于公务员群体能力提升的有效工具，是有助于其全面发展的科学机制。具体说来，要完善公务员的竞争激励机制，应从多个方面入手：

首先，对于考试录用制度的完善。要牢牢坚持“凡进必考”原则；要实行分类、分级的考试办法，以满足不同职业的需要；改革考试内容，由重视文化知识转变为重视素质和能力，使得考录制度能真正挑选出类拔萃的人才，为政府提供高效的服务和有力的保障。

其次，对于任用制度的完善，要适度推进公务员合同聘用制。从长远的角度来看，除了政府部门领导人员由人大选举产生以外，其他职务都可以实行合同聘用制，尤其是一些操作性强，技术性强以及一些具有辅助性质的职务更加适合采用合同聘用制。在公务员任用过程中实施这一制度，可以有效避免“终身制”所导致的不良影响，对于公务员身份的职业化具有相当的促进作用，使得政府组织内部人才流动起来，公务员能进能出，有利于新鲜血液的注入，也加快公务员队伍的新陈代谢。另一方面，要注意对于竞争上岗机制的完善，形成一种规范化和法制化的竞争考试机制，使公务员的升迁主要通过这种内部竞争考试来实现，有效防止买官卖官的不正之风，体现政府内部管理的公平、公正，使公务员群体保持一种积极的工作态度，从根本上避免了某些不良情绪的产生。

第三，工资制度的完善。从心理学角度来说，公务员工资是公务员与政府组织之间的一种心理契约，这种契约通过公务员对工资状况的感知来影响他们的行为、工作态度以及工作绩效，即产生激励作用。根据马斯洛的需求层次理论，我们可以发现，公务员对于工资的需要在五个层次上都有所表现：一是公务员期望所获得的工资能够满足自己的基本生活需要；二是公务员期望自己的工资收入更加稳定或者稳定的工资收入部分有所增加；三是公务员期望自己所获得的工资与同事之间具有一种可比性，得到公平对待；四是公务员期望自己能够获得比他人更好的工资，以作为个人能力和所从事工作的价值肯定；五是公务员期望自己能过获得过上更为富裕、质量更高的生活所需要的工资，从而进入一种更为自由的生存状态，充分实现个人的价值。一般情况下，在公务员的低层次工资需要得到满足之后，通常会产生更高层次的需要，并且这种需要是多层次并存的。通过工资制度这一激励机制使公务员更注重自己的能力发挥和履行自己的职责，保证公务员队伍的廉洁性。目前，我国政府部门已经初步对事业单位实施了绩效工资制度。实施绩效工资是事业单位收入分配制度改革的重要内容。在规范津贴补贴的同时实施绩效工资，逐步形成合理的绩效工资水平决定机制、完善的分配激励机制和健全的分配宏观调控机制，对于调动事业单位工作人员积极性，促进社会事业发展、提高公益服务水平，具有重要意义。因此，应将这一制度坚持下去并且扩大实施范围，建立绩效工资应以任务的客观数据及工作效率为依据，彻底打破平均主义的奖金分配模式，从而充分调动公务员的积极性。

第四，改进年终考核制度，健全激励机制。激励是指激发人的工作动机，使其具有积极性主动性创造性，发挥工作人员的最大潜能。公务员的激励主要是通过考核、奖惩、工资报酬等措施进行。其目的是要充分调动广大公务员的工作积极性，实现工作效率的最大化。考核也称勤务评定，为做好这项工作，日本政府专门制定实施了《勤务评定细则》、《工作评定的根本标准》、《工作评定手续与记录的政令》等一系列规章。日本公务员的考核机关是由主管机关首长或由他指定的本机关内部的上级职员实施，即各省厅的首长与人事院协议，制定有关考绩的实施规程，制作适当的考核表，通盘考虑本部门职员人数，职务种类，责任速度以及协作精神等各种因素，以尽量防止考核评定者的主管武断，是一种上级给下级的评定，不需群众讨论的方式，逐级授权考核，分层负责的体系机制。考核项目有四项，工作成绩、工作能力、性格和适应性。考核评定结果有评语式，也有积分式和两者并用的综合式，评定结果要划分为 A、B、C、O、E 五个等级，作为升降职与工资晋升的依据。对于考核评定结果，优秀者可越级升资，予以表彰，不良者要采取适当措施，如告诫、降薪、停职甚至免职处分。公务员考核结果由主管长官掌握，不公开，同时，日本公务员的平时考核没有严格的规定，由课长全权负责，其地位权限十分重要。近几年来，这种背对背的考核方式已经引起公务员的普遍抵制。中国的公务员制度是在吸取日本等西方发达国家的有益经验和做法，并结合中国的实际情况下建立起了有中国特色的国家公务员制度。建设一个廉洁、勤政、务实、高效的政府，进一步完善公务员制度是社会发展的必然要求。目前我国公务员激励机制中的主要问题有考核评价体系不科学，考核的结果缺乏客观公正性，不能作为奖惩的准确依据；考核的内容未分类列等，处长、科长、科员、办事员一起考，难以分出优劣，有的部门连续几年的“优秀”都是首长而无群众；考核结果“等次”较粗，不能充分反映公务员的真实情况；关于奖励，有的单位片面强调以精神鼓励为主，对中下级公务员的物质需求有所忽视，特别是对在艰苦环境中做出了成绩的公务员未能有效地改善他们的物质生活条件，精神激励也就失去了作用；关于工资报酬，我国现行的“低工资高就业”政策，还不足以吸引社会上的优秀人才，而且工资内部结构也存在许多不合理的地方，不能充分调动公务员的积极性。我国在完善激励机制，改进公务员分类管理和年终考核制度，使薪酬福利制度应该更趋向于科学合理；着力提高公务员素质，改进工作方法，加强能力培训，提高公共服务质量和技术能力水平；使政务公开，让公众了解办事程序和规则，接受群众监督；创建“电子政府”，加强信息化建设，减少公共行政成本。要解决这些问题，首先应制定《考绩法》，使公务员的考核结果具有客观公正性，成为奖惩激励的法定依据；其次，完善奖惩的实施措施，关键是要体现“公平”，否则就会产生心理障碍；其三，制定《工资法》，使公务员付出的劳动与报酬相一致。在发展经济和精兵简政的基础上，逐步提高公务员的工资报酬。

七　日本地方公务员的监控机制及其启示

“绝对的权力，导致绝对的腐败”，这是人类社会历史发展过程中的经验总结。国家公务员是国家权力的操纵者和运转者，在国家机构中占有特殊的地位。因此，为了确保国家公务员的良好素质，防止出现国家公务员权力的绝对化倾向以及一切腐败现象，对国家公务员的权力进行监控是十分必要的。

（一）日本地方公务员的监控机制

战后日本之所以造就了一批又一批素质良好的国家公务员队伍，正是受益于一套比较完备的、行之有效的监控机制。

1. 立法监控。立法监控是战后日本国家公务员制度的一个重要特征。战后，日本在建立和完善国家公务员制度的过程中，制定了一系列行政专法以及以政令形式公布的大量行政法规。其中包括：《内阁法》《国家行政组织法》《国家公务员法》《行政代理执行法》《行政不服审查法》《行政事件诉讼法》等等，其目的就是把国家政府机关的组织规模、职权范围、活动原则、管理制度纳入法律的规范之内，突出“以法制吏”的基本精神，使国家公务员制度法律化。这一措施使国家行政机关在行政活动中所产生的各种社会关系，成为严格意义上的法律关系。政府各职能部门不仅是法律规定上的执法机关，而且也是置于法律之下的当事人。国家公务员的权力不仅受到法律的保护，也必须受到法律的制约。

与此同时，“具有国家最高权力职能的，唯一的立法机关”的日本国会以法律为准绳，行使其职权，对国家公务员制度进行宏观监控，包括经常向行政部门质询，包括人事管理活动在内的各种行政工作，揭露人事管理活动中存在的问题；定期听取行政机关的工作报告，比如，日本内阁人事院每年要单独向国会提交一份年度工作报告；审批各种财政预算，等等。立法监控消除了“以政代法或以权代法”、“以人代法”、“以言代法”的弊端，取缔任何法律意义上的“特权阶层”，对战后日本国家公务员制度的健康发展，起了决定性的作用。

2. 立法监控。司法监控是战后日本国家公务员制度的又一特征。日本《国家公务员法》规定：“政府必须守法”，“政府各级官员尤其要模范地遵法和守法”。国家公务员行使权力、执行公务必须以法律为依据，其行政行为如果超出法律授权范围，或违反法律规定，便构成渎职行为，对违法渎职者必须予以严厉制裁。行使这一权力的便是司法机关。日本司法机关以其特有的司法审判职能，对日本国家公务员的违法行为进行监控。《日本国宪法》规定：“一切司法权属于最高法院及由法律规定设置的下级法院。行政机关不得实行作为终审的判决。”日本《国家公务员法》也规定，收贿受贿、贪污、玩忽职守、泄密、出卖情报等均属于“公务性犯罪”，必须绳之以法。凡是被法院判刑的国家公务员一律不再录用。正是在此意义上，司法机关以其特有的审判活动监控或纠正日本国家公务员的违法行为，这对于促使国家公务员遵纪守法，秉公办事，忠于职守起着很大的制约作用。

3. 自我监控。自我监控是指政府机关沿着自身的工作系统，自上而下地对所辖各级国家公务员实施的监控。日本公务员系统的自我监控包括下列内容。其一，独立的人事管理机构。日本《国家公务员法》规定，国家行政机关设人事院，作为对国家公务员进行严格管理的专门机构。日本的人事院拥有较为特殊的地位，它掌管国家公务员的考试、录用、晋升、待遇、权益保护、退休以及行政惩戒等事务。人事院直接向内阁负责，并对内阁保持相对的独立性。虽然形式上行政首长有任命权和罢免权，但其决定必须基于人事院的认可；反之，人事院有权进行审查和裁决。这样，人事院作为独立的人事机构，堵塞了行政部门首长以权谋私、安插亲信、任人唯亲、搞裙带关系等人事管理方面的营私舞弊的渠道，确保了任人唯贤、择优录用的人事制度原则的实现，使日本的公务员管理走向科学化和民主化的道路。其二，严格的管理制度。人事管理部门根据《国家公务员法》的有关规定，对国家公务员进行严格管理，国家公务员一旦违反有关规则，便要受到行政惩处。行政长官可以通过口头或书面方式，单独或在全体人员面前当众予以警告、申诫、呈报上级以停止或延晋、停职或撤销职务等处罚。相反，对那些品行端正、工作肯干、行政效率高、管理能力强、廉洁的国家公务员则通过考核给予奖励，或晋级或提薪。

这种严格的管理制度，充分体现了奖勤罚懒，选优淘劣的公平竞争原则，避免了国家公务员的各种渎职行为，使国家公务人员积极向上，努力工作，并且保持了国家公务员的清廉作风，极大地提高了日本政府部门的行政效率，在全体国民中树立了良好的形象。

（二）日本公务员监督机制对中国的启示

中日两国公务员监督机制存在以下异同点：（1）中日两国的立法机关在公务员监督方面都是通过立法的方式对国家公务员进行监督，不过，中国的这种立法监督方式起步较晚。（2）中日两国均是立法机关审议国家和地方预算和决算，监督行政机关的工作效率和公务结果。（3）中日两国的立法机关都有国事调查权，但日本因受三权分立政治体制的影响，在实际工作中国会的国事调查权较难实施。（4）日本在国会内部设有议会政治伦理审查会，对不称职议员进行忠告或劝其辞职。中国人大内部未设类似的机构，对人大代表的监督常常通过党的纪律检察委员会实施调查、审查和处理。（5）中日两国的立法机关都有让其任命的公务员向人大常委会或国会述职，汇报任职后工作的制度。但是日本的国会质询坚持公开的原则，主要采取电视台现场直播的方式，而中国的人大述职是在机构内部进行的。（6）在中国，人大对国家干部的任免中党的影响力较大，在日本，国会对特别职公务员的任命上执政党影响力较小。

行政监督观念落后是中国完善公务员监督机制最大的思想障碍。不消除消极的监督机制链，就难以建立完善的公务员监督机制，要消除首先就要进行监督观念创新，确立新的监督理念。首先，要树立公开监督的理念。公务员监督一定要强调公开，一方面公务员的行政活动应当公开，以接受来自各方面的监督；另一方面行政监督活动本身也应当公开进行，对需要监督的事项、过程和结果都应当公开，要消除行政监督的神秘色彩，使监督者和被监督者都能养成健康的监督心理。其次，要树立分权监督的理念。所谓分权监督，不仅在于把不同的权力分解不同的部门或机构行驶，而且应当使其按规则运行，既应避免相互制约超过限度，又应防止相互合谋或制约监督失灵。第三，要树立利益监督的理念。依据唯物主义的观点，分析利益矛盾使认识和解决许多社会矛盾的切入点。中国行政监督制度与西方国家比较应当说使比较健全的，各种监督法律、法规、规章和细则也比较多，但各种监督制度的设置并没有明确地贯彻或遵循利益监督原则。只有改变监督和被监督者的机制状况，才能提高行政监督的效力，使其落在实处。

八　日本地方公务员的退休养老机制及其启示

退休是公务员管理的重要环节，是维护和保障公务员权益的重要措施。日本健全的公务员退休养老法规、灵活的公务员退休年龄、规范的公务员退休管理体制、相对完善的公务员养老金制度等，值得我国学习和借鉴。有必要从我国国情出发，吸收日本公务员退休养老制度的有益成分，推动我国公务员退休养老制度改革。

（一）日本地方公务员的退休养老机制

1. 日本地方公务员退休形式与条件

第一，正常退休。1979 年 8 月，日本人事院向政府发出导入退休年龄的制度，将公务员退休年龄原则上定为 60 岁。1984 年 7 月，人事院出台了关于公务员退休年龄的规定，正式确立公务员退休年龄为 60 岁。公务员达到法定退休年龄之后的第一个 3 月 15 日退职，或者由在任命权者预先指定的“定年退休日”退职。日本实施弹性退休年龄制度，根据公务员的工作部门、工作性质、工作条件等因素差异，确定适合的弹性退休年龄。按照《人事院规则》，下列公务员退休年龄依法延长：一是在医疗院、疗养所、诊所等人事院规定单位工作的医生、牙科医生，退休年龄为 65 岁；二是从事官厅的监事及其他官厅的事务，以及类似业务的公务员，退休年龄为 63 岁；三是因职务和责任特殊，或出现补缺困难，或被人事院认定明显不适宜60岁退休的公务员，退休年龄为60岁以上，65岁以下。四是国立公文书馆长、宫内厅次长、社会保险厅的医疗专门官等人，退休年龄为65岁；皇家警察学校的教育主事、公立高校教师等，退休年龄为63岁。①

第二，推迟退休。按照《日本国家公务员法》，公务员虽已达法定退休年龄，但由于该职务特殊性或履行职务的特殊情况，若该公务员退休可能损及公务正常运行，可推迟退休。公务员推迟退休的理由包括：一是由于本职需要高度的专门知识、熟练技能、丰富经验，不容易获得合适的继任者；二是因工作环境以及其他工作条件特殊性，该公务员退职后缺员难以补充，业务执行可能产生重大障碍时；三是在业务性质方面，由于该公务员退职，以及接任者的公务交接，可能对业务继续执行产生重大障碍时。2010年4月1日，日本实施《高龄者雇佣安定法》，保证有工作意愿与能力的人员被雇佣到65岁。

第三，退休者再任用。为了发挥已经退休公务员的余热，日本鼓励根据公务员本人的能力和经验返聘已经退休的公务员。退休后再任用的相关条款，由人事院规定。返聘的时间原则上不超过1年，但也可适当延长，最长不超过2年。

2. 日本公务员退休养老待遇

第一，国民年金。国民年金覆盖包括公务员在内的全体国民，分为养老年金、残障年金、寡妇年金、母子年金和遗孤年金五种。国民年金待遇与其缴费年限紧密相关，领取国民年金者需年满65岁，且缴费年限达25年以上。根据日本《厚生年金、国民年金法》，国民养老保险保费由国家和国民共同承担。国民年金的养老待遇与退休公务员的年龄、工龄、缴费年数等息息相关，加入国民年金40年者每月可领取最高达67000日元的养老金。当前，日本养老金制度改革主要包括：一是采取适应弹性退休制的动态养老金，鼓励延长工作时间。二是提高养老保险费占工资的比重，即将缴纳保险费的比例在原来占工资总额13.58%的基础上，每年以0.354%幅度提高，到2017财年占工资总额18.3%。三是逐年降低向被保险者支付保险金的数额。日本计划到2023财年，平均养老金支付额将

① 刘碧强：《比较与超越：西方国家公务员退休养老模式与经验借鉴》，《行政论坛》2007年。

由目前在职职工平均收入59.3%逐年降低到50.2%。四是调整养老金发放方法。日本政府早在2002年就制定“物价联动型养老金支付办法”，根据物价跌幅减少养老金支付额。

第二，共济年金。按照《国家公务员互助会法》，凡成为职员者，自任职之日起，自动取得互助会会员资格。互助会员期20年以上者，自退职之日起至死亡之日止，每年均可获得退职年金（养老金），其金额相当于公务员退职前的年工资额40%；若互助会员期超过20年，每超过1年可增加年工资额1.5%，最高限额不得超过年工资额70%。共济年金获得者在互助会期间，每年需按时缴费，由公务员和政府各负责一半费用，总缴费率为15.2%①。国家公务员互助会的共济年金待遇包括老年待遇、残疾待遇、遗族待遇。

第三，公务员退职津贴。日本公务员退职津贴按《国家公务员退职津贴法》执行，由中央人事院负责实施，是对长期工作后退职或退休的公务员的一次性退职补助金，分为一般退职津贴、特殊退职津贴两种。一般退职津贴是指正常情况下的公务员退休津贴，包括普通退职津贴、长期服务后的退职津贴和裁减人员退职津贴。特殊退职津贴是指因部分国家公务员不适用《劳动基准法》《船员法》及《雇佣保险法》，需要以退职津贴的形式支付的解雇津贴、停雇津贴、失业待遇等津贴，包括非预期退职者津贴、失业者退职津贴②。

（二）日本地方公务员的退休养老机制对中国的启示

1. 健全公务员退休养老管理法规，加强公务员退休养老管理。完善的法规体系，是推动我国机关事业单位养老保险制度改革的前提和基础。与美国、英国、德国等国家相比，我国养老保险法规建设相对滞后。当前，有必要以《中华人民共和国社会保险法》为基础，适时出台具有中国特色的《中华人民共和国养老保险法》，以及与之相配套的公务员养老保险专项法规，明确规定公务员养老保险适用对象、养老保险项目、养老保险费征缴、个人账户与社会统筹账户管理、养老保险的享受条件、待遇标准和给付方法、养老保险基金管理、养老保险经办、养老保险争议处理

---

① 刘碧强：《比较与超越：西方国家公务员退休养老模式与经验借鉴》，《行政论坛》2007年。

② 龙玉其：《日本的国家公务员养老保险制度及其改革》，《现代日本经济》2011年。

程序、养老保险监督与法律责任等相关内容。财政部门、人力资源与公务员主管部门、老干部部门等政府机构要加强协调，形成合力，以加强公务员退休养老管理和监督。

2. 加大宣传教育力度，克服公务员退休养老保险制度变革惰性与心理障碍。国务院总理李克强在2013年4月17日召开的国务院常务会议上强调，要“完善社会保障体系，逐步消除群众养老、医疗等方面后顾之忧”。当前，大部分机关事业单位职员、干部对退休养老保险改革心存疑虑。对不确定性的焦虑、对养老保险后的利益损失的担忧等情绪在机关事业单位内部蔓延，阻碍了机关事业单位退休养老保险制度改革进程。当前，在推动我国机关事业单位养老保险制度改革过程中，有必要根据社会主义核心价值观教育和社会主义政治行政体制改革的需要，在机关内部加大宣传教育力度，致力于营造“勇于变革、敢于创新、科学发展、与时俱进”的变革文化，打消机关事业单位职员对退休养老保险制度改革的焦虑、疑虑、担忧，增进其对养老保险制度改革的理解、认同、支持，进而克服变革惰性和心理障碍，增强变革信心。

3. 实行灵活、弹性、人性化退休年龄计划。随着我国人口老龄化问题的加剧，以及公共财政支出压力的增加，适时调整机关事业单位职员退休年龄刻不容缓。当前，我国公务员的法定退休年龄为男60岁，女55岁，男女有别。参考西方国家公务员退休年龄界定办法，结合我国国情，可以探索实行灵活、弹性、人性化退休年龄计划。第一，适时推行男女同龄退休。近年来，我国女性公务员、女性领导干部的数量日益增加，妇女在我国公共管理过程中扮演着越来越重要的角色。实行男女同龄退休，不仅具有现实可行性，也符合广大妇女的心理预期，满足其参与公共生活的意愿和期望。第二，适度上调法定退休年龄。可将公务员退休年龄延至62—65岁，鼓励年老公务员发挥余热，继续参与经济社会发展和公共管理事业。第三，设置退休年龄宽带，增加公务员退休年龄的选择权。根据公务员的性别、年龄、工作年限、部门特点、工作性质、家庭需要，探索设置公务员退休年龄宽带，即55岁至65岁之间的公务员退休年龄的上下浮动区间，允许公务员在一定年龄范围内自主选择退休年龄，不仅增加公务员在法定权限内自主退休的选择权，也满足年老公务员的人性化要求。同时，将公务员退休年龄宽带与公务员的退休费计发标准、养老金替代率等紧密结合。

4. 构建多层次公务员养老保险体系，拓宽筹资渠道，建立责任分担的养老金筹资机制。当前，我国实行分立的公务员退休金制度，公务员尚未被纳入全民统筹的社会养老保险体系。结合我国国情，有必要适时构建包括社会统筹的国民基本养老保险、公务员补充养老保险、基金积累制的个人储蓄计划在内的全方位、多层次养老保险体系。按照权利和义务对等原则，建立责任分担的公务员养老金筹资机制，明确规定公务员个人、单位、国家的公务员养老金缴费责任、比例。同时，要科学、合理确定养老金替代率，加强养老金社会统筹账户和个人账户管理，深化养老金基金市场化、社会化管理改革，实现公务员养老金保值增值。随着我国经济社会发展，要结合公务员退休前的职务与级别、退休前工资基数、养老金替代率、物价指数变动，构建弹性的公务员养老金动态调整机制。

5. 深化机关干部人事制度改革，完善与公务员退休有关的配套制度。党的十八大报告强调，要“深化干部人事制度改革，建设高素质执政骨干队伍”。在推进我国公务员退休养老制度改革过程中，要完善与退休养老相关的其他制度，如公务员考试任用、职务任免与升降、公务员考核、公务员纪律与惩戒、公务员交流、公务员工资福利等相关制度，形成公务员制度合力。尤其是要加大公务员工资福利制度改革，完善公务员基本工资、津贴、补贴和奖金制度，探索绩效工资福利制度，建立公务员工资调查机制和动态增长机制。加大聘任制公务员改革力度，聘任制公务员实行职业年金制和协议工资制，纳入基本养老保险体系。

结　　语

公务员制度作为一个国家的核心制度，其变革与完善必须与世界发展的潮流同步。在全球化时代的背景下，一国公务员制度的变革，适当地借鉴国外公务员改革的经验实属必然，尤其是那些反映时代特质、具有先进性的共性内容更有学习的必要。但这种学习不能成为教条而迷失自己的本色，坚持制度自信、保持中国公务员制度的基本特色学习、借鉴二者不可偏废，缺一不可，唯有做到人、社会、制度的和谐统一，方能使中国公务员制度之树长青。

附　录

附表 1　　　　地方公务员法的主要修改的内容

年度	事　项
1952（昭 27）	随着地方公营企业劳动关系法的制定，建立了地方公营职员、单纯劳务职员关系规定
1962（昭 37）	行政事件诉讼法实施，针对损害地方公务员利益的处分，维持并明确规定了诉讼申请前置
	地方公务员共济组合法制定，共济制度有关根据规定明确化。
	行政不服审查法实施，整理不服申诉关系规定（不服申诉期限的变更）
1965（昭 40）	IL087 号条约批准，明确了工资发放 3 原则，职员团体的定义・注册登记标准，交涉规则
1966（昭 41）	地方公营企业法修改，完善地方公营企业管理者，职员的工资等
1967（昭 42）	地方公务员灾害补偿法制定，明确了公务灾害的补偿根据等
1981（昭 56）	导入定年退休制。1985 年（昭 60）年开始实行
1985（昭 60）	地方公务员等共济组合法的修改，国民年金法的基础年金适用于地方公务员的年金
1998（平 10）	根据中央省厅等改革基本法，地方公务员法的管辖移交总务省。2001（平 13）年实行
1999（平 11）	再任用制度的导入。2001（平 13）年实行
	根据地方分权促进法，地方事务官制度废止。2000（平 12）年实行

附表 2　　　　地方公务员法和国家公务员法的比较

地方公务员法	国家公务员法
（昭和 25 年法律第 261 号） 最终修改：平成 13 年 7 月 11 日法律第 112 号	（昭和 22 年法律第 120 号） 最终修改：平成 13 年 7 月 11 日法律第 32 号
第 1 章　总则（§1—5） 【目的・效力・一般职和特别职・条例的制度】	第 1 章　总则（§1—2） 【目的・效力・一般职和特别职】

续表

地方公务员法	国家公务员法
第 2 章　人事机关（§6—12） 【任命权者·人事委员会或公平委员会】	第 2 章　中央人事行政机关（§3—26） 【人事院·国家公务员伦理审查会·内阁总理大臣·人事管理官】
第 3 章　职员应适合的基准 第 1 节　通则（§13·14） 第 2 节　任用（§15—22） 第 3 节　职阶制（§23） 第 4 节　工资、勤务时间及其他勤务条件（§24—26） 第 5 节　分限和惩罚（§27—29 的 2） 第 6 节　服务（§30—38） 第 7 节　研修和勤务成绩评定（§39·40） 第 8 节　福祉和利益保护（§41—51 的 2） 第 1 款　厚生福利制度（§42—44） 第 2 款　公务灾害补偿（§45） 第 3 款　有关勤务条例的措施要求（§46—48） 第 4 款　有关不利处分不服的申诉（§49—51 的 2） 第 9 节　职员团体（§52—56） 第 4 章　补则（§6—12） 特例·其他法律的不适用·总务省的协作和技术建议 第 5 章　罚则（§6—12） 附则	第 3 章　官职的基准 第 1 节　通则（§27·28） 第 2 节　职阶制（§29—32） 第 3 节　考试和任免（§33） 第 1 款　通则（§34—41） 第 2 款　考试（§42—49） 第 3 款　任用候补者名簿（§50—54） 第 4 款　任用（§55—60） 第 5 款　休职、复职、退职和免职（§61） 第 4 节　工资（§62） 第 1 款　工资与准则（§63—67） 第 2 款　工资的支付（§68—70） 第 5 节　能率（§71—73） 第 6 节　分限、惩戒和保障（§74） 第 1 款　分限 第 1 目　降任、休职、免职等（§75—81） 第 2 目　定年退休（§81 的 2—81 的 5） 第 2 款　惩戒（§82—85） 第 3 款　保障 第 1 目　勤务条件有关行政措施的要求（§86—88） 第 2 目　与职员意志相违的不利处分的有关审查（§89—92 的 2） 第 3 目　针对公务伤病的补偿（§93—95） 第 7 节　服务（§96—106） 第 8 款　退职年金制度（§107·108） 第 9 款　职员团体（§108 的 2—108 的 7） 第 4 章　罚则（§109—111） 附则

附表 3　向公益法人等派遣一般职地方公务员等的相关法律概要

	公益法人等派遣制度带身份派遣	退职派遣制度先退职再派遣
对象法人	公益法人等，其业务与地方公共团体的事务、事业有相关性，需要人员援助时，符合条例规定者	地方公共团体出资的股份公司、有限公司中，从其公益性、事务事业关联性，需要人员援助时，符合条例规定者
派遣前的手续	任命权者·对象法人之间缔结业务内容等决议，并向职员公开决议内容，争得职员同意	任命权者·对象法人之间缔结业务内容等决议，并向职员公开决议内容，根据任命权者的要求，职员退职
派遣	期间：3 年以内（可延长到 5 年） 薪酬：从事委托业务和共同业务等时可以支给 服务：适用（政治行为制限）等身份上的服务	期间：3 年以内 薪酬：无 服务：不适用

续表

	公益法人等派遣制度带身份派遣	退职派遣制度先退职再派遣
复职	期限结束时复职	期限结束时，除了不能满足地公法条件的情况外，采用

○职员等的待遇（派遣・退职派遣通用）
・派遣期间，适用接受方团体的有关制度（健康保险制度及劳动者灾害补偿制度）。
・公务复归后，共济长期支付制度及退职补贴制度，在派遣期间连续计算
・其他复归后的待遇，应考虑部门内职员的均衡。

附表 4　　地方公共团体有任期的一般职研究员采用的相关法律概要

	特聘研究员型	青年研究员型
任用条件	・在该研究领域中，认为是特别优秀的研究者 ・从事需要高度的专门知识经验的研究业务	・有独立的研究能力 ・在该研究领域中，从事为成为学术带头人，培养需要的能力和涵养的研究业务。
任期	5 年（特别的场合 7 年，重大项目研究 10 年）以内	3 年（特别的情况下 5 年）以内
劳动条件	可以支付短期研究员业绩补贴，可以适用弹性勤务制	可以支付短期研究员业绩补贴

附表 5　　地方公务员制度的法制体系

地方公务员法	
自治立法	・条例　・规则
勤务条件	・劳动基准法（劳基法）・劳动安全卫生法（劳安法）
厚生福利	・地方公务员等共济工会法
公务灾害补偿	・地方公务员灾害补偿法・劳动者灾害补偿保险法
不服申诉	・行政不服审查法　行政事件诉讼法
职员团体	・职员团体等的法人资格授予的相关法律
其他	・灾害对策基本法（职员的派遣）　・公职选举法（政治行为） ・国家赔偿法（职员的责任） ・地方公务员的育儿休假等相关法律（育儿休假） ・向外国地方公共团体机关等派遣的一般职公务员待遇的相关法律（海外机关派遣） ・向公益法人等派遣一般职公务员的相关法律（民间机关等派遣） ・地方公共团体的一般职短期研究员的采用等相关法律（接受外部人才）

续表

地方公务员法		
特例	教职员	·教育公务员特别法（教特法） ·地方教育行政的组织及营运法律（地教行法） ·市町村立学校职员工资给与负担法（负担法） ·关于为维持和提高学校教育水平的义务教育各学校的教职员确保人才的特别措施法（人才确保法） ·关于国立及公立义务教育各学校的教育职员工资给与等特别措施法 ·关于国立或公立大学中外国人教员的任期等的特别措施法 ·女教职员出产时确保辅助教职员的法律 ·国立及公立学校事务职员休职特例的法律 ·确保义务教育各学校中教育的政治中立的法律 ·公立义务教育各学校学籍编成及教职员定员标准的法律 ·公立高中的设置、适当配置及教职员定员标准的法律 ·公立学校的校医、学校牙医及学校药剂师的公务灾害补偿的法律
	警察职员	·警察法
	消防职员	·消防组织法 ·消防团员等公务灾害补偿等共济基金法
	企业职员和单纯劳务职员	·地方公营企业法 ·地方公营企业劳动关系法（地公劳法） ·劳动组合法（劳组法） ·劳动关系调整法（劳调法） ·最低工资法
	船员	·船员法·推动船员灾害防止活动的法律·船员保险法

附表6　一般职地方公务员的劳动关系适用法律和劳动基本权

分类	适用法律	结社权	团体协约缔结权	争议权
非现业职员	地方公务员法（劳基法）	○（52条）但是警察职员、消防职员×	×（55条）但是，可以缔结不与法令、条例等相抵触的范围的书面协定	×（37条）
地方公营企业职员	地公劳法（劳组法、劳调法、劳基法）	○（5条）	○（7条）	×（11条）
单纯劳务职员	地公劳法（准用）（劳组法、劳调法、劳基法）	○（5条）	○（7条）	×（11条）

附表7　公务员的勤务关系的法律性质

特别权力关系说	因为特别的法律原因，一方服从另一方的包括性的支配。不是以个别、具体的法令根据为基础，其内部关系不产生司法救济问题。
公法上的勤务关系说	以法律的规律为前提，适用司法救济。公务员关系是法律规定的，但是在对不利处分救济时，从抗告诉讼可以看到是一种非契约关系。
契约说	公务员的勤务关系受到法律的规制，但是使用者和公务员是以个别的或者集团的协定为基础，是一种契约关系。
劳动契约关系说	适用于法律规律和司法救济，公务员的勤务关系基本上与民间的劳动契约没有差异，只不过是一种法令规定的特殊的劳动关系。

附表 8　　地方公务员的勤务条件

<table>
<tr><td rowspan="9">勤务条件（职员提供勤务，并且在持续提供过程中的利害关系事项）</td><td rowspan="5">提供勤务伴随的经济支付的相关事项</td><td rowspan="2">勤务（提供勤务的反对支付）</td><td>工资</td><td>正规勤务时间的勤务的等价报酬</td></tr>
<tr><td>补贴</td><td>正规勤务时间以外的勤务的等价报酬
正规勤务时间的非直接对应的等价报酬</td></tr>
<tr><td>支付执行职务所需的费用</td><td colspan="2">提供旅差费、服装费等工作用品</td></tr>
<tr><td>公务上的灾害补偿</td><td colspan="2">公务灾害补偿</td></tr>
<tr><td>其他</td><td colspan="2">公务外的伤病辅助</td></tr>
<tr><td rowspan="4">勤务的提供方法的有关事项</td><td>提供全部勤务时间的量</td><td colspan="2">勤务时间、节假日、休假、休憩、休息</td></tr>
<tr><td>通常的勤务以外的勤务</td><td colspan="2">值班、加班</td></tr>
<tr><td>单位的工作环境</td><td colspan="2">安全卫生</td></tr>
<tr><td>其他</td><td colspan="2"></td></tr>
</table>

附表 9　　劳动基准法的内容和职员的适用关系

<table>
<tr><th>项目</th><th>条款</th><th>内容</th><th>企业·单劳职员</th><th>教育职员☆</th><th>一般职员</th></tr>
<tr><td rowspan="3">总则</td><td>1</td><td>劳动条件</td><td colspan="3">○</td></tr>
<tr><td>2</td><td>劳使对等决定</td><td>○</td><td>×</td><td>×</td></tr>
<tr><td>3—12</td><td>待遇均等，男女同酬，禁止强迫劳动</td><td colspan="3" rowspan="2">○</td></tr>
<tr><td>劳动契约</td><td>13—23</td><td>违反劳基法契约的效率</td></tr>
<tr><td rowspan="2">工资</td><td>24①</td><td>支付的三原则</td><td>○</td><td colspan="2">×</td></tr>
<tr><td>24②—28</td><td>休业补贴、最低工资等</td><td colspan="3" rowspan="2">○</td></tr>
<tr><td rowspan="5">劳动时间、休憩、节假日、每年有薪休假</td><td>32—33②</td><td>1 周 40 小时劳动等</td></tr>
<tr><td>33③</td><td>公务超勤</td><td>○</td><td>○</td><td>○</td></tr>
<tr><td>34—36</td><td>休憩、节假日、超勤</td><td colspan="3">○</td></tr>
<tr><td>37</td><td>额外工资</td><td>○</td><td>×</td><td>○</td></tr>
<tr><td>38—41</td><td>时间计算、年休</td><td colspan="3" rowspan="5">○</td></tr>
<tr><td>安全卫生</td><td>42</td><td>劳动安全卫生法中规定</td></tr>
<tr><td>年少者</td><td>56—64</td><td>最低年龄、深夜业制限</td></tr>
<tr><td>女性</td><td>64—2—68</td><td>产前产后休假、育儿时间</td></tr>
<tr><td>技能者培养</td><td>69—73</td><td></td></tr>
<tr><td>灾害补偿</td><td>75—88</td><td>业务上伤病的补偿</td><td colspan="3">×（非常勤○）</td></tr>
</table>

续表

<table>
<tr><th>项目</th><th>条款</th><th>内容</th><th>企业・单劳职员</th><th>教育职员☆</th><th>一般职员</th></tr>
<tr><td>就业规则</td><td>89—93</td><td>与做成手续、劳动协约之间的关系</td><td>○</td><td colspan="2">×</td></tr>
<tr><td>宿舍</td><td>94—96—3</td><td></td><td colspan="3" rowspan="2">○</td></tr>
<tr><td rowspan="2">监督机关</td><td>97—101
103—105</td><td>监督组织、劳动基准监督官</td></tr>
<tr><td>102</td><td>司法警察资源</td><td>○</td><td colspan="2">×（现业○）</td></tr>
<tr><td>杂则</td><td>105—2—116</td><td>劳动者名簿、工资总账</td><td colspan="3" rowspan="2">○</td></tr>
<tr><td>罚则</td><td>117—121</td><td>针对违反的惩罚</td></tr>
</table>

☆：小、中、高、盲、聋、养各校的校长、教务主任

附表 10　　职员不同分工的劳动基本权状况

<table>
<tr><th rowspan="2">分　类</th><th colspan="2">结社权</th><th rowspan="2">交涉权</th><th rowspan="2">争议权</th></tr>
<tr><th>职员团体</th><th>劳动组合</th></tr>
<tr><td>一般行政</td><td>○</td><td rowspan="2"></td><td>△</td><td>×</td></tr>
<tr><td>教育</td><td>○</td><td>△</td><td>×</td></tr>
<tr><td>警察</td><td colspan="2">×</td><td>×</td><td>×</td></tr>
<tr><td>消防</td><td colspan="2">×</td><td>×</td><td>×</td></tr>
<tr><td>单纯劳动</td><td>○</td><td>○</td><td>职 △
劳 ○</td><td>×</td></tr>
<tr><td>企业</td><td></td><td>○</td><td>○</td><td>○</td></tr>
<tr><td>特别职
非常勤</td><td></td><td>○</td><td>○</td><td>○</td></tr>
</table>

注：○ = 无制限，△ = 部分制限，× = 无权利，职 = 职员团体，劳 = 劳动组合

附表 11　　地方公务员制度改革和实施状况

<table>
<tr><th>分类</th><th>事项</th><th>内容</th><th>实施状况等</th></tr>
<tr><td rowspan="3">①地方公务员法等应该纳入法律修改</td><td>向第三产业等派遣职员的相关制度的完善</td><td>建立能够公民协动系统的人事交流的基本框架和确立向第三产业派遣职员身份的统一规定</td><td>实施向公益法人派遣地方公务员的相关法律</td></tr>
<tr><td>导入新的短期任用制度等</td><td>导入以研究公务员短期任用制度为开端的短期任用制度</td><td>实施地方公共团体的一般职短期研究员采用的相关法律</td></tr>
<tr><td>非常勤公务员的任用</td><td>讨论地方公务员的非常勤职员任用根据的定位。特别是讨论工资给与等方面的状态</td><td>讨论中</td></tr>
</table>

续表

分类	事项	内容	实施状况等
①地方公务员法等应该纳入法律修改	劳动基准法适用的再检查等	劳动基准法适用的再检查，适用于各行业的结构，地方公共团体劳动基准监督机关的状态	讨论中
	充实人事委员会、公平委员会的机能，并进行体制完善	人事委员会的设置基准及所管事务的弹性化，扩大公平委员会的所管事务的弹性，放宽了委员兼职的禁止条件	
②应该促进地方公共团体的人事管理改革和进行事项	活用中途采用	中途采用者的待遇中，反映专门能力的评价	
	活用员工职制，专门职制	复线型人事管理的条件完善，员工职、专门职的待遇	
	从年功序列制转化为重视能力、实绩的人事管理制度	从职员的能力、勤务实绩，适才适用的观点，形成积极提升优秀人才的人事管理制度	
		工资给与更能反映勤务实绩，缩小年功因数	
		完善对职员的能力和勤务实绩进行公正客观评价的评价系统	
	政策形成能力开发等的人才培养	重视首长领导作用的方针策定，自己启发等职员的主观能动性。接受长期研修者定员的处理	
	广范围的确保人才，培养人才	共同实施采用、研修等，通过广泛联合等确保专业人才，讨论采用的新框架	
	女性公务员的登记采用，工作领域扩大等	改革工作单位的认识，促进职务领域的扩大、登记使用，重新认识以往的人事管理制度	
	完善职员容易工作的环境	缩减加班，实施有效的福利厚生，积极促进残疾人的雇用	
	高龄职员的人事管理	人事管理系统向重视能力、实绩的方向转换，向复杂型人事管理转换	
		导入和顺利实行新的再任用制度	
		对于到盈利企业的再就职，各地方公共团体对再就职后的营业活动等有关行为基准等根据设定等进行规范管理	
		对于希望提前转职情况下奖励退职的状况	
	解决个别的纠纷	职员咨询制度的充实完善，人事委员会的怨言投诉处理	
③其他	地方公务员的高龄者雇用的状态	今后的年金制度改革动向，以及民间企业定年退休制和继续雇用制度的状态，将工资实态和将来的65岁退休制纳入视野，继续讨论提出较佳方案。	
	劳使关系和劳动基本权	留意国家公务员的讨论动向，慎重考虑	

附表 12　**日本地方公务员制度年表**

年月	地方公务员制度	国家公务员制度	主要法令等
昭和 22 年			
4 月			劳动基准法制定 ●地方自治法制定 东京都制・道府县制・市制・町村制合并，知事以下的都道府县职员的身份从官吏变成地方公务员
5 月			日本国宪法实施
6 月		Hoover 劝告	
10 月		国家公务员法制定	
12 月			警察法制定
昭和 23 年			
5 月		●政府职员新工资实施相关法律制定	
6 月		●国家公务员共济组合法制定	
7 月		MacArthur 照会 昭和 23 年 7 月 22 日根据联合国最高司令官给内阁总理大臣的书信发布临时措施的有关政令（政令 201 号）	
12 月		●国家公务员法修改 缩小特别职范围，强化人事院的权限，强化服务规律等 ●有关特别职职员待遇的法律制定 ●公共企业体劳动关系法制定 ●有关初任薪、升薪、升级等基准政令制定	人事院设立
昭和 24 年			
1 月	●教育公务员特例法制定		
5 月		●行政机关职员定员法制定	
6 月		●针对国家公务员寒冷地区补贴和煤炭补贴的有关法律制定	
8 月			Shoup 劝告
10 月		实施每周 44 小时勤务制	
12 月		●有关特别职职员待遇法律制定	

续表

年月	地方公务员制度	国家公务员制度	主要法令等
昭和 25 年			
4 月		●一般职职员工资有关法律制定 ●国家公务员等的旅费有关法律制定	
5 月		●国家公务员职阶制有关法律制定	
7 月			总评组成
12 月	地方公务员法制定		
昭和 26 年			
6 月		●国家公务员灾害补偿法制定	ILO 加盟
昭和 27 年			
3 月		●外务公务员法制定	
4 月		●在外公馆勤务的外务公务员的工资有关法律制定	
6 月	●地方公务员法修改 人事委员会和公平委员会设立基准有关修改		
7 月	●地方公营企业劳动关系法制定		
8 月	●地方公营企业法制定		自治厅设置 自治大学校设置
昭和 28 年			
8 月		●国家公务员等退职补贴暂定措施法制定	
昭和 29 年			
1 月			全日本自治团体劳动组合组成
3 月		公务员制度调查委员会设置	
6 月	●教育公务员特别法修改 公立学校教育公务员政治行为限制有关规定形成 ●地方公务员法修改 有条件任用对象升任时的例外等		●警察法全部修改 市町村警察和国家地方警察一体化成都道府县警察
7 月	●市町村职员共济组合法制定		
昭和 30 年			
11 月		公务员制度调查委员会报告	

续表

年月	地方公务员制度	国家公务员制度	主要法令等
昭和 31 年			
6 月	●地方公务员法修改 根据地方自治法修改的政令指定都市制度创立时的字句修改		地方教育行政组织和运营有关法律制定
昭和 32 年			
5 月	退休法案（昭和 31 年 2 月提案）废案	●制定针对从事农业或水产有关产业教育的国立及公立高中的教员，支付产业教育补贴的相关法律	
昭和 33 年			
4 月		●修改一般职职员的工资给与有关法律 ●设立交通补贴	●修改地方自治法 设立交通补贴
5 月		●全面修改国家公务员共济组合法	
5 月		●修改国家公务员共济组合法 修改公务员年金制度 ●修改国家公务员等退职补贴法，更改名称等	●制定煤矿离职者临时措施法 为了煤矿离职者紧急就劳事业的地方公共团体雇用者，作为特别职
12 月			
昭和 35 年			
6 月		●修改一般职职员工资给与有关法律 从特殊职务补贴中分出远距离勤务补贴 ●修改国家公务员灾害补偿法 废止一次性补偿制度	●修改地方自治法 新设远距离勤务补贴
7 月			设立自治省
12 月		●修改一般职职员工资给与有关法律 新设初任工资调整补贴	●修改地方自治法 新设初任工资调整补贴
昭和 36 年			
1 月	自治劳向 ILO 提出消防员的结社权		
2 月		防止定员外职员常勤化的阁议决定	

续表

年月	地方公务员制度	国家公务员制度	主要法令等
昭和 37 年			
5 月	●修改地方公务员法 根据修改的船员法，作为船员职员的公务灾害补偿原因，追加了失踪一项 ●修改地方公务员法 修改地方自治法，整理字句 ●修改地方公务员法 施行行政事件诉讼法，相关法律等整理的有关法律，不利处分的行政事件诉讼法的特例		●制定行政事件诉讼法 ●修改地方自治法 新设灾害派遣补贴
9 月	●地方公务员等共济组合制度 ●修改地方公务员法 施行行政不服审查法，关系法律等整理的相关法律，确立不利处分的不服报告的相关规定		制定行政不服审查法
昭和 38 年			
6 月	●修改地方公务员法 修改地方自治法，地方开发事业团及代表监查委员会制度设立，地方开发事业团的董事长、董事、监察作为特别职，代表监察委员事务局的任命权者的监察委员	●修改国家公务员法 营利企业就职承认有义务向国会和内阁报告	
昭和 39 年			
6 月	●修改地方公务员法 制定劳动灾害防止团体等相关法律，针对非现业职员同法的适用除外		
7 月		●修改国家公务员的寒冷地区补贴法律 寒冷地区、煤矿、木炭补贴统一为寒冷地区补贴，变更法律的名字	●修改地方自治法 寒冷地区、煤矿、木炭补贴统一为寒冷地区补贴，农业改良普及补贴自修改为农林渔业改良普及补贴
12 月		●修改一般职职员工资给与相关法律 新设指定制俸给表	

续表

年月	地方公务员制度	国家公务员制度	主要法令等
昭和40年			
1月			ILO的Dreyer委员会到日本
3月			制定市町村合并特例相关法律
5月	●修改地方公务员法(ILO87号条约批准后的修改) 规定工资给与资给三原则，规定职员团体定义，缓和职员团体登记注册条件，在籍专从规定。	●修改国家公务员法（ILO87号条约批准后的修改）	批准ILO87号条约
8月			ILO对日调查团《Dreyer报告书》发表
10月		设立公务员制度审议委员会	
昭和41年			
6月		第1次公务员制度审议会议报告	ILO87号条约生效
7月	●修改地方公营企业法 修改地方公营企业法，地方公营企业管理者及企业团企业长作为特别职追加		
10月			《日本邮政联盟东京中邮事件》最高法院判决
昭和42年			
7月	●修改地方公务员法 制定船员灾害防治协会等法律，针对非现业职员的同法适用除外		
8月	●制定地方公务员灾害补偿法		自治省行政局中设立公务员部
12月	自治省《地方公共团体机构改善和定员管理》有关通知	《第1次定员削减计划》阁议决定 ●修改一般职职员工资给与法律 新设调整补贴	
昭和44年			
1月		实行年度休假余留制度	
5月		●制定行政机关职员定员法律	

续表

年月	地方公务员制度	国家公务员制度	主要法令等
8 月	定年退休法案（昭和 43 年 3 月提案）废案		
昭和 45 年			
10 月		第 2 次公务员制度审议会报告	
12 月		●修改一般职职员工资给与法律 新设住房补贴、远距离通勤补贴改为特地勤务补贴，高龄者提高工资延伸措施等 ●制定向国际机关等派遣一般职国家公务员的待遇等法律	●修改地方自治法 新设住房补贴、远距离通勤补贴改为特地勤务补贴
昭和 46 年			
8 月	自治省《促进地方公共团体定数管理》通知	《实施定员削减计划》阁议决定（第 2 次）	
10 月		第 3 次公务员制度审议会议报告	
12 月	●修改地方公务员法等 由于部分修改国家公务员法等，在籍专从期间延长	●修改国家公务员法等 在籍专从期间延长	制定冲绳复归特别措施法律
昭和 47 年			
6 月	●修改地方公务员法 制定劳动安全卫生法，非现业职员的同法中劳动灾害防治计划规定不适用 ●修改地方公务员灾害补偿法 新设特殊公务灾害补偿制度	●修改国家公务员灾害补偿法 新设特殊公务灾害补偿制度	制定劳动安全卫生法
昭和 48 年			
3 月	ILO 条约劝告适用于专家委员会，表明了希望采取适当的措施承认消防职员的结社权		
4 月			《全农林警职法事件》最高法院判决
5 月		●修改国家公务员等退职补贴法 公库等职员的在职期间连续计算，劝奖退职者特例	

续表

年月	地方公务员制度	国家公务员制度	主要法令等
8月		●修改国家公务员灾害补偿法 新设通勤灾害补偿制度等	
9月	●修改地方公务员灾害补偿法 新设通勤灾害补偿制度等	第3次公务员制度审议会报告	
10月		设置公务员问题联络会议	
11月			ILO结社自由委员会第139次报告
昭和49年			
2月			ILO结社自由委员会第142次报告
5月		设置公共企业体等关系阁僚议会	
6月	●修改地方公务员等共济组合法 导入通年方式	●修改国家公务员共济组合法 导入通年方式	
7月		《昭和50年度以后定员管理》阁议决定（第3次）	
8月	自治省《促进地方公共团体定员管理》通知		
11月	自治省发表《地方公务员工资给与Laspeyres指数》		《日本邮政联盟行政处罚与刑事处罚事件》最高法院判决
昭和50年			
3月		公务员问题联络会议《当面公审制报告处理纲要》决定 ●修改一般职职员工资给与法律 新设义务教育等教员特别补贴	●修改地方自治法 新设义务教育等教员特别补贴
7月	●制定义务教育各学校等的女性教育职员及医疗设施、社会福祉设施等的护士、保姆等的育儿休业法律		
昭和51年			
5月	●修改地方公务员灾害补偿法 新设伤病补偿退休年金制度等	●修改国家公务员灾害补偿法 新设伤病补偿退休年金制度等	《岩手县教职事件》最高法院判决
7月	自治省《4周5休制试行》通知		

续表

年月	地方公务员制度	国家公务员制度	主要法令等
8月	自治省《地方公共团体定员管理》通知	《昭和52年度以后的定员管理》阁议决定（第4次）	
10月		一般职国家公务员的周休2日制（4周5休制）开始试行（1年）	
昭和52年			
11月	●修改地方公务员法 可以设置特别区人事委员会		
12月		●修改一般职职员工资给与法律 新设育儿休假工资	●修改地方自治法 新设育儿休假工资
昭和53年			
4月		一般职国家公务员周休2日制（4周5休制）第2次开始试行（1年）	
6月	●修改地方公务员法 职员团体的成员范围明确化等 制定职员团体等赋予法人资格法律	提出公共企业体等基本问题会议意见书 ●修改国家公务员法 职员团体成员范围明确化等	
昭和54年			
8月	自治省《改正违法工资给与支付等》通知		
9月		《昭和55年度以后的定员管理》阁议决定（第5次）	
10月	自治省《地方公共团体定员管理》通知	●修改国家公务员共济组合法 退休年金支付年龄提高到60岁	
12月	●修改地方公务员法 根据修改民法及民法施行法的法律，民法法人监督规定不适用 ●修改地方公务员等共济组合法 退休年金支付年龄提高到60岁		
昭和55年			
5月	退休定年制法案（昭和55年3月提案）废案		

续表

年月	地方公务员制度	国家公务员制度	主要法令等
10 月	退休定年制法案　向国会提案		
12 月	●修改地方公务员灾害补偿法 创设残疾补偿年金差额一次性补偿金制度	●修改国家公务员灾害补偿法 创设残疾补偿年金差额一次性补偿金制度	
昭和 56 年			
3 月		周休 2 日制（4 周 5 休制）	设立第 2 次临时调查委员会
6 月	定年制法案　参议院继续审议	●修改国家公务员法 国家公务员中导入定年制	
7 月			第 2 次临时调查《行正改革第 1 次报告》
9 月	自治省《地方公共团体定员制管理》通知	《实施定员制削减计划》阁议决定（第 6 次）	
10 月	自治省《地方公共团体职员工资给与的公布》通知		
11 月	自治省《地方公务员工资给与个别建议指导》通知 ●修改地方公务员法 地方公务员中导入定年制		
昭和 57 年			
5 月	●修改地方公务员法 修改船员灾害防止协会等法律，同法的名称更改		
7 月	●修改地方公务员法 制定残疾用语整理法律，修正字句		
9 月	自治省《修改地方公务员工资给与有关处理》通知（推迟给与改定的实施）	《推迟给与劝告的实施》阁议决定	
昭和 58 年			
5 月	●修改地方公务员等共济组合法 设立地方公务员共济组合联合会等		
7 月			设置临时行政改革审议委员会

续表

年月	地方公务员制度	国家公务员制度	主要法令等
昭和 59 年			
7 月			行政改革审议委员会《当前促进行政改革的有关意见》
8 月			●修改道路运送法 废除陆运事务所的地方事务官制度
昭和 60 年			
1 月	自治省《地方公共团体行政改革促进的方针（地方行政改革大纲）的制定》通知 自治省《地方公共团体定员适正化》通知		
3 月	实施一般职地方公务员定年退休制	●修改国家公务员等退职补贴法 定年前早期退职的特例 实施一般职国家公务员丁年制	
5 月			导入基础年金制度
6 月	●修改地方公务员灾害补偿法 遗族补偿年金领取资格年龄上调等	●修改国家公务员灾害补偿法 遗族补偿年金领取资格年龄上调等	为了雇用领域机会平等及待遇确保促进的劳动省相关法律整理等有关法律制度
7 月	自治省《地方公务员工资给与个别建议指导》通知（第 2 次个别指导）		
12 月	●修改地方公务员等共济组合法等 导入基础年金制	●修改一般职职员工资给与等法律 法律名称变更，从职务等级变为职务级，新设专业职务俸禄表，新设结婚休假 ●修改国家公务员共济组合法 导入基础年金制	
昭和 61 年			
5 月			制定研究交流促进法
6 月			《长寿社会对策大纲》阁议决定
8 月	自治省《地方公共团体定员制管理》通知	《实施定员制削减计划》阁议决定（第 7 次）	
11 月		周休 2 日制（4 周 6 休制）开始试行	

续表

年月	地方公务员制度	国家公务员制度	主要法令等
昭和 62 年			
4 月			临时行政改革促进审议会（新行革审）设置 市町村职员中央研修所
6 月	●制定向外国地方公共团体机关等派遣一般职员地方公务员的待遇等法律		
12 月		●修改一般职职员工资给与等法律 4 周 6 休制	
昭和 63 年			
4 月		4 周 6 休制正式实施	
5 月			《导入行政机关周六休息方式》阁议决定
7 月	自治省《地方公务员工资给与个别建议指导》通知（第 3 次个别指导）		
10 月		●修改国营企业劳动关系法 根据劳动组合法等部分修改法律，延长在籍专从期间	
12 月		●修改一般职职员工资给与等法律 根据周六休息方式，4 周 6 休制	修改行政机关休息日有关法律 ●修改地方自治法 地方公共团体周六休息（昭和 64、1、1 施行）
昭和 64 年 平成元年			
1 月		星期六休息方式，实施 4 周 6 休制	国家行政机关开始星期六休息
2 月			全国金融机关开始完全周休 2 日制
3 月			《受雇者年金的支付开始年龄提高》阁议决定
11 月			联合开始官民统一
12 月		修改一般职职员工资给与等法律 新设单身赴任补贴	●修改地方自治法 新设单身赴任补贴

续表

年月	地方公务员制度	国家公务员制度	主要法令等
平成 2 年			
2 月			设立（财）地方公务员等生活计划协会
4 月		开始试行交替制等职员的 1 周 40 小时勤务制	
6 月	●修改地方公务员灾害补偿法 开始年金补偿额的完全自动支付按消费者物价指数自动调整制度等	●修改国家公务员灾害补偿法 开始年金补偿额的完全自动支付按消费者物价指数自动调整制度等	
10 月			临时行政改革促进审议会（第 3 次行政改革审议委员会）开始
11 月	关于消防职员团体结社权问题，自治省与全日本自治团体劳动组合进行定期协议		
平成 3 年			
1 月		新设夏季休假	
3 月			设立（财）地方公务员安全卫生促进协会
4 月	●修改地方公营企业劳动关系法 修改地方自治法，延长企业职员的在籍专属期间		
5 月			制定育儿休业等法律
7 月	自治省《地方公共团体定员管理》通知	《平成 4 年度后的定员管理》阁议决定（第 8 次）	
12 月	●制定地方公务员育儿休业等法律	●制定国家公务员育儿休业等法律 ●修改一般职职员工资给与等法律 新设管理职员特别勤务补贴	●修改地方自治法 新设管理职员特别勤务补贴
平成 4 年			
4 月		●修改一般职职员工资给与等法律 完全周休 2 日制	●修改地方自治法 完全周休 2 日制
5 月			设置全国市町村国际文化研究所

续表

年月	地方公务员制度	国家公务员制度	主要法令等
6 月		实施完全周休 2 日制	制定促进确保护士等人才的法律 《生活大国 5 年计划》阁议决定
7 月			制定《促进缩短劳动时间临时措施法
10 月			《促进缩短劳动时间计划》阁议决定
12 月			《地方分权特别制度》阁议决定
平成 5 年			
1 月		设立全国部委省直机关一起定时下班日	
4 月		导入研究职员等弹性时间工作（flextime）制 新设器官捐赠休假	
11 月			制定行政手续法
平成 6 年			
1 月			ILO 事务局副局长到日本
3 月			《促进公务部门雇用高龄者》阁议决定
4 月	关于消防职员团体结社权问题，自治省、消防厅与全日本自治团体劳动组合开始定期协议		
6 月		●制定一般职职员勤务时间、休假等法律 ●修改一般职职员工资给与法律 变更法律名称	
9 月		新设休日代休制度及介护休假制度	
10 月	自治省《为促进地方公共团体行政改革的指针制定》通知 自治省《地方公共团体定员合理化计划制定》通知 自治省《地方公共团体职员工资给与等公布》部分修改的通知		

续表

年月	地方公务员制度	国家公务员制度	主要法令等
11月	●修改地方公务员等共济组合法 重新认识60岁前半支付年金的年龄	●修改国家公务员等共济组合法 重新认识60岁前半支付年金的年龄	
平成7年			
3月	●修改地方公务员等共济组合法 废除育儿补贴，创设育儿休业补贴	●修改国家公务员等共济组合法 废除育儿补贴，创设育儿休业补贴	
4月	●修改地方公务员灾害补偿法 创设介护补偿制度等	●修改国家公务员灾害补偿法 创设介护补偿制度等	
5月	关于消防职员结社权问题，自治大臣和自治劳委员会同意以设置消防职员委员会为支柱的方针。		制定地方分权促进法
6月	在ILO总会报告消防职员的结社权解决方法		
7月			设置地方分权促进委员会
10月			●修改消防组织法 设置消防职员委员会等
11月			制定高龄社会对策基本法
平成8年			
6月	●修改地方公务员灾害补偿法 创设支部审查决定延迟时的救济规定等		
7月		《平成9年度后的定员管理》阁议决定	《高龄社会对策大纲》阁议决定
8月	自治省《地方公共团体定员管理》通知		
11月	针对采用外国人地方公务员的问题，仓田自治大臣发表讲话 针对采用外国人地方公务员的问题，白川自治大臣发表讲话		

续表

年月	地方公务员制度	国家公务员制度	主要法令等
12 月	自治省《为恢复国民对行政及公务员的信赖，采取新方法》通知		
平成 9 年			
1 月		新设义务奉献活动休假	
3 月		●修改国家公务员法 延长一般职国家公务员的在籍专属期间	
5 月			
6 月	●修改地方公务员等共济组合法 重新认识短期支付中个人负担比例	●制定一般职短期研究员的采用、工资给与以及勤务时间特例的有关法律	
9 月		实施事务副官等的特例定年退休	
11 月	自治省《地方自治、新时代人才培养基本方针制定指针》通知 自治省《制定促进适应地方自治、新时代的地方公共团体行政改革的指针》通知		
12 月	《地方公共团体职员工资给与的公布》部分修改的通知（在町村同时实施）	●修改一般职职员工资给与法律 新设期末特别补贴	●修改地方自治法 新设期末特别补贴
平成 10 年			
4 月			《茅崎市派遣职员工资支付事件》最高法院判决
5 月			地方分权促进计划阁议决定
6 月			制定中央省厅等改革基本法
12 月		●修改一般职职员工资给与法律 原则上 55 岁停止加工资	

续表

年月	地方公务员制度	国家公务员制度	主要法令等
平成 11 年			
4 月	地方公务员制度调查研究会报告《地方自治、新时代的地方公务员制度》	《国家行政组织等的削减、效率化等有关基本计划》阁议决定	
7 月	●修改地方公务员法 根据分权一揽子法，废除地方事务官制度 ●修改地方公务员法 创设新再任用制	●修改国家公务员法 创设新再任用制	制定为了促进地方分权关系法律的相关法律
11 月	●修改地方公务员育儿休业等法律 支付育儿休业中职员的期末补贴	●修改国家公务员育儿休业等法律 支付育儿休业中职员的期末补贴	
平成 12 年			
3 月	●修改地方公务员等共济组合法 重新认识 60 岁前半开始支付退休年金	●修改国家公务员等共济组合法 重新认识 60 岁前半开始支付退休年金	
4 月	●制定向公益法人派遣一般公务员等法律 ●制定地方公共团体的一般职短期研究员采用等法律		开始介护保险制度
7 月	自治省《地方公共团体定员管理》通知	《新的府省编成后的定员管理》阁议决定	
平成 13 年			
7 月	●修改地方公务员法		
平成 14 年			
5 月			●修改最低工资法
平成 15 年			
7 月	●制定地方独立行政法人法		
平成 16 年			
11 月	●修改劳动关系法		
平成 17 年		●修改特定独立行政法人等的劳动关系法律	
6 月	修改地方自治法		

续表

年月	地方公务员制度	国家公务员制度	主要法令等
平成18年			
6月	●修改民法 ●修改劳动组合法 ●修改劳动安全卫生法 ●修改劳动基准法		●修改行政不服审查法
12月	●修改非讼事件手续法		
平成19年			
5月	●修改地方公营企业等的劳动关系法律	●修改国家公务员伦理法 ●修改公库预算及决算法律	
6月	●修改学校教育法	●修改防卫省设置法 ●修改自卫队法	
7月	●修改地方自治法 在所有指定都市设立人事委员会 ●修改行政事件诉讼法 ●修改船员灾害防止活动的促进法律 ●修改船员法 ●修改地方公务员灾害补偿法	●修改国家公务员法 ●修改独立行政法人通则法 ●修改国家行政组织法 ●修改一般职员工资法律	

参考文献

外文文献：

日文文献：

1. 堀江信二郎：《公務員の社会保障》，労働法律旬報社，昭和34年12月25日発行。

2. 秦郁彦：《官僚の研究—不滅のパワ—1868—1983》，講談社，1983年。

3. 佐藤英善、早川征一郎、内山昴編：《公務員の制度と賃金》，大月書店，1984年4月19日第一刷発行。

4. 坂本重雄：《公務員の社会保障—その法構造と機能》，勁草書房，1983年12月5日第一版第一刷発行。

5. 日本地方自治学会編：《日本地方自治の回顧と展望》，敬文堂，1989年10月25日初版発行。

6. 佐藤英善：《概説論点図表地方公務員法》，敬文堂，1990年4月15日初版発行。

7. 石橋孝雄：《定員管理、公務能率、研修、勤務評定》，ぎょうせい，平成3年3月1日初版発行。

8. 辻清明：《公務員制度研究》，東京大学出版会1991年。

9. 石井隆一：《福利、厚生、共済》，ぎょうせい，平成3年8月30日初版発行。

10. 地方公務員人事実務研究会編：《福利厚生》，学陽書房，平成5年7月15日初版発行。

11. 丸山真男：《丸山真男集》，岩波書店，1996年。

12. 総務庁人事局編：《公務員制度への提言—21世紀の公務員像を求めて》，大蔵省印刷局，平成9年3月10日発行。

13. 自治体人事制度研究会編:《公務員の成績主義人事管理》，自治体研究社，1997 年 3 月 10 日初版発行。

14. 中西啓之:《日本の地方自治—理論、歴史、政策》，自治体研究社，1997 年 4 月 15 日初版第一刷発行。

15. 並河信乃:《図解行政改革のしくみ》，東洋経済新報社，1997 年 10 月 30 日発行。

16. 片岡寛光:《職業としての公務員》，早稲田大学出版社部，1998 年 4 月 1 日初版第一刷発行。

17. 西村美香:《日本の公務員給与政策》，東京大学出版会，1999 年 1 月 25 日初版。

18. 地方自治総会編:《地方公務員制度》，ぎょうせい，平成 11 年 9 月 10 日初版発行。

19. 田辺義明:《中国社会の構成原理》，新泉社，1999 年 9 月 15 日第一刷発行。

20. 晴山一穂、浜川清、福家俊朗:《独立行政法人—その概要と問題点》，日本評論社，1999 年 11 月 30 日第一版第一刷発行。

21. 自治体人事制度研究会編:《教員、公務員の業績評価制度を問う》，自治体研究社，2000 年 1 月 10 日初版第一刷発行。

22. 公務員制度研究会:《諸外国公務員制度の展開》，良書普及会，2000 年 3 月 30 日発行。

23. 新藤宗幸:《講義現代日本の行政》，東京大学出版会，2001 年 3 月 19 日初版。

24. 総務省自治行政局公務員部編:《地方公務員制度の展望と課題》，ぎょうせい，平成 13 年 3 月 31 日発行。

25. 田中泰史:《地方公務員制度のしくみ》，学陽書房，2001 年 6 月 25 日初版発行。

26. 日本地方自治学会編:《分権改革と自治の空間》，敬文堂，2001 年 11 月 10 日初版発行。

27. 坂田期雄:《行政改革》，ぎょうせい，平成 14 年 3 月 29 日初版発行。

28. 西谷敏、晴山一穂:《公務員制度改革》，大月書店，2002 年 7 月 1 日第一刷発行。

29. 伊藤祐一郎編：《地方自治新時代の地方行政システム》，ぎょうせい，平成14年9月30日初版発行。

30. 久世公尭：《地方自治制度》，学陽書房，平成15年4月20日第5次改訂版3刷発行。

31. 坂弘二：《地方公務員制度》，学陽書房，平成16年1月25日第7次改訂，平成8年10月15日第5次改訂。

32. 植松忠博、小川一夫編：《日本経済論》，ミネルヴァ書房，2004年4月20日初版第一刷発行。

33. 西島章次、細野昭雄編：《ラテンアメリカ経済論》，ミネルヴァ書房，2004年4月20日初版第一刷発行。

34. 田中友義、久保広正編：《ヨーロッパ経済論》，ミネルヴァ書房，2004年4月20日初版第一刷発行。

35. 東田親司：《現代行政と行政改革—改革の要点と運用の実際》，芦書房，2004年5月1日初版第一刷。

36. 西谷敏、晴山一穂、行方久生編：《公務の民間化と公務労働》，大月書店，2004年8月6日第一刷発行。

37. 稲継裕昭：《プロ公務員を育てる人事戦略1》，行政株式会社2008年版。

38. 佐藤达夫：《国家公务员制度：第八版》，学阳书房2009年版。

39. 辻清明：《日本官僚制研究》，商务印书馆2010年版。

40. 稲継裕昭：《プロ公務員を育てる人事戦略2》，行政株式会社2011年版。

41. 稲继裕昭：《日本公务员人事制度》，生活・读书・新知三联书店2012年版。

42. 横井秀明：《図解による法律用语辞典》，自由国民社2003年版。

43. 金滢基等：《日本的公务员制度与经济发展》，中国对外翻译出版公司1997年版。

44. 阎树森：《日本公务员制度研究》，国家行政学院出版社2001年版。

45. 日本历史大辞典编辑委员会：《日本史年表》，河出书房新社1979年版。

46. 片岡寛光：《職業としての公務員》，早稲田大學出版部1998

年版。

47. 鵜飼信成：《公務員法》，有斐閣法律學全集。

英文文献：

1. Hayakawa, Seiichiro and Francois Simard, Temporary employees in the Japanese government: a growing and disadvantaged group, *International Review of A dministrative Sciences*, 1999, Vol. 65 Num. 1.

2. H. Kawai, T. Tasaka&Y. Fujisawa, Physical Fitness and Daily Activities of Kyoto Public Employees, *Jpn J Physiol*, Vol. 51; No. Supplement; 2001.

3. Hajime Eto, Service quality assessment and service process reengineering, International Journal of Services Technology and Management, Volume 2, Numbers 3 -4 / 2001.

4. Hiroaki Inastugu, Personnel Systems in Japanese Local Government, *The International Bank for Reconstruction and Development/The World Bank*, 2001、Stock No. 37174.

5. Takenori Inoki, Personnel Exchange Among Central and Local Governments in Japan, *The International Bank for Reconstruction and Development/The World Bank*, 2001、Stock No. 37173.

6. Suzuki Takao, Yamada Hruyoshi, On the method of planning by the system included the local residents and public employees. The case of study for comprehensive planning of Miyazaki town, in Miyagi prefecture. *Journal of Architecture*, Vol. ; No. 556; 2002.

7. Pan S. Kim, Civil Service Reform in Japan and Korea: Toward Competitiveness and Competency, *International Review of Administrative Sciences* 2002; 68; 389.

8. Hiromi Yamamoto, New Public Management - Japan' s Practice, Institute for International Policy Studies, IIPS Policy Paper 293E. January 2003.

9. Frank K. Upham, Political Lackeys or Faithful Public Servant? Two Views of the Janpanese Judiciary, *Law & Social Inquiry*, 2005.

中文文献：

著作：

1. 谭健：《日本政府体制与官员制度》，人民出版社 1982 年版。

2. 杨百揆：《西方文官系统》，四川人民出版社 1985 年 8 月第 1 版。

3. 森岛通夫：《日本为什么成功》，胡国成译，四川人民出版社 1986 年版。

4. 森岛通夫：《日本成功之路——日本精神和西方技术》，有非、陈星、高晶译，经济日报出版社 1986 年版。

5. 邹钧：《日本行政管理概论》，吉林人民出版社 1986 年版。

6. 李盛平：《日本现代公务员制度的形成及其特点》，光明日报出版社 1989 年版。

7. 博伊·德门特：《日本对美国的冲击》，周隆镜、范嫦娥译，时事出版社 1992 年版。

8. 顾家麒、娄金美：《日本政府机构和行政改革》，中国人事出版社 1993 年版。

9. 文海英：《日本公务员制度与经济发展》，中国人事出版社 1995 年版。

10. 金滢基编：《日本公务员制度与经济发展》，贾辉丰译，中国对外翻译出版社 1997 年版。

11. 今村都南雄、武藤博己等：《HORN BOOK 行政学》，北树出版社 1997 年版。

12. 刘小林：《当代各国政治体制——日本》，兰州大学出版社 1998 年版。

13. 增岛俊之：《日本的行政改革》，熊达云等译，天津社会科学院出版社 1998 年版。

14. 田恒：《日本战后体制改革》，经济科学出版社 1999 年版。

15. 李天奇：《日本地方公务员制度》，福建人民出版社 1999 年版。

16. 张健、王金林：《日本两次跨世纪的变革》，天津社会科学出版社 2000 年版。

17. 21 世纪公务员管理国际研讨会背景材料：《国外公务员制度发展、改革趋势》，2000 年 10 月。

18. 迈克尔·迪屈奇：《交易成本经济学——关于公司的新的经济意义》，王铁生、葛立成译，经济科学出版社 1999 年版。

19. 梁云祥、应霄燕：《后冷战时代的日本政治、经济与外交》，北京大学出版社 2000 年版。

20. 柯武刚、史漫飞：《制度经济学》，韩朝华译，商务印书馆 2000 年版。

21. 阎树森：《日本公务员制度研究》，国家行政学院出版社 2001 年版。

22. 郑励志、臧志军：《日本公务员制度与政治过程》，上海财经大学出版社 2001 年版。

23. 克林格勒、纳尔班迪：《公共部门人力资源管理：系统与战略》（第四版），孙珀瑛等译，中国人民大学出版社 2001 年版。

24. 菲利普·哈里斯、罗伯特·莫兰：《跨文化管理教程》，关世杰译，新华出版社 2002 年版。

25. 周维宏、宋金文：《日本社会解读》，时事出版社 2002 年版。

26. 崔霞：《第三只眼睛看日本》，贵州人民出版社 2002 年版。

27. 汪丁丁：《制度分析基础——一个面向宽带网时代的讲义》，社会科学文献出版社 2002 年版。

28. 李和中：《比较公务员制度》，中共中央党校出版社 2003 年版。

29. 杰克·J. 弗罗门：《经济演化——探究新制度经济学的理论基础》，李振明等译，经济科学出版社 2003 年版。

30. 约翰·N. 德勒巴克编：《新制度经济学前沿》，张宇燕等译，经济科学出版社 2003 年版。

31. 盛洪主编：《现代制度经济学》，北京大学出版社 2003 年版。

32. 道格拉斯·C. 诺思等：《制度变革的经验研究》，罗仲伟译，经济科学出版社 2003 年版。

33. 吴寄南：《新世纪日本的行政改革》，时事出版社 2003 年版。

34. 吴敬琏主编：《比较》（9），中信出版社 2003 年版。

35. 何自力等：《比较制度经济学》，南开大学出版社 2003 年版。

36. 姜海如：《中外公务员制度比较》，商务印书馆 2003 年版。

37. 高洪：《日本政党制度论纲》，中国社会科学出版社 2004 年版。

38. 马海涛主编：《财政转移支付制度》，中国财政经济出版社 2004 年版。

39. 段文斌等：《制度经济学——制度主义与经济分析》，南开大学出版社 2003 年版。

40. 王振锁：《战后日本政党政治》，人民出版社 2004 年版。

41. 诸葛蔚东：《战后日本舆论，学界与中国》，中国社会科学出版社2003年版。

42. 保罗·莱特：《持续创新——打造自发创新的政府和非营利组织》，中国人民大学出版社2004年版。

43. 周少来：《人性、政治与制度》，中国社会科学出版社2004年版。

44. 阿兰·斯密德：《制度与行为经济学》，刘璨、吴水荣译，中国人民大学出版社2004年版。

45. 科斯·诺思等：《制度，契约与组织——从新制度经济学角度的透视》，刘刚等译，经济科学出版社2003年版。

46. 汪丁丁：《制度分析基础讲义——自然与制度》，世纪出版集团、上海人民出版社2005年版。

47. 丁煌：《西方公共行政管理理论精要》，中国人民大学出版社2005年版。

48. 李国庆：《日本社会——结构特性与变迁轨迹》，高等教育出版社2001年版。

49. 李广民：《与强者与伍——日本结盟外交比较研究》，人民出版社2006年版。

50. 埃里克·弗鲁博顿、鲁道夫·内切特：《新制度经济学——一个交易费用分析范式》，姜建强、罗长远译，上海三联书店、上海人民出版社2006年版。

51. 李和中：《21世纪国家公务员制度》，武汉大学出版社2006年版。

52. 盛洪主编：《中国的过渡经济学》，上海三联书店、上海人民出版社1994年版。

53. 卓南生：《日本政治》，世界知识出版社2006年版。

54. 卓南生：《日本社会》，世界知识出版社2006年版。

55. 陈永明：《日本教育：中日教育比较与展望》，高等教育出版社2003年版。

56. 冯昭奎：《日本经济》，高等教育出版社2006年版。

57. 王勇：《日本文化》，高等教育出版社2006年版。

58. 浙江大学日本文化研究所：《日本历史》，高等教育出版社2003年版。

59. 陈永明：《日本教育——中日教育比较与展望》，高等教育出版社2003年版。

60. 刘文英：《日本官吏与公务员制度史：1868—2005》，北京图书馆出版社2008年版。

61. 毛飞：《中国公务员工资制度改革研究》，中国社会科学出版社2008年版。

62. 张萃萍：《困境与重建：当代中国公务员行政道德建设研究》，中国法制出版社2008年版。

63. 薛立强、杨书文：《当代中国公务员制度》，天津大学出版社2009年版。

64. 罗双平：《公务员绩效量化考评实务》，中国人事出版社2010年版。

65. 刘雪丰：《公务员道德责任实现路径探寻》，上海交通大学出版社2011年版。

66. 杨士秋：《治国之举：建设中国特色公务员制度》，中国人事出版社2011年版。

67. 胡威：《日本国家公务员制度研究：发展、变革与转型》，中国人事出版社2013年版。

68. 关键：《中国公务员考录制度改革》，东北大学出版社2013年版。

69. 姜海如：《中外公务员制度比较》，商务印书馆2013年版。

70. 蒋国宏：《国家公务员制度》，首都经济贸易大学出版社2014年版。

71. 舒放、王克良：《国家公务员制度》，中国人民大学出版社2014年版。

72. 张春梅、周芳：《国家公务员制度概论》，山东大学出版社2014年版。

73. 王天笑：《廉政视域下我国公职人员利益冲突问题研究》，郑州大学出版社2015年版。

74. 谭健：《日本政府体制与官员制度》，人民出版社1982年版。

75. 埃莉塔·奥斯特罗姆：《公共事物的治理之道》，余逊达、陈旭东译，上海译文出版社2000年版。

期刊：

1. 李逊中：《日本地方公务员制度简介》，《辽宁行政学院学报》

2001 年第 3 期。

2. 娜琳：《中日公务员考核制度比较研究》，《中央民族大学》2007 年第 3 期。

3. 金太军：《法治——国家公务员制度建立的根本标尺》，《广东行政论坛》1998 年第 1 期。

4. 张昌玉：《日本公务员培训制度的改革及对我国的启示》，《现代日本经济》2003 年第 5 期。

5. 刘碧强：《比较与超越：西方国家公务员退休养老模式与经验借鉴》，《行政论坛》2013 年第 6 期。

6. 龙玉其：《日本的国家公务员养老保险制度及其改革》，《现代日本经济》2011 年第 6 期。

7. 安妮 · 博格：《通过规则实践建立责任与信任》，《国家行政学院学报》2000 年第 5 期。